Brigitte Kanitz

Mord mit Schnucke

Buch

Ein Jagdunfall trübt die Idylle im Örtchen Hasellöhne in der Lüneburger Heide. Zwar mochte niemand den verunglückten Banker aus der Großstadt, doch man fürchtet sofort, dass der Vorfall ungewünschte Aufmerksamkeit auf alle Beteiligten ziehen wird. Zu Recht: Schon stolpert Hanna Petersen heran. Die ehrgeizige junge Kommissarin ist aus Hamburg nach Hasellöhne versetzt worden, und weder wild gewordene Heidschnuckenherden noch griesgrämige Dorfbewohner sollen sie davon abhalten, den Fall aufzuklären. Denn Hanna ist davon überzeugt, dass es sich nicht um einen Unfall, sondern um Mord handelt. Wenigstens die Unterstützung ihrer betagten Vermieterin Luise ist ihr bei ihren Ermittlungen sicher. Und diese teilt großzügig ihr Allheilmittel gegen alle Leiden dieser Welt mit ihr: ihren selbstgebrauten Wacholderschnaps …

Autorin

Brigitte Kanitz, Jahrgang 1957, hat nach ihrem Abitur in Hamburg viele Jahre in Uelzen und Lüneburg als Lokalredakteurin gearbeitet. Die Heide und ihre Menschen hat sie dabei von Grund auf kennen- und lieben gelernt. Sie tanzte auf Schützenfesten, interviewte Heideköniginnen, begleitete einen Schäfer mit seinen Heidschnucken über die lila-rote Landschaft und trabte mit der berittenen Polizei durch den Naturschutzpark rund um Wilsede. Inzwischen lebt und schreibt sie in Italien.

Weitere Informationen finden Sie unter
www.brigittekanitz.de

Außerdem von Brigitte Kanitz bei Blanvalet lieferbar:

Immer Ärger mit Opa (37869)
Oma packt aus (38072)

Brigitte Kanitz

Mord mit Schnucke

Heidekrimi

blanvalet

Die Handlung und alle handelnden Personen sind frei erfunden.
Jegliche Ähnlichkeit mit lebenden oder realen Personen
wäre rein zufällig.

Verlagsgruppe Random House FSC® N001967
Das FSC®-zertifizierte Papier *Holmen Book Cream*
für dieses Buch liefert Holmen Paper, Hallstavik, Schweden

1. Auflage
Originalausgabe Januar 2014 bei Blanvalet,
einem Unternehmen der Verlagsgruppe
Random House GmbH, München.
Copyright © 2014 by Blanvalet Verlag, in der
Verlagsgruppe Random House GmbH
Umschlaggestaltung: bürosüd, München
Redaktion: Rainer Schöttle
ES · Herstellung: sam
Satz: Uhl+Massopust, Aalen
Druck und Einband: GGP Media GmbH, Pößneck
Printed in Germany
ISBN: 978-3-442-38219-4

www.blanvalet.de

Für Christine und Ulrike.
Ihr seid die besten Schwestern der Welt!

Prolog

Das Prachtexemplar stand perfekt in der Schusslinie. Ein Sechzehnender.

Was für ein kapitaler Bock! Der Jäger leckte sich die Lippen. So einer fehlte ihm noch in seiner Sammlung. Er sah die Trophäe schon vor sich. An der Wand über seinem Schreibtisch in der Bank. Direkt neben dem Wildschweinkopf und den kleineren Geweihen.

Sollten die Besucher sich doch angeekelt abwenden! War ihm gleichgültig. All diese feinen Hamburger Bürger, die sich im Tierschutz engagierten und abends ein ordentliches Stück Fleisch auf dem Teller verlangten, konnten ihm gestohlen bleiben. Die wussten nichts von den Adrenalinschüben, die sein Körper brauchte. Die hatten noch nie diese reine Waldluft eingeatmet, die sich mit dem Duft der nahen Heide vermischte. Die kannten nicht das erhebende Glücksgefühl eines echten Mannes, der seine Urinstinkte auslebte.

Der Jäger hielt den Atem an. Dies war der Moment, den er am meisten genoss. Die Sekunde, bevor sein Finger den Abzug betätigte. Der Augenblick, in dem er sich einbildete, es gäbe so etwas wie einen fairen Kampf zwischen ihm und dem Wild.

Dann der Knall.

Der Bock sprang davon.

Der Zeigefinger des Jägers zuckte unkontrolliert. Zu spät löste sich der Schuss aus seiner Jagdflinte, die Kugel verfehlte ihr Ziel.

Eine andere Kugel hatte getroffen.

Ein kleines Gerät auf dem Gartentisch vibrierte und schmetterte dann mit Pauken und Trompeten den Bayerischen Defiliermarsch in den goldenen Septembernachmittag. Hanna Petersen fuhr aus ihrem Liegestuhl hoch. Bis gestern noch hatte ihr Smartphone ganz normal geklingelt. Für diesen Streich kam nur ein Mensch in Frage.

»Westermann«, knurrte Hanna und sprang auf. »Dich bring ich um.«

War bloß grad keiner da zum Umbringen. Polizeikommissar Fritz Westermann befand sich mit dem Großteil der Einwohnerschaft von Haselöhne auf der diesjährigen Treibjagd, dem Höhepunkt schlechthin im kulturellen Leben des Ortes.

Kulturell, dachte Hanna, wie man's nimmt. Persönlich hatte sie was gegen erschossene Tiere. Gegen erschossene Menschen auch, aber das war eher beruflich bedingt.

Luise kam auf die Terrasse und verzog geradezu angewidert die Mundwinkel. Sie war durch und durch Preußin. Alles, was südlich von Hannover lag, war ihr suspekt.

»Schätzchen, nimm lieber ein schönes Volkslied«, sagte sie, als besäße Hanna die Entscheidungsgewalt über ihre Klingeltöne. »Zum Beispiel ›Auf der Lüneburger Heide‹. Würde auch besser passen.«

Luise war ihr ein paar Generationen voraus und ausgesprochen wahlheimatverbunden. Sie summte das Lied vor sich hin, während Hanna hektisch auf dem Smartphone herumhackte, um es zum Schweigen zu bringen. Nicht, dass die Nachbarn noch die Polizei riefen wegen einer bayerischen Ruhestörung. Oder die Feuerwehr. Die Polizei war ja schon da und machte gerade zwei Schritte auf den Gartenteich zu. Zur Not musste das Smartphone einen schnellen Wassertod sterben.

Luise sang jetzt: »Valleri, vallera, und juchheirassa, und juchheirassa ...«

Hanna blieb unschlüssig stehen.

Die Bayern gaben nicht auf.

»Einfach rangehen!«, rief ihr Luise zu und schmetterte dann was vom Muskatellerwein, der ausgetrunken werden muss, weil er vom langen Stehen sauer wird.

»Darauf bin ich noch gar nicht gekommen«, erwiderte Hanna genervt. Das Problem war nur: Ihr Smartphone war neu, hatte tausend tolle Funktionen, von denen sie maximal zehn Prozent kapierte, und die richtige Taste musste erst mal gefunden werden.

Endlich!

»Petersen«, meldete sie sich knapp und legte ihre ganze schlechte Laune in ihren Nachnamen. War nicht wenig. Wenn es Westermann war, dann konnte der was erleben.

Und wäre stattdessen Hendrik dran gewesen, dachte sie noch, dann hätte er eben Pech gehabt. Oder sie selbst. Schwer zu sagen. Exfreunde, die keine »Ex« mehr sein wollen, sind eine komplizierte Angelegenheit.

Es war nicht Hendrik.

Die Stimme war zu einer Art Raunen gesenkt, und was sie sagte, jagte ihr an diesem ungewöhnlich warmen Tag

9

einen kalten Schauder über den Rücken. »Mord. Im Wald von Fallersleben. Kommen Sie schnell!«

Ihre linke Ohrmuschel wurde heiß, weil sie das Smartphone so fest dagegendrückte. »Wenn das ein Scherz sein soll, dann rate ich Ihnen …«

»Kein Scherz«, kam es heiser zurück.

Hanna sah plötzlich einen Mann vor sich, der ein Taschentuch über das Telefon legte, um seine Stimme zu verzerren. Wer oft genug *Tatort* schaute, wusste, wie das ging.

Trotzdem kam ihr diese Stimme ganz schwach bekannt vor.

Oder?

»Banker Heiner Hansen ist tot. Beeilen Sie sich.«

»Bin schon unterwegs!«, rief Hanna aus und erntete einen verblüfften Blick von Luise, die mit ihrem Gesangsvortrag durch war und so tat, als würde sie nicht lauschen. »Wer …«

Rasch schaute sie auf das Display. »Nummer unterdrückt«, stand da.

Hätte sie sich denken können. Die Verbindung war inzwischen unterbrochen. Keine Chance, den anonymen Anrufer zu entlarven.

Auch gut, dachte sie. Das war jetzt nicht das Wichtigste. Sie tastete nach ihrem Waffenholster. Vergeblich. Hanna hatte an diesem Sonntag frei. Ihre Dienstwaffe schlummerte oben in ihrem Schlafzimmer im Tresor. Der Anrufer hatte Hanna auf einem Liegestuhl in der Sonne erwischt, wo sie sich alle Mühe gab, einen ganz normalen freien Tag zu genießen, ohne an die wachsende Zahl ihrer Feinde zu denken.

»Ich muss weg!«, rief sie nun Luise zu und sprintete ins Haus.

»Was ist denn passiert?«

Hanna schenkte sich die Antwort. In spätestens einer halben Stunde hätten sonst sämtliche Einwohner von Hasellöhne Bescheid gewusst.

Es waren exakt 761. Da sprach sich jede Neuigkeit schnell rum.

Ihre Hand zitterte, als sie nun den Tresor öffnete und ihre Waffe herausnahm. Kaum hatte sie sich jedoch das Schulterhalfter umgeschnallt, wurde sie ganz ruhig. Ab sofort war sie im Dienst.

Als sie die Treppe wieder hinunterlief, stand Luise in der Diele. Sie schaute Hanna kurz ins Gesicht und sagte keinen Ton mehr. In den wenigen Tagen, die Hanna bei ihr zur Untermiete lebte, hatte sie gelernt, zwischen der jungen nachdenklichen Frau, die auch mal ihren Rat suchte, und Kriminaloberkommissarin Hanna Petersen zu unterscheiden.

Hanna war ihr dankbar dafür.

In Bezug auf andere Leute in ihrem Umfeld konnte sie dasselbe leider nicht sagen. Von Polizeikommissar Fritz Westermann zum Beispiel nicht. Als ihr Untergebener hätte er ihr Respekt zollen müssen. Stattdessen versorgte er ihr Smartphone mit einem bescheuerten Klingelton.

Hanna hatte ihren Wagen erreicht und sprang hinein. Im nächsten Moment knallte sie die Blaulicht-Lampe aufs Dach und raste über löcherigen Asphalt in Richtung Norden. Sie ahnte, dass es lächerlich aussah, wie eine junge Frau in Zivil in einem dunkelblauen Golf mit Blaulicht über die verwaiste Straße eines malerischen Heidedorfes bretterte. Falls es hinter den Sprossenfenstern der Fachwerkhäuser heimliche Zuschauer gab, stünde Hanna zum x-ten Mal innerhalb einer knappen Woche im Mittelpunkt des Dorfklatsches. Andererseits gab es für sie jetzt ein spannenderes Thema. Und sie hatte keine Zeit zu verlieren.

Eine Viertelstunde später erreichte Hanna den Waldrand. Von hier aus erstreckte sich Gut Fallersleben kilometerweit – mit Weizenfeldern, riesigen Weiden für die Pferde aus eigener Zucht und dem großen Forst, der direkt an den Naturpark Lüneburger Heide grenzte.

Hanna zögerte kurz. Welchen Weg sollte sie einschlagen? Vor ihr standen in langer Reihe die Autos der Einheimischen und der Jagdgäste, die zur ersten großen Jagd am letzten Sonntag im September vornehmlich aus Hamburg angereist waren. Als sie neben zwei Luxuskarossen beinahe in frisch gefallene Pferdeäpfel getreten wäre, musste sie trotz ihrer Anspannung grinsen. Weder der BMW noch der Mercedes kam für diese Hinterlassenschaft in Frage. Hanna wich dem Haufen aus, blieb dann stehen und lauschte in den Wald, der hier aus schwarz-weiß gefleckten Birken bestand.

Kein Laut drang heraus. Eine tödliche Ruhe hatte sich über die Gegend gelegt, kein Ruf, kein Schuss, kein Ton aus einem Jagdhorn war zu hören.

Hanna kniff die Augen zusammen. Dann entdeckte sie den Feldweg, eher eine Art Trampelpfad, der in den Wald hineinführte. Hie und da war Buschwerk niedergetreten worden.

Dort entlang also.

Sie zog ihre Waffe aus dem Schulterhalfter, nahm sicherheitshalber die Taschenlampe in die andere Hand und machte sich auf den Weg.

Sie mochte dreißig, vierzig Meter in den Wald eingedrungen sein, als sie erste menschliche Töne vernahm. Es klang wie ein noch weit entferntes Raunen. Inzwischen duftete die Luft nach würzigem Wacholder. Die aufrechten Sträucher und Bäume hatten sich unter die Birken gemischt, ein paar niedrige Büsche stellten sich Hanna als Stolperfallen in den Weg. Nicht weit von hier erstreckten sich die weiten, hügeligen Heideflächen.

Ihr Kopf fuhr ruckartig nach links, als sie aus dieser Richtung ein Geräusch hörte. Sie lauschte angestrengt und entspannte sich dann ein wenig. Es war nur das ferne Blöken einiger Heidschnucken gewesen.

Jetzt herrschte wieder Stille.

Vorsichtig ging Hanna weiter und betrat gleich darauf eine kleine Lichtung.

Aus den Augenwinkeln nahm sie eine Bewegung in den Tiefen des Waldes wahr und achtete nicht darauf, wo sie hintrat.

Ihr Fuß verfing sich in einer hochragenden Wurzel, sie geriet ins Straucheln und stieß einen unterdrückten Schrei aus. Die Pistole flog ihr aus der Hand, und die Taschenlampe landete neben ihr, als Hanna der Länge nach hinschlug.

Ihre Sinne schienen auf einmal besonders geschärft, und Hanna nahm zwei Dinge gleichzeitig wahr: Den intensiven Geruch nach Blut und die unscharfe Gestalt eines Mannes, der auf sie zukam.

Im Zwielicht des Waldes konnte sie ihn nicht erkennen, aber sie spürte die Gefahr, die von ihm ausging.

Ihr Blick scannte den Boden. Verdammt! Die Pistole lag unerreichbar gute fünf Meter von ihr entfernt. Direkt neben einer Leiche.

Sie schaute wieder zu dem Mann, der sich wie in Zeitlupe näherte, und plötzlich wusste Hanna, dass sich ihr Schicksal in den nächsten paar Sekunden entscheiden würde. Ausgerechnet mitten in der Lüneburger Heide, dem letzten Ort auf Erden, wo sie je hatte sein wollen.

1

Fünf Tage zuvor

»Mist, verfluchter!« Hanna schlug mit der flachen Hand auf das Steuer. Die Straße da vorn war gesperrt. »Naturpark Lüneburger Heide«, stand auf einem großen Schild. »Durchfahrt verboten«.

Hanna spürte, wie ihr der Schweiß ausbrach. Die Septembersonne brannte heiß auf das Autodach, die Klimaanlage war mal wieder kaputt, und ohne den Fahrtwind bei heruntergekurbelten Fenstern stieg die Hitze im Wageninneren augenblicklich auf fünfzig Grad. Mindestens. Und das nach einem Sommer, der eher ein Winter gewesen war.

»Fahren Sie geradeaus«, erklang die freundliche männliche Stimme ihres Navis. »In neunhundert Metern erreichen Sie Ihr Ziel.«

Hanna hatte sich bei der Anschaffung des Gerätes ganz bewusst einen männlichen Navi-Sprecher einstellen lassen. Wer sich als weibliche Minderheit auf einer Hamburger Polizeidienststelle durchsetzen musste, freute sich über jeden freundlichen Service eines Mannes. Und sei es nur in Form einer Sprecherstimme. Außerdem hatte sie ihm den Namen Hansdieter verpasst, nach

15

Kriminalrat Hansdieter Behrens, ihrem ehemaligen Vorgesetzten.

»In neunhundert Metern erreichen Sie Ihr Ziel«, wiederholte Hansdieter gerade.

»Idiot«, schimpfte Hanna. Es tat ihr gut, so mit Hansdieter umzugehen, wenn es auch an ihrer misslichen Lage nichts änderte. »Du bist definitiv nicht auf dem neuesten Stand der Dinge. Wenn ich hier geradeaus fahre, mache ich mich strafbar. Das Verbotsschild ist nicht zu übersehen, und am Ende bleibe ich noch in einer Heidschnuckenherde stecken.«

Hansdieter wollte etwas sagen, aber sie schaltete ihn einfach ab. Mit seinem Namensvetter aus Fleisch und Blut war das leider nie möglich gewesen.

Hanna stieg aus und schickte einen lauten Stoßseufzer in den drückend heißen Himmel.

Wie sollte sie bloß in dieses verflixte Kaff namens Hasellöhne gelangen?

Fliegend vielleicht?

Sie sah sich um. Dort, im Halbschatten eines alten Schuppens, stand eine Pferdekutsche. Selbst für Hannas ungeübtes Auge wirkten die Tiere alt und klapperdürr. Der Mann auf dem Kutschbock sah auch nicht viel frischer aus, aber außer ihm gab's in dieser Sackgasse kein menschliches Wesen.

Energisch ging Hanna auf die Kutsche zu. Heidesand geriet in ihre Pumps und scheuerte schon nach drei Schritten ihre Nylons durch.

»Guten Tag. Können Sie mir bitte sagen, wie ich nach Haselöhne komme?«

Aus der Nähe wirkte der Mann wie ein schlecht erhal-

tener Hundertjähriger. Unter dem ehemals grünen, breit-
krempigen, speckigen Filzhut breitete sich eine faltige
Landschaft aus Tälern und Höhenzügen aus. Eine von
Rissen und Altersflecken überzogene Hand wurde gehoben und wies kurz nach hinten.

Hanna schaute auf das Polster der Sitzbank. Es sah aus,
als sei es von einer vielköpfigen Mäusefamilie bewohnt.

Sie schüttelte den Kopf. »Vielen Dank, aber ich möchte
nicht mit der Kutsche fahren. Es muss doch eine Straße in
den Ort führen. Laut meinem Navigationsgerät müsste es
hier eigentlich geradeaus gehen.«

»Gesperrt. Seit zwei Wochen. Naturschutz und so.«

Hanna hatte Mühe, die krächzende Stimme zu verstehen. Ganz gut, dass er kein Mann der vielen Worte war.

Wieder wies die rissige Hand nach hinten. »Nur zehn
Euro. In Undeloh kostet's das Dreifache.«

Dafür kommen die Gäule dort vermutlich auch lebend
an, dachte Hanna bei sich. Erneut lehnte sie das Angebot
ab. »Ich muss wirklich mit dem Auto dorthin. Es ist wichtig.«

»Keine Touristin?«

»Nein. Ich bin die neue Kommissarin für Hasellöhne
und die umliegenden Orte.«

Die Augen des alten Mannes blitzten auf einmal regel-
recht lebendig auf. So viel Temperament hätte sie ihm gar
nicht zugetraut. »Brauchen wir nicht. Karl Överbeck soll
wiederkommen.«

Hanna starrte ihn an. Offenbar hatte sie es hier mit
einem hundertjährigen Geisteskranken zu tun.

»Mein Vorgänger ist vor drei Wochen gestorben. Haben Sie das nicht gewusst?«

Der Alte würdigte sie keines Blickes mehr. Er schnalzte mit der Zunge, und die beiden dunkelbraunen Klappergerüste setzten sich schnaufend in Bewegung. Im Zeitlupentempo rollte die Kutsche am Verbotsschild vorbei und in die Heide hinein. Eine riesige Staubwolke entstand, als die asphaltierte Straße in einen breiten Feldweg überging.

Hanna stand da und überlegte für einen Moment ernsthaft, der Kutsche hinterherzulaufen und aufzuspringen. Irgendwie musste sie ja an ihr Ziel gelangen.

Stattdessen ging sie zum Wagen zurück. Kaiser Napoleon hatte sich auf seinem Weg nach Elba auch nicht so erniedrigt.

Es musste einen anderen Weg geben.

Sie stieg in den Hochofen ein, wendete und fuhr zurück, während der wieder eingeschaltete Hansdieter vor sich hin meckerte. »An der nächsten Kreuzung vollziehen Sie eine U-Kehre. An der nächsten Kreuzung… In hundert Metern rechts in die Hermann-Löns-Straße einbiegen, in weiteren fünfzig Metern …«

»Ach, halt die Klappe.« Hanna gab es auf und stellte das Navi endgültig aus. Hansdieter legte es darauf an, sie mitsamt den nicht mehr ganz astreinen Abgaswerten ihres alten Golfs durch weite Flächen voller Heidekraut zu jagen. Vielleicht half ihr ja die gute alte Landkarte weiter. Während sie langsam die Straße zwischen Undeloh und Sahrendorf zurückfuhr, warf sie einen Blick drauf. Aha. Hier war sie selbst gerade, dort unten Wilsede mitten im Naturpark, und weiter südlich von ihrem Standort, nahe Sudermühlen, lag Haselllöhne. Okay, dachte Hanna, versuchen wir es hintenherum.

Zwei Stunden später erreichte sie nach mehrmaligem Verfahren, Nachfragen und neuerlichem Verfahren den Ort, der ihre neue Wirkungsstätte werden sollte.

Den Ort ihrer Verbannung.

Wenigstens fand sie sofort Haus Nummer 36, wo eine Wohnung im ersten Stock auf sie wartete. Die Hitze in ihrem Golf wurde schon wieder unerträglich. Ein Fachwerkhaus, hatte in der Beschreibung gestanden. Was an sich in einem Heidedorf nichts Besonderes war. Reetgedeckt. Auch nicht gerade exklusiv. Mit einem knapp zwanzig Meter hohen Wacholderbaum im Vorgarten. Der war allerdings einzigartig.

Hanna hatte Wacholder immer für einen Busch gehalten, aber sie verstand auch nicht viel von Botanik. Sie war Großstädterin durch und durch. In Hamburg-Wilhelmsburg geboren, in Hamburg-Harburg aufgewachsen, hatte sie mehr als zehn Jahre lang bei der Polizei in Hamburg-Altona in Dienst gestanden. Im Großstadtdschungel fand sie sich zurecht, weite Grünflächen oder dichte Wälder waren nicht so ihr Ding. Jedenfalls stand dieser Riesenbaum vor der Hausnummer sechsunddreißig und sah ein bisschen aus wie eine Zypresse aus der Toskana, die sich verlaufen hatte.

Hanna parkte am Straßenrand, stieg aus, ignorierte ein leichtes Schwindelgefühl und ging auf die Haustür zu. Noch bevor sie am Riesenwacholder vorbei war, wurde die Tür von innen aufgerissen.

»Da sind Sie ja endlich! Ich warte schon seit Stunden auf Sie! Wollte schon die Polizei rufen!«

Hanna blieb abrupt stehen. Wo war sie hier gelandet? In einem Dorf der verrückten Alten?

Die Frau vor ihr sah aus wie die unwesentlich jüngere Schwester des durchgeknallten Kutschers. Das mochte an dem ebenso speckigen uralten Filzhut auf ihrem Kopf liegen – oder daran, dass Hanna dringend ein Glas Wasser brauchte.

»Frau Pleschke?«, erkundigte sie sich vorsichtig und zwinkerte gegen die bunten Sterne vor ihren Augen an. Sie hatte sich unter ihrer Vermieterin jemand anderes vorgestellt. Eine junge Frau, vielleicht Anfang dreißig wie sie selbst, die ihr in ihrer Verbannung eine tröstende Freundin werden konnte. Reines Wunschdenken, wurde ihr jetzt klar.

»Die bin ich. Höchstpersönlich. Was machen Sie denn da? Sie wollen doch wohl nicht umkippen?«

»Selbstverständlich nicht«, erwiderte Hanna würdevoll und sackte in die Knie.

Hundert kann sie noch nicht sein, dachte sie, als Frau Pleschke mit einem Satz bei ihr war, sie unter den Achseln packte und festhielt. »Meine schönen Rosen. Bitte nicht platt drücken.«

»Nein«, versprach Hanna und hing schwer an Frau Pleschke, die ein bisschen komisch roch.

Ein Auto fuhr vorbei, bremste, kam zurück. Hanna nahm es aus den Augenwinkeln wahr, voll damit beschäftigt, ihre Muskeln anzuspannen.

»Das kommt davon, wenn man bei der Hitze nichts auf dem Kopf trägt«, schimpfte Frau Pleschke. »Da muss man ja einen Hitzschlag kriegen.«

Hanna überlegte, ob sie in Zukunft auch so einen grässlichen Filzhut würde tragen müssen, und ihr wurde ein wenig schlecht.

»Jo!«, schrie Frau Pleschke. »Komm schnell! Unsere neue Kommissarin macht schlapp!«

Toll, dachte Hanna. Genau der Einstand, den ich brauche, um mir Respekt zu verschaffen.

Eine Autotür wurde zugeschlagen, eilige Schritte näherten sich.

Bitte nicht noch ein Methusalem, dachte Hanna, während sie neue Kraft in den Beinen spürte und sich aufrichtete.

»Es geht schon wieder«, sagte sie. »Ich möchte nur ins Haus gehen und ein Glas Wasser trinken.«

»Da wüsste ich was Besseres«, erwiderte Frau Pleschke und lockerte ihren Griff.

»Untersteh dich, Luise«, sagte der Mann, der nun herangekommen war. »Deinen Wacholderschnaps lässt du unter Verschluss. Die junge Dame braucht Ruhe, Schatten und viel Flüssigkeit. Alkoholfreie Flüssigkeit!«

Junge Dame? Hatte sich hier jemand im Jahrhundert vertan? Hannas Lebensgeister kehrten schlagartig zurück. Erleichtert stellte sie fest, dass sie keinen alten Herrn vor sich hatte. Der Mann war höchstens Mitte dreißig, von schlanker Gestalt und mittelgroß. Trotzdem überragte er Hanna noch um einige Zentimeter. Der Blick aus seinen braunen Augen war freundlich, eine dunkle Haarlocke fiel ihm vorwitzig in die Stirn.

Mit durchgedrücktem Rücken und strengem Blick reichte sie ihm die Hand. »Hanna Petersen.«

»Johann Johannsen, sehr erfreut.« Seine Hand war kräftig und warm.

Hanna verzieh ihm auf der Stelle die »junge Dame«. Und für seinen Namen konnte er ja nichts.

Johann Johannsen. Mussten die Eltern ihm so was antun? Wie oft war er als Kind wohl für dieses Doppelgemoppel gehänselt worden?

Und was interessiert dich das?, erkundigte sich Hannas innere Stimme, die sie gern mal piesackte. Mal davon abgesehen, dass dein eigener Name auch darin vorkommt, ist es doch wurscht, wie der Typ heißt.

»Nun mal nicht so bescheiden«, mischte sich Luise Pleschke ein. »Das ist unser allseits verehrter Doktor Johannsen, und Johann nennt ihn auch keiner. Jo heißt er für seine Freunde, stimmt's oder habe ich recht?« Sie sprach den Namen auf amerikanische Art aus: Dscho. »Er ist zwar noch ein bisschen jung, aber ein erstklassiger Arzt. Sie können sich ihm mit allen Wehwehchen voll anvertrauen.«

Hanna zog die Hand zurück, doch sie hatte sie noch bemerkt, diese merkwürdige Schwingung auf der Haut, die ihr nicht neu war. Es wunderte sie nur, dass sie Bedauern darüber empfand.

Johannsen zeigte ein halbes Lächeln. »Die gute Luise übertreibt maßlos. Ich habe erst vor kurzem die Praxis meines Vaters übernommen, aber ich tu mein Bestes, um den guten Ruf unserer Arztfamilie in der Gegend zu erhalten. Gehen Sie jetzt ruhig hinein, und kommen Sie in den nächsten Tagen mal in meine Praxis, damit ich Sie gründlich durchchecken kann.«

Hanna fühlte sich herumkommandiert. Etwas, das sie gar nicht mochte. »Nicht nötig, ich bin kerngesund. Trotzdem vielen Dank.«

»Sind Sie sicher?«

»Natürlich. Es ist nur die Hitze. Ich habe ziemlich lange gebraucht, um hierherzufinden, und die Klimaanlage in meinem Auto ist schon seit Jahren kaputt.« Sie lächelte schief. »Ich dachte ja, ich trete meinen Dienst in der Lüneburger Heide an und nicht in der Sahara.«

Luise Pleschke kicherte, aus Jo Johannsens halbem Lächeln wurde ein Dreiviertellächeln.

»Also dann, herzlich willkommen«, sagte er und kehrte zu seinem Wagen zurück.

Hanna sah ihm nach und fragte sich, was sie an dem Mann störte. Wollte man Luises Lobpreisungen Glauben schenken, schien er ein fähiger Arzt zu sein. Trotzdem hatte sie vor zwei Minuten diese Schwingung in ihrer Handfläche gespürt, und die hatte nichts mit einer plötzlichen Verliebtheit zu tun. Hanna war keine Frau, die so schnell ihr Herz verlor. Auch nicht an attraktive Landärzte. Aber sie verfügte über einen besonderen Instinkt, so eine Art inneren Lügendetektor. Sie konnte spüren, wenn mit einem Menschen etwas nicht stimmte, und bei Doktor Johannsen war eindeutig etwas faul. Nur was? Sie würde es herausfinden müssen, und sie ahnte, er würde dann nicht mehr so freundlich und zuvorkommend sein.

Zehn Minuten später saß Hanna bei Luise in der kühlen guten Stube und trank ihr zweites Glas Mineralwasser.

»Jetzt erzählen Sie doch mal, was Sie hierher verschlagen hat«, bat Luise.

Sie gab sich keine Mühe, ihre Neugier zu verbergen. »Stimmt es, dass Sie strafversetzt worden sind? Was haben Sie denn angestellt?«

Hanna verschluckte sich an ihrem Wasser, hustete und verspürte auf einmal großes Heimweh. Nach Hamburg, nach ihren Kollegen und sogar nach Hendrik, den sie eigentlich nicht mehr liebte.

Luise plauderte unterdessen munter weiter. »Der arme Karl Överbeck wollte ja erst in fünf Jahren in Pension gehen. Da rafft ihn doch so ein dummer Herzinfarkt hin. Eine Schande ist so was. Er hatte noch viel vor im Leben, und wir haben ihn alle sehr geschätzt. Ein guter Polizist. Wenn es nötig war, konnte er auch mal alle fünfe gerade sein lassen.«

Na toll, dachte Hanna. Ein Dorfsheriff, der das Gesetz nach Lust und Laune ausgelegt hat. So ein Vorgänger ist genau das, was ich brauche.

»Es ist übrigens mitten in einem Einsatz passiert«, fuhr Luise fort. »Karl war einer Bande von Heidschnuckendieben auf der Spur. Da hat's ihn erwischt, nachts allein auf der Heide. Ein paar Touristen haben ihn am nächsten Morgen gefunden. Ganz steif war er da schon. Der Jo konnte ihm auch nicht mehr helfen. Möchten Sie vielleicht ein Schnäpschen? Den mache ich selbst aus Wacholderbeeren, und es heißt, er kann Tote erwecken. Nur den Karl leider nicht.«

Heidschnuckendiebe? Tote erwecken? Sie hatte sich jetzt verhört, ja? Hanna beschloss, dass ein winzig kleiner Schnaps ganz hilfreich sein konnte, um das alles hier zu verkraften.

2

Vorsichtig nippte Hanna an ihrem Schnapsglas. Die helle Flüssigkeit duftete nach den Weiten der Lüneburger Heide und schmeckte würzig, leicht, scharf, kräftig, mild – irgendwie alles zusammen.

»Lecker.«

Luise kicherte. Schien ihre Lieblingsbeschäftigung zu sein. »Und hilft in allen Lebenslagen. Abends reibe ich mich damit ein. Ich schwöre, mein Schnaps ist das beste Rheumamittel der Welt.«

Daher der ungewöhnliche Körperduft, dachte Hanna und kicherte jetzt auch ein bisschen. Luise war schwer in Ordnung, und warum sollte eine gut Achtzigjährige eigentlich nicht ihre Freundin werden können?

»Bei Zahnweh hab ich's auch schon ausprobiert. Hab ein Stück Brot mit meinem Schnaps getränkt und lange draufgebissen. Hab nichts mehr gespürt, musste nur ein paar Mal nachlegen. Na, und bei Weltschmerz aller Art hilft es, sich reichlich davon hinter die Binde zu kippen.«

»Ach so«, sagte Hanna und trank ihr Gläschen aus, das gleich wieder aufgefüllt wurde. Sie überlegte, ob sie im Dienst war. Nein, erst morgen. Also runter damit. Dabei konnte sie auch eine Weile vergessen, dass die Begegnung mit Johannsen sie so irritiert hatte.

»Jetzt erzähl endlich«, sagte Luise. »Was hat dich ausgerechnet in die Heide verschlagen?«

Hanna ließ sich anstandslos duzen, der destillierte Wacholder wirkte bereits Wunder.

»Eigentlich der blöde Hansdieter«, erklärte sie.

»Aha. Dein Freund?«

»Nein. Mein Freund heißt Hendrik. Also, mein Exfreund. Der war aber auch beteiligt. Jedenfalls – Hansdieter ist mein Navi … äh … ich meine, das war mein Vorgesetzter in Altona.« Sie war Luise dankbar dafür, dass sie jetzt mal nicht kicherte.

»Gut. Weiter.«

»Hansdieter Behrens hat mich drei Jahre lang bei jeder Beförderung übergangen. Das fand ich ungerecht. Ich bin eine gute Kommissarin, korrekt, fleißig und immer pünktlich.«

Etwas in Luises Blick störte sie.

»Ich hab mir nie irgendwas zu Schulden kommen lassen, und bestechlich bin ich auch nicht, das kannst du mir glauben.«

War das etwa Mitleid in Luises Augen? Hanna blinzelte. Blödsinn, der Schnaps verzerrte anscheinend ihre Wahrnehmung.

»Ich hätte es verdient gehabt, Hauptkommissarin zu werden«, fuhr sie fort. »Schon lange. Aber ich konnte so viel Einsatz zeigen, wie ich wollte, Behrens hat mich einfach nicht berücksichtigt.«

Der bekannte Zorn stieg in ihr auf, und sie hielt ihr leeres Glas hoch.

Luise schien zu zögern, schenkte aber doch nach. »Du bist noch sehr jung, Schätzchen«, murmelte sie dabei.

»Mit Ehrgeiz und Pflichtbewusstsein allein kommt man im Leben nicht weit.«

Hanna war nicht sicher, ob sie richtig verstanden hatte, und zog es vor, darüber hinwegzugehen.

»Und Hendrik, der Mistkerl, hat mich fleißig betrogen, wenn ich Doppelschichten geleistet habe. Als ich es herausfand, hat er behauptet, er könne nichts dafür, wenn sich ihm die Frauen an den Hals würfen. Und so was nach fünf Jahren Beziehung, in der er mir regelmäßig seine ewige Liebe geschworen hat.«

Luise machte eine müde Handbewegung. »Hab noch keinen Mann erlebt, der einer Versuchung widerstehen könnte. Damals, in den Fünfzigern in Berlin, hat mich auch mal einer betrogen. Ha, dem hab ich's aber heimgezahlt...« Sie brach ab. »Die Geschichten einer alten Frau interessieren dich bestimmt nicht.«

Eigentlich schon, dachte Hanna, wollte aber nicht genauso neugierig erscheinen wie Luise. Daher fragte sie nur: »Berlin? Du bist gar nicht von hier?«

Luise kicherte, was Hanna auf einmal wieder angenehm fand. Angenehmer als diesen mitleidsvollen Blick. »Ich lebe seit vierzig Jahren in Hasellöhne, aber für manche Leute hier bin ich immer noch die Zugereiste.«

»Super. Dann habe ich so ungefähr im Jahr zweitausendfünfzig die Chance, von den Einwohnern akzeptiert zu werden?«

»Nur kein Pessimismus. Könnte auch schon zweitausendvierzig passieren.«

Sie brachen beide in Gelächter aus, stießen an und tranken.

Es fühlte sich gut an, eine Verbündete zu haben.

Nach einer Weile erzählte Hanna weiter. »Ich habe dann von einem Kollegen in Stade gehört, der nach Hamburg wechseln wollte und einen Tauschpartner suchte.«

»Einen Tauschpartner?«, hakte Luise nach. »Ist das was Unanständiges?«

Hanna musste lachen. »Quatsch. Aber man kann sich im Polizeidienst nicht einfach von einem Bundesland ins andere versetzen lassen. Dazu braucht man jemanden, mit dem man die Stelle tauscht.«

Luise wirkte enttäuscht und goss sich noch einen Schnaps ein.

»Ich dachte, das wäre die Chance für meine Karriere«, fuhr Hanna fort. »Und ich konnte gleichzeitig Abstand von Hendrik gewinnen.«

Während sie sprach, fühlte sie sich auf einmal beobachtet. Sie warf einen schnellen Blick aus dem Fenster, aber sie sah nur den Schatten des Riesenwacholders. Wirklich? Seit wann sprang ein Baumschatten davon, wenn sie nur den Kopf wandte? Zu viel Schnaps, entschied Hanna und hielt die Hand über das Glas, als Luise schon wieder zur Flasche griff.

»Lieber nicht. Ich habe heute noch nichts Richtiges gegessen.«

»Dachte ich mir, Schätzchen. Im Ofen schmort schon ein feiner Hase mit Wacholderbeeren.«

Irgendwie konnte Hanna das Wort Wacholder nicht mehr hören.

»Wunderbar«, sagte sie trotzdem artig.

»Und wie war es dann in Stade?«

»Grässlich! Einfach grässlich!«

»So schlimm?«

»Schlimmer.« Hanna schloss kurz die Augen und erinnerte sich an ihren ersten Tag auf der Dienststelle. Die Begrüßung durch die neuen Kollegen, ein wenig zurückhaltend, aber freundlich. Der Handschlag von Polizeioberrat Ehling, die heftige Schwingung, die plötzlich Hannas Haut erfasste. Sie wollte sich einbilden, da sei nichts, verdrängte tagelang ihre böse Ahnung. Bis Ehling eines Abends zur Sache kam.

»Einer der Kerle da wollte dir an die Wäsche«, mutmaßte Luise.

Hanna riss überrascht die Augen auf. »Woher weißt du das?«

Luises Blick wurde weich. »Steht dir ins Gesicht geschrieben.«

»Er hat mir meine Beförderung in Aussicht gestellt«, murmelte Hanna.

»Unter der Bedingung, dass du ein bisschen nett zu ihm bist.«

»Hm.«

Luise legte ihre Stirn in tausend Falten. »Und wie hast du reagiert? Nein, warte, lass mich raten. Ich kenne dich ja schon seit zwei Stunden, da ist es nicht besonders schwer. Du hast ihn angezeigt.«

»Ich … war kurz davor.« Die zweite Möglichkeit, nämlich ihre Waffe zu ziehen und den verheirateten Familienvater über den Haufen zu schießen, hatte Hanna nur ganz kurz in Erwägung gezogen.

Sie überlegte, wie sich wohl ihr sagenhafter Vorgänger in Haselöhne verhalten hätte, sofern er eine Frau gewesen wäre. Vermutlich hätte Karl Överbeck die schießende Variante gewählt.

29

»Aber?«, hakte Luise nach.

Hanna senkte den Kopf. »Ich war zu feige. Mir war klar, dass ich für alle Zeiten bei sämtlichen Kollegen in Deutschland als Nestbeschmutzer gelten würde. Wenn ich Ehling angezeigt hätte, dann hätte ich mir auch gleich einen neuen Job suchen können. Als Nachtwächterin oder Rausschmeißerin in einem Klub auf der Reeperbahn. Etwas in der Art.«

Luise tätschelte ihre Hand. »Das hat absolut nichts mit Feigheit zu tun, Schätzchen, sondern mit einer gesunden Portion Realismus in einer von Männern dominierten Welt.«

»Danke.« Ihr war danach, Luise zu umarmen, aber sie blieb lieber sitzen. Der Wacholderschnaps zeigte langsam Wirkung, und draußen tanzte schon wieder ein verflixt großer Schatten vorbei.

»Und was ist dann passiert?«

»Strafversetzung. Ehling hat mir immerhin noch die Wahl gelassen. Teufelsmoor oder Lüneburger Heide.«

»Und warum hast du dich für die Heide entschieden?«

»Das weiß ich selbst nicht so genau. Ich fand, Teufelsmoor klang irgendwie …«

»Teuflisch?«, half Luise aus.

»Genau. Die Lüneburger Heide schien mir das kleinere Übel zu sein.«

Luise wirkte verstimmt. Hanna sollte noch lernen, dass ihre Vermieterin nichts auf ihre Wahlheimat kommen ließ.

»Ich … äh … finde es sehr nett hier«, sagte sie schnell.

»Und ich glaube dir kein Wort.«

Hanna senkte den Blick. »Aber bestimmt werde ich mich schnell eingewöhnen.«

»Was weißt du über Hasellöhne?«

Hanna hob die Schultern. »Was ich so wissen muss. Ein ruhiges Dorf, die meisten Einwohner leben vom Tourismus. Ich werde wahrscheinlich nicht viel zu tun haben.«

»Wenn du dich da mal nicht täuschst«, bemerkte Luise. »Ganz so beschaulich, wie du es dir vorstellst, ist es hier nicht.«

Hanna hob die Augenbrauen. »Gibt es im Ort etwa auch S-Bahn-Surfer, Crack-Dealer und Aufmärsche von Neonazis?«

»Unsinn. Aber auch wir haben unsere Probleme. Außerdem bist du nicht nur für Haselöhne, sondern auch für die umliegenden Orte zuständig. Und ... na ja ...«

»Was denn?«

Luise beugte sich vor. »Hier trauern alle noch dem Karl Överbeck nach. Es wird nicht leicht werden für dich. Eine junge hübsche Polizistin aus der Stadt hat niemand erwartet.«

»Kriminaloberkommissarin«, stellte Hanna richtig.

»Ungefähr das meine ich.«

Hanna verstand nicht.

»Man wird dich für arrogant halten, und das wird alles noch schwerer machen. Die Leute werden dich nicht mögen. Die Heidjer sind ein besonderes Völkchen. Man muss wissen, wie man mit ihnen umgeht.«

»Auf Zuneigung kann ich verzichten. Hauptsache, ich werde respektiert.«

Luise öffnete den Mund, dann schloss sie ihn wieder. Die junge und die alte Frau musterten einander über die Abgründe von Erfahrung und Lebensweisheit hinweg.

31

Hanna hatte das Gefühl, dass sie einen stillen Kampf austrugen und sie selbst dabei den Kürzeren zog.

Blöder Schnaps, dachte sie.

»Ich gehe mal nach dem Hasen schauen«, sagte Luise nach einer Weile in die Stille hinein. »Oder möchtest du vorher deine Wohnung sehen?«

Hanna winkte ab. »Das hat Zeit.«

Sie fürchtete sich ein bisschen vor einem neuen, nach dem Geschmack einer alten Frau möblierten Zuhause. Ihre eigenen Möbel hatte sie in Hamburg eingelagert. Dann war sie strafversetzt worden, noch bevor sie sich in Stade häuslich eingerichtet hatte. Und nun? Die Möbel kommen lassen und sich in Hasellöhne eine feste Bleibe suchen? Oder hoffen, dass dieser Albtraum demnächst vorbeiging? Vielleicht wachte sie ja morgen früh in ihrer schönen Altbauwohnung in Altona auf, mit Hendrik an ihrer Seite, und die letzten zwei Monate waren auf der Festplatte ihres Lebens gelöscht.

»Kann ich bitte noch einen Wacholderschnaps haben?«, rief sie Luise hinterher, die schon auf dem Weg in die Küche war.

»Bediene dich, Schätzchen. Aber sei vorsichtig. Muss man vertragen können.«

»Ich bin ein Hamburger Kapitänskind«, murmelte Hanna. »Die können was ab.«

In Wahrheit war ihr Vater vierzig Jahre lang als einfacher Matrose zur See gefahren, aber das musste niemand wissen. Schon als sie in den Polizeidienst eingetreten war, hatte Hanna ihre Biografie geschönt, und sie würde auch jetzt, ganz allein in einer Haselöhner guten Stube, nicht damit aufhören.

Ganz allein? Wirklich?

Da war er wieder, der große Schatten vor dem Fenster. Die Sonne war inzwischen fast untergegangen, und aus dem Schatten war eher ein diffuser Schemen geworden. Trotzdem.

Da war jemand.

Hanna beschloss zu handeln.

In aller Ruhe stand sie auf, streckte sich, tat, als interessierten sie die Fotos auf dem Bücherregal, die allesamt eine um Jahrzehnte jüngere Ausgabe von Luise Pleschke zeigten. Eine schöne Frau, dachte Hanna geistesabwesend und näherte sich ganz langsam der Tür. Dann sprang sie vor, durch die Diele, zum Haus hinaus, in den Vorgarten. Keine fünf Sekunden dauerte die Aktion.

Trotz Schnaps.

Hanna war stolz auf sich. Schon hatte sie den Schatten gepackt.

»Scheiße!«, schrie der. Ein sehr großer Mann aus Fleisch und Blut, kein hüpfender Wacholdergeist.

Hanna drehte ihm den Arm auf den Rücken. Gelernt war gelernt, auch wenn der Mann ungefähr doppelt so stark war wie sie selbst. »Auf den Boden! Lang hinlegen, keine Bewegung!«

»Scheiße«, sagte er wieder und befreite sich mit einem Ruck aus ihrem Griff. Der hat auch was gelernt, stellte sie fest.

Hanna wich zurück, bis der Wacholderriese ihr mit seinen Nadeln in den Rücken piekte.

Mit ihrer strengsten Stimme befahl sie: »Polizei. Nehmen Sie die Hände hoch!«

»Auch Polizei. Das könnte Ihnen so passen.«

»Was?« Ihr war jetzt ein bisschen schwindelig. Ähnlich wie vorhin in der Hitze. Musste an dem Vorgarten liegen oder an Luises Hochprozentigem.

»Sie haben schon richtig gehört, werteste Kollegin.«

Klang aber nicht nach Wertschätzung, eher nach tiefer Ablehnung, fand Hanna. Erst jetzt bemerkte sie die dunkelblaue Polizeiuniform.

Bevor sie etwas sagen konnte, rief Luise aus dem Küchenfenster: »Essen ist fertig. Du bist auch eingeladen, Fritz. Oder wollt ihr noch eine Weile Räuber und Gendarm spielen?«

Hanna fühlte, wie sie rot wurde. Der junge Mann vor ihr grinste frech.

»Kriminaloberkommissarin Hanna Petersen. Und wer sind Sie?«

»Polizeikommissar Fritz Westermann, sehr erfreut.« Klang auch nicht erfreut.

»Warum schleichen Sie hier herum, anstatt sich vernünftig bei mir vorzustellen?«

Sein Grinsen wurde breiter. »Was heißt hier rumschleichen? Ich hab ganz unschuldig in Luises Vorgarten gestanden und den Wacholder bewundert, bevor Sie mich tätlich angegriffen haben. Gehen Sie immer so mit Ihren Untergebenen um?«

Fast, aber nur fast hätte Hanna wütend mit dem Fuß aufgestampft.

So eine Unverschämtheit!

Sie hatte nicht damit gerechnet, von ihrem einzigen Kollegen in Hasellöhne mit offenen Armen empfangen zu werden. Immerhin hatte sie vor ihrer Abreise aus Stade noch schnell ein paar Erkundigungen eingezogen.

Fritz Westermann hatte sich offenbar Hoffnungen auf eine Beförderung gemacht. Nach einer entsprechenden Fortbildung wollte er den Platz des verstorbenen Karl Överbeck einnehmen und im Eiltempo Oberkommissar werden.

Tja, hatte Hanna gedacht. Dumm gelaufen, so was kenne ich auch.

Aber wenigstens eine professionelle Zusammenarbeit musste möglich sein, hatte sie noch auf der Fahrt in die Heide gedacht. Stattdessen traf sie nun auf einen Polizisten, der sie nicht nur ausspionierte, sondern auch offen ablehnte.

Klasse. Wurde immer besser hier.

Die Tatsache, dass er unverschämt gut aussah, war auch nicht gerade hilfreich. Sonnengelbes Haar, kantiges Gesicht und Augen, die sogar im Dämmerlicht hellblau schimmerten.

Mannomann! Wann war dieser germanische Gott von Walhall nach Haselöhne umgezogen?

Wenigstens seine schlechten Manieren waren menschlich. Das beruhigte sie ein bisschen.

Westermann hob die Stimme: »Alles in Ordnung, Leute! Ihr könnt nach Hause gehen. Mit unserer feinen neuen Kommissarin ist nur grad ein bisschen das Temperament durchgegangen.«

Hanna wirbelte herum. Mitten auf der Dorfstraße hatte sich eine Gruppe von Zuschauern gebildet, die offensichtlich das Schauspiel genossen hatten, das zwei miteinander kämpfende Polizeibeamte ihnen boten.

»Schade, Fritz!«, rief einer. »Ich wollte schon zehn zu eins auf dich setzen.«

»Und ich hundert zu eins!«, tönte ein anderer um einiges lauter.

Westermann lachte geschmeichelt. »Keine Chance, Leute. Wir sind gesittete Beamte und werden hier in Zukunft gemeinsam für Recht und Ordnung sorgen. So wie Karl und ich es bisher getan haben.«

»Der Karl soll wiederkommen«, rief eine zittrige Altmännerstimme, die Hanna sofort erkannte.

»Heinz-Otto, du Blödmann, der Karl ist tot und begraben«, sagte jemand anderes, aber Hanna konnte spüren, dass sich alle am liebsten dasselbe gewünscht hätten wie der alte Kutscher.

Sie räusperte sich umständlich und zwang sich, klar und deutlich zu sprechen. »Guten Abend. Ich bin Hanna Petersen, die neue Kommissarin.«

Niemand antwortete ihr. Innerhalb von einer Minute war die Straße menschenleer.

»Das muss ich mir merken«, murmelte Hanna verblüfft. »Wenn ich mal irgendwo eine Demo auflösen will, muss ich nur laut genug meinen Namen und meinen Dienstgrad nennen.«

»Sie haben ja Humor, werteste Kollegin«, sagte Fritz Westermann.

»Hören Sie gefälligst mit der Rumschleimerei auf«, fuhr Hanna ihn an, und zum ersten von vielen Tausend Malen dachte sie: Westermann, dich bring ich um.

»Kinder, nun gebt euch brav die Hände und kommt rein«, meldete sich Luise vom Fenster her. »Der Hase wird sonst trocken. Die jungen Kartoffeln sind auch schon ganz matschig.«

»Ich tu immer, was Luise sagt«, meinte Westermann,

schon wieder mit diesem unerträglichen Grinsen auf dem Gesicht, und streckte die Hand aus.

Hanna ging an ihm vorbei ins Haus. Etwas hielt sie davon ab, ihm die Hand zu geben.

Etwas, das sie nicht verstand.

3

Pünktlich um acht Uhr betrat Hanna am nächsten Morgen die Polizeiwache von Hasellöhne. Hämmernde Schmerzen in ihrem Kopf erinnerten sie an einen ihrer ersten Einsätze vor mehr als zehn Jahren in Altona. Bei der Stürmung eines besetzten Hauses war ihr ein Ziegelstein gegen den Kopf geflogen. Trotz Schutzhelm war sie zu Boden gegangen und hatte danach tagelang heftiges Kopfweh gehabt.

Als sie vor einer Stunde aus dem Bett gesprungen war, wäre sie auch fast wieder zu Boden gegangen. »Luise«, hatte sie geflüstert. »Für deinen Wacholderschnaps brauchst du einen Waffenschein.«

Erst nach einer ausgiebigen Dusche hatte sie sich wieder einigermaßen lebendig gefühlt. Nur das Kopfweh blieb und ließ sich auch mit zwei Aspirin nicht vertreiben. Immerhin stellte sie noch fest, dass sie es bei Luise gut getroffen hatte. Gestern Abend war sie dazu nicht mehr in der Lage gewesen. Die kleine Wohnung unter dem Dach war spärlich, aber geschmackvoll eingerichtet. Keine Spur von Eiche rustikal und röhrenden Hirschen, die Hanna so halbwegs erwartet hatte. Helle, moderne Kiefernmöbel ließen die Räume größer erscheinen, als sie waren. Hier und da gab es ein paar Farbtupfer dank hellblau schimmernder Lampenschirme und lachsfarbener Vorhänge. An den Wänden hingen Drucke von Fotos aus dem modernen Berlin. Und es blieb Platz für ein paar eigene Möbel. Hätte auch nach Kreuzberg gepasst, eine solche Wohnung.

Hanna fühlte sich wohl – trotz Kopfschmerzen.

»Moin, Frau Kommissarin!«, dröhnte ihr Westermann ins Ohr, kaum dass sie die Tür zur Wache geöffnet hatte. Er stand hinter einem schmalen Tresen und grinste ihr entgegen.

In Hannas Stirn hallte ein schmerzhaftes Echo wider.

»Müssen Sie so brüllen?«

»Bitte um Vergebung!«, schrie Westermann.

Sie sah, wie er sich diebisch freute, als sie sich die Fingerspitzen an die Schläfen legte.

»Muss man abkönnen, den Schnaps von Luise, ne? Keiner weiß, wie viele Prozent der hat, die Schätzungen gehen von sechzig bis neunzig. Der Hase war übrigens auch reichlich damit getränkt. Und so'n scharfes Zeug verdampft beim Kochen nicht.«

Vier Sätze in der Lautstärke eines Stadionsprechers.

Hanna atmete tief durch, ließ die Hände sinken und sah Westermann in die Augen. »Lassen Sie das dumme Geschrei. Sie glauben doch wohl nicht im Ernst, dass mich ein kleiner Kater vom Dienst abhalten kann.«

»Nee?«

»Nein. Wie alt sind Sie eigentlich? Zwanzig, einundzwanzig?«

Westermann wirkte beleidigt. »Achtundzwanzig.«

Nur vier Jahre jünger als sie selbst.

»Ziemlich kindisch für Ihr Alter.«

In seinen Augen blitzte etwas auf, und Hanna ahnte, dass die Fronten nun endgültig verhärtet waren.

Pech. Diplomatie war nicht ihre Stärke. Sie schob die Hände in die Hosentaschen und schwieg den Mann so lange an, bis er den Blick senkte. So was konnte sie gut. Schweigen, starren, warten. Dabei ignorierte sie ihren Herzschlag, der sich plötzlich beschleunigte. Musste eine Nachwirkung der gestrigen Wacholdersause sein. Sie versuchte, sich an besondere Vorkommnisse beim Abendessen mit Luise und Westermann zu erinnern. Es gelang ihr nicht. Schien es nicht gegeben zu haben. Offenbar hatten sie ganz friedlich zusammengesessen, vielleicht mit dem Wissen, dass sie und Westermann unter anderen Umständen gute Freunde hätten werden können. Gute Freunde?

Ihr Herzschlag legte noch einmal an Tempo zu. Hanna widerstand der Versuchung, ratlos die Stirn zu runzeln. Hätte wehtun können.

Sie beschloss, dass sie Westermann lange genug niedergestarrt hatte.

»Wo ist mein Büro?«

Er zeigte hinter sich auf eine schmale Tür.

Hanna würdigte ihn keines Blickes mehr, öffnete die Tür, trat ein – und kam nicht weit. Das Büro war ungefähr so groß wie die Abstellkammer einer Hobbithöhle im Auenland. Der Schreibtisch sah aus, als sei er in der Mitte durchgesägt worden, damit er hineinpasste. Ein Drehstuhl, ein schmales Bücherregal, das war auch schon die ganze Einrichtung. Es gab weder einen Computer noch ein Telefon.

»Hübsch«, murmelte sie und ging rückwärts wieder hinaus. Umdrehen wäre zu schwierig gewesen.

Allerdings musste sie zugeben, dass Westermanns Arbeitsplatz auch nicht wesentlich größer war als ihr eigener. Hinter dem Tresen gab es einen kaum größeren Schreibtisch, einen zusätzlichen Stuhl für Besucher und immerhin einen PC.

Toll, dachte Hanna, ich bin auf einer Spielzeugwache gelandet.

»Wo werden Verdächtige vernommen?«, fragte sie knapp.

Wieder nur eine Handbewegung von Westermann.

Wenn er schweigt, dachte sie amüsiert, brüllt er wenigstens nicht.

Sie schaute hinter der zweiten Tür nach, staunte und drehte sich wieder um. »Sie führen Vernehmungen in der Arrestzelle durch?«

»Ist ja sonst kein Platz.«

»Originell.« Hanna stellte sich vor, wie sie einen Heidschnuckendieb samt Beute in der ebenfalls winzigen Zelle verhören würde, und schwankte zwischen einem Lachanfall und hilflosem Kopfschütteln. Sie unterließ beides. Hätte nur eine neue Schmerzattacke ausgelöst.

Ihr Smartphone bimmelte.

»Wie langweilig«, bemerkte Westermann und beugte sich über sie. »Soll ich Ihnen mal einen knackigen Klingelton draufladen? Mach ich echt gern.«

»Unterstehen Sie sich«, brummte Hanna und suchte ein Weilchen das Gerät ab.

»Wohl neu das Teil, was? Hier müssen Sie drücken.«

»Danke, das weiß ich selbst.«

»Ein gewisser Hendrik verlangt nach Ihnen.«

»Klappe, Mann!«

Dann wandte sie sich von Westermann ab und verließ die Wache.

»Hendrik, ich kann jetzt nicht reden, ich bin im Dienst«, sagte sie, als sie draußen war.

Es war merkwürdig. Seit sie aus Hamburg weg war, also seit mehr als einem Monat, rief Hendrik sie bis zu fünfmal am Tag an. Solange sie noch zusammen gewesen waren, hatte er sich kaum mehr um Hanna gekümmert. Aber jetzt schien sie ihm auf einmal das Wichtigste auf der Welt zu sein.

Hanna seufzte und sah sich kurz um. Vorhin hatte sie sich nur mit gesenktem Kopf an den Häusern entlanggeschlichen. Die Wache lag direkt am Dorfplatz, der einen fast perfekten Kreis bildete. Die Hauptstraße, an der auch Luises Haus lag, mündete auf den Platz. Ein paar Nebenstraßen führten von ihm weg. In der Mitte gab es einen Dorfbrunnen, dessen Wasserbecken von mächtigen Findlingen eingerahmt wurde. Wahrscheinlich von irgendwelchen Hügelgräbern geklaut, überlegte Hanna.

Es gab einen Gasthof *Erika*, eine Apotheke, eine Bäckerei und einen Tante-Emma-Laden, wie ihn Hanna seit mindestens zehn Jahren nicht mehr gesehen hatte. Die frühe Morgensonne legte ein freundliches Licht über Haselöhne, und wäre Hannas Lage nicht so unglücklich gewesen, hätte sie diesen friedlichen Anblick eines Dorfes sogar ganz hübsch finden können.

Ein paar Kinder mit riesigen Ranzen auf den Rücken rannten über den Platz auf die Grundschule zu, die in einem zweistöckigen Ziegelbau untergebracht war. Sie waren zu spät dran, die Glocke hatte geläutet, als Hanna vorhin am Schulgebäude vorbeigegangen war.

Aber die Kinder lachten nur und veranstalteten auf dem letzten Stück Schulweg ein Wettrennen. Hanna fragte sich, wann sie das letzte Mal so unbeschwert gewesen war. Es wollte ihr nicht mehr einfallen.

Sie schrak zusammen, als Hendrik rief: »Bist du noch dran? Warum sagst du denn nichts?«

Ihr Kater meldete sich mit voller Kraft zurück. Warum, zum Teufel, mussten alle Männer an diesem Morgen brüllen?

»Ich hab gesagt, ich bin im Dienst.«

»Seit maximal zehn Minuten. So viel kann in deinem Heidekaff noch nicht passiert sein, dass du nicht ein paar Worte mit dem Mann wechseln kannst, der dich über alles liebt.«

Hanna stöhnte. Auch dass er sie liebte, behauptete Hendrik besonders häufig, seit sie ihn verlassen hatte. Sie sah ihn vor sich, Hendrik März, groß, nicht wirklich attraktiv, aber von imponierendem Auftreten, vierzig Jahre alt, keinen Tag jünger aussehend. Er war Juniorchef des vornehmen Herrenausstatters März am Ballindamm, seit drei Generationen in Familienbesitz. Von Anfang an hatte sich Hanna gefragt, warum dieser erfolgreiche Geschäftsmann mit Familienvilla im feinen Blankenese sich mit einer Polizistin aus Altona eingelassen hatte. Sie hatten sich kennengelernt, als er sich einmal ins Altonaer Bahnhofsviertel verirrt hatte und Hanna ihn aus den Fängen von fünf aggressiv gewordenen Bordsteinschwalben gerettet hatte.

»Du bist mein Schutzengel«, hatte er gelallt und auf dem Bürgersteig einen Kniefall zuwege gebracht. »Willst du mich heiraten?«

»Sie sind betrunken.« Hanna hatte ihn in ein Taxi gesetzt. Der erste Heiratsantrag ihres Lebens, und dann so etwas! Fast hätte sie damals losgeheult. Erst als das Taxi schon lange fort war, entdeckte sie seine Brieftasche auf dem Boden. Sie musste ihm bei der Rangelei herausgefallen sein. Am nächsten Morgen war sie zu der Adresse in Blankenese gefahren und hatte eine Weile unschlüssig vor der imposanten Villa herumgestanden. Erst als ein Hausangestellter sie wegschicken wollte, hatte sie ihr Anliegen vorgebracht. Hendrik März hatte anständigerweise nicht so getan, als würde er sie erkennen, aber er hatte sie als Dank zum Essen eingeladen. Und in der folgenden Woche wieder, und wieder und wieder. Bis sie plötzlich ein Paar waren und Hanna sich verwundert fragte, was er nur an ihr fand.

»Du bist was Besonderes«, sagte Hendrik oft, und sie ignorierte die vielen Blicke, die er anderen hübschen Frauen zuwarf. Seine Liebe gehörte ihr allein, davon war sie überzeugt.

»Meine Liebe gehört nur dir«, sagte er jetzt, als hätte er ihre Gedanken gelesen.

»Deine Liebe vielleicht«, gab Hanna zurück. »Der Rest von dir aber nicht.«

»Hanna, seit wann bist du so bissig geworden?«

»Vielleicht seit ich herausgefunden habe, dass du sexsüchtig bist?«

Sie hatte ziemlich laut gesprochen und bemerkte erst jetzt den älteren Mann, der nur wenige Schritte von ihr entfernt stand und sie beobachtete. Hanna wurde rot. Der Mann wirkte wie ein Insektenforscher, der gleich einen seltenen Schmetterling aufspießen wollte. Sicherheitshalber wich sie einen Schritt zurück und drückte dabei auf die Aus-Taste ihres Handys. Rasch sah sie sich den Besucher an. Er mochte Mitte bis Ende sechzig sein, trug einen maßgeschneiderten Anzug und dazu handgenähte Schuhe.

Seit ihrer Beziehung mit Hendrik besaß Hanna einen Blick für so etwas.

»Guten Morgen«, sagte er höflich. Seine Augen jedoch behielten diesen kühlen, sezierenden Ausdruck bei.

»Guten Morgen«, erwiderte Hanna. »Kann ich etwas für Sie tun?«

Zwischen ihren Schläfen hämmerte der Schmerz.

Der Mann trat näher und strahlte eine Mischung aus Überheblichkeit und natürlicher Würde aus. »Richard von Fallersleben. Sie werden von mir gehört haben.«

»Bedauere, nein.«

Zwei buschige graue Augenbrauen wanderten in die Höhe. »So? Das wundert mich. Sie sind doch hier unsere neue Politesse. So schlecht informiert?«

Hanna hatte keinerlei Schwierigkeit damit, den Mann äußerst unsympathisch zu finden.

Hinter ihr erschien Westermann in der Tür. »Oh, der Herr Graf beehrt uns.«

»Adelstitel sind in Deutschland abgeschafft«, murmelte Hanna und handelte sich einen arroganten Blick des Besuchers und einen verblüfften Blick von Westermann ein. Sie war kein bisschen beeindruckt.

»Und ich bin keine Politesse, sondern Kommissarin.« Ihr Kinn war sehr weit oben, als sie mit Fallersleben sprach. »Wäre ich eine Politesse, hätte ich Ihrem Wagen längst einen Strafzettel verpasst. Der protzige sil-

45

berne Mercedes dort drüben im absoluten Halteverbot ist Ihrer, oder?«

Am Dorfbrunnen hatte sich inzwischen eine kleine Gruppe von Leuten versammelt. Hanna fragte sich, ob sie in Zukunft jedes Mal, wenn sie sich in der Öffentlichkeit zeigte, für einen Menschenauflauf sorgen würde.

Fallersleben machte eine Bewegung auf sie zu, und für einen Augenblick fürchtete Hanna, er könnte handgreiflich werden.

Westermann stand in ihrem Rücken. Auf Hilfe von ihm konnte sie nicht zählen. Eher würde er sie an den Oberarmen packen und festhalten, damit Fallersleben ihr in Ruhe eine reinhauen konnte.

Was für ein Einstand an meinem neuen Arbeitsplatz, dachte sie noch, während sie instinktiv in Verteidigungsstellung ging. Wenigstens ließ der Adrenalinschub ihr Kopfweh fast verschwinden.

Toll, überlegte Hanna. Nach dem nächsten Absturz mit Wacholderschnaps zettele ich irgendwo eine Prügelei an und bin meinen Kater los.

Hm. So ganz nüchtern war sie wohl doch noch nicht.

»Immer sachte mit den jungen Pferden«, sagte Fallersleben. »Ich möchte mich nicht mit Ihnen schlagen. So etwas ist in meinen Kreisen nicht üblich.«

Hanna ließ die Fäuste sinken. Dieser verdammte Graf hatte sie so richtig schön lächerlich gemacht.

Vielen Dank auch, dachte sie und blitzte ihn böse an.

Er schien es kaum zu bemerken. »Mein lieber Fritz, können wir jetzt bitte zum dienstlichen Teil übergehen? Ich möchte Anzeige erstatten.«

»Aber sicher, verehrter Graf Fallersleben. Bitte, kommen Sie herein. Ich stehe wie immer ganz zu Ihrer Verfügung.«

Fehlt nur noch ein tiefer Bückling, dachte Hanna, angewidert von so viel Ehrerbietung.

Sie hatte jetzt die Wahl: Entweder sie bestand als Westermanns Vorgesetzte darauf, selbst die Anzeige aufzunehmen, oder sie ließ es bleiben. Hanna ließ es bleiben.

Gut möglich, dass sie sich nicht mehr lange in der Gewalt haben würde, wenn sie noch mehr als eine Minute in Gesellschaft dieses arroganten Mistkerls namens Fallersleben verbringen musste. Westermann mochte ihr später berichten, worum es ging.

Hanna beschloss, einen kleinen Spaziergang durch den Ort zu machen. Zunächst aber ging sie direkt auf die Leute zu, die sie vom Brunnen her beobachteten. Sie wollte sich einfach mit ein paar freundlichen Worten vorstellen und hoffte, die Dorfbewohner würden es ihr nicht so schwer machen. Langsam überquerte Hanna den Platz. Sie spürte, wie ihr der Schweiß ausbrach. Der Tag versprach, wieder sehr heiß zu werden, aber daran lag es nicht.

Eine Welle der Feindseligkeit schwappte auf Hanna zu und schlug über ihr zusammen. Die kleine Gruppe aus Männern und Frauen stand mit vor der Brust verschränkten Armen da und rührte sich nicht.

Niemand sprach. Die Blicke waren eisig.

War ihr eben noch heiß gewesen, so fröstelte Hanna jetzt. Trotzdem setzte sie einen Fuß vor den anderen. Erst als sie bis auf wenige Schritte herangekommen war und gerade den Mund zu einem Gruß öffnete, löste sich die Gruppe auf und strebte in alle Richtungen davon.

47

Hanna stand allein vor dem großen plätschernden Wasserbecken.

Wieder wurde ihr heiß. Der Brunnen wirkte wunderbar kühl. Sie sah sich rasch um und machte einen weiteren Schritt darauf zu. Das Wasser gurgelte fröhlich und frisch. Schon hatte sie einen Fuß über den Rand gehoben, da kam Hanna in letzter Sekunde zu sich.

O Gott! Restalkohol, Sonnenhitze und feindliche Dorfbewohner hatten ihr offenbar den Verstand geraubt. Sie war drauf und dran gewesen, in den Brunnen zu springen!

Ein Kichern stieg in ihrer Kehle auf.

4

»Alles in Ordnung mit Ihnen?« Johannsen stand plötzlich vor ihr und musterte sie prüfend.

Hanna blinzelte und räusperte sich dann umständlich. »Danke, alles bestens.«

»Sie sehen aber nicht so aus«, sagte der Arzt. »Kommen Sie. Trinken wir einen Kaffee zusammen.«

Gute Idee, fand Hanna und ließ sich bereitwillig über den Dorfplatz zur Bäckerei Möller führen. Das kleine angegliederte Café bot die Kuchenspezialitäten des Hauses und traditionellen deutschen Filterkaffee an. Drei runde Tische standen unter einer Markise. Johannsen rückte Hanna einen Stuhl zurecht.

»Mit Cappuccino oder Latte Macchiato können wir hier nicht dienen, aber der Kaffee ist wirklich gut.«

Hanna nickte. »Ich trinke gern Filterkaffee.«

Johannsen ging kurz in die Bäckerei, um die Bestellung aufzugeben. Dann setzte er sich dicht neben Hanna und fragte ohne Umschweife: »Was war da eben los?«

Sie wand sich innerlich, hielt seinem Blick jedoch stand. »Sieht so aus, als hätte ich gestern ein paar Gläschen zu viel von Luises Wacholderschnaps genossen.«

»Entgegen meiner ausdrücklichen Anweisung.« Johannsen setzte ein strenges Arztgesicht auf.

»Ich bin nicht Ihre Patientin.«

»Nein.«

»Und auch nicht Ihre Freundin.«

»Sicher nicht.«

Der Ton zwischen ihnen wurde kühl, beinahe feindselig. Eine korpulente Frau in den Fünfzigern brachte ein Tablett mit Kaffee und Streuselkuchen.

»Danke, Birthe«, sagte Johannsen und schenkte den Kaffee ein.

Hanna fragte sich, wie es wohl sein mochte, in einem Ort zu leben, in dem die meisten Leute einander mit Vornamen anredeten. Aus Gründen, die sie nicht ganz verstand, musste sie plötzlich an Grete Voß denken, ihre Nachbarin in Altona, eine hilfsbereite alte Dame, die gern Hannas Blumen goss, wenn die mal für ein Wochenende mit Hendrik nach Sylt fuhr. Sonst hatte Hanna niemanden in ihrem Mietshaus gekannt. Und was hieß schon kennen! Dass Grete Voß bereits seit Wochen im Altenheim lebte, hatte Hanna erst erfahren, als es wieder einmal Zeit geworden war, die alte Dame zu bitten, ein paar Tage lang ihre Blumen zu gießen. Bis heute verspürte Hanna ein schlechtes Gewissen, wenn sie an Grete Voß dachte. Sie nahm sich vor, mit Luise eine bessere Beziehung zu pflegen. Andererseits hatte Luise das vermutlich gar nicht nötig.

»Milch und Zucker?«

Hanna zuckte zusammen. »Schwarz.«

Sie nippte an ihrer Tasse und stand dann auf. »Ich muss zurück.«

»Müssen Sie nicht«, entgegnete Johannsen mit einem selbstsicheren Lächeln im Gesicht, das sie ihm am liebsten weggewischt hätte. »Fritz wird auch allein mit dem Grafen fertig. Der gibt jeden zweiten Tag eine Anzeige gegen unbekannt auf, weil angeblich mal wieder in seinem Wald gewildert wurde. Und in den nächsten zehn Minuten wird hier auch keine Bank überfallen. Wir haben sowieso keine in Hasellöhne. Nicht mal eine Sparkasse. Also, entspannen Sie sich.« Er nahm sich ein großes Stück Streuselkuchen und biss hinein.

Hanna ließ sich wieder auf ihren Stuhl fallen.

»Luises Schnaps ist ein starkes Zeug«, sagte Johannsen, nachdem er den Kuchen mit einem großen Schluck Kaffee hinuntergespült hatte. »Aber das da...« – er wies mit der Kuchengabel zur Mitte des Platzes – »...ist bloß der Dorfbrunnen von Hasellöhne und nicht die Fontana di Trevi in Rom. Und Sie sind nicht Anita Ekberg.«

Hanna starrte angestrengt in ihre Kaffeetasse. Anita Ekberg? Die vollbusige blonde Schwedin, die einst aufreizend im Trevibrunnen gebadet und eine ganze Generation italienischer Männer um den Verstand gebracht hatte?

Bitte nicht! Stand Johannsen etwa auf diesen Typ Frau? Tja, dann war er bei ihr schlecht dran. Brünett statt platinblond, vorn eher flach als ausladend, dafür mit einigen Pölsterchen an den falschen Stellen – kein Männertraum, bestimmt nicht.

Aus unerfindlichen Gründen spürte sie so etwas wie Bedauern.

Teufel auch!, fluchte Hanna im Stillen. Es konnte nicht angehen, dass sie innerhalb der ersten zwölf Stunden in Hasellöhne gleich zwei Männer anziehend fand. Westermann stellte keine Gefahr da. Der hasste sie abgrundtief. Gott sei Dank.

Fast hätte sie gekichert. Der Teufel und der Liebe Gott in einem Gedankengang – wenn das bloß gut ging!

Sie linste zu Johannsen rüber. Dieser Mann war nicht so leicht abzuhaken. Die Sache konnte ziemlich kompliziert werden.

Ich muss hier weg, dachte sie. Sofort. Ihr fiel bloß keine gute Ausrede ein. Selbst ihr Handy gab keinen Ton von sich. Wo blieben Anrufe des Exfreundes, wenn man sie brauchte?

Johannsen bedachte sie mit einem langen prüfenden Blick. Er schien tief in ihr Innerstes zu dringen, direkt in ihr Herz, um genau zu sein. Und was er dort fand, missfiel ihm offensichtlich. Er wirkte peinlich berührt, fand Hanna. Da half nur zurückstarren und schweigen. Klappte bloß bei diesem Mann nicht. Johannsen ließ sich nicht so leicht verunsichern wie Westermann.

»Meine Praxis liegt direkt über der Apotheke«, sagte er ruhig. »Zufällig stand ich vorhin am Fenster und habe beobachtet, wie die Leute vor Ihnen zurückgewichen sind. Nehmen Sie das nicht so schwer. Alles braucht seine Zeit.«

Beinahe hätte Hanna erleichtert aufgeseufzt. Eigentlich war sie schon auf eine Erklärung dafür gefasst gewesen, dass aus ihnen beiden kein Paar werden konnte (»Sie ahnen es vielleicht schon, Frau Petersen: Mein Frauenideal ist groß, platinblond und vollbusig«).

»Ja«, gab sie lächelnd zurück. »Laut Luise werde ich in etwa vierzig Jahren hier akzeptiert werden.«

Statt ebenfalls zu lächeln, nickte er vollkommen ernst. Dann beugte er sich vor, legte kurz seine Hand auf ihre und sagte: »Ich muss Sie warnen.«

Hanna erschauerte. Wieder spürte sie die Schwingung, die von seiner Haut auf ihre übersprang. Johannsen verbarg etwas, ein Geheimnis, eine dunkle Seite, die er zu haben schien. Sie ahnte nicht, was es war, sie wusste nur: Es war nichts Gutes.

Seit Hanna zum ersten Mal diese Gabe an sich entdeckt hatte – und das war vor mehr als zwanzig Jahren gewesen –, hatte sie bei den Menschen, die unbewusst diese Schwingung aussandten, noch nie eine schöne Überraschung erlebt. Nur hässliche.

Mit zwölf Jahren war es zum ersten Mal passiert. Ein Junge aus ihrer Schule hatte sie eingeladen, ihn später in einem verlassenen Keller zu treffen.

»Nur wir beide«, hatte er gesagt und sie dabei sanft am Oberarm berührt. Der Junge war drei Jahre älter gewesen als Hanna und der Schwarm aller Mädchen in der Schule. Auch Hanna war schon lange heimlich in ihn verliebt. Aber zu dem Treffen war sie nicht gegangen. Es hatte sich komisch angefühlt, von ihm angefasst zu werden, irgendwie unangenehm.

Später erfuhr sie, dass der Junge ein anderes Mädchen in den Keller gelockt hatte. Dort hatte er es gefangen halten und von den Eltern Lösegeld erpressen wollen, um nach Amerika durchzubrennen. Das Mädchen konnte flüchten und zeigte ihn an. Das Letzte, was Hanna hörte, war, dass der junge Kidnapper in einem Erziehungsheim gelandet war. Seitdem vertraute sie auf ihre besondere Art von Wahrnehmung, die für sie mal eine Gabe, mal ein Fluch war.

In Johannsens Fall eher ein Fluch. Hanna verspürte keinerlei Verlangen danach, bei diesem Mann einem dunklen Geheimnis auf die Spur zu kommen. Bei Westermann hatte sie einen Hautkontakt bisher erfolgreich vermeiden können. Als sie ihn am Abend zuvor für kurze Zeit überwältigt hatte, da hatte sie nur den Stoff seines Hemdes zu fassen gekriegt. Insgeheim fürchtete sie sich davor, auch bei ihrem Kollegen etwas an Schwingungen aufzufangen. Sie fand, für den Anfang hatte sie schon genug Schwierigkeiten am Ort ihrer Verbannung.

»Hören Sie mir zu, Frau Petersen?«

Hanna verschränkte ihre Hände unter dem Tisch, damit Johannsen bloß nicht auf die Idee kam, sie noch einmal anzufassen. Schwingung hin oder her – so oder so war es besser, ihm nicht zu nahe zu kommen. Besser für ihren Seelenfrieden.

»Selbstverständlich«, log sie.

»Und Sie werden sich vor ihm in Acht nehmen?«

Hanna biss sich auf die Lippen.

Mist! – Von wem redete er bloß?

»Er könnte wirklich gefährlich werden.«

»Ah ja.«

»Mit so einem Mann ist nicht zu spaßen.«

»Schon klar.«

»Er könnte es möglicherweise auf Sie abgesehen haben. Eine junge Frau, neu in der Gegend – na, Sie wissen schon.«

»Verstehe.«

»Nicht, dass Ihnen hier bei uns gleich am Anfang etwas passiert.«

»So leicht bin ich nicht einzuschüchtern«, knurrte Hanna, der es langsam zu bunt wurde.

Johannsen lehnte sich zurück, warf den Kopf in den

Nacken und lachte los. »Wenn Sie mir gerade beweisen wollten, dass Sie eine aufmerksame Kommissarin sind, so ist das aber gründlich schiefgegangen«, prustete er, als er wieder Luft bekam.

»Was zum Teufel soll das?«, fragte Hanna eingeschnappt. »Ich habe keine Zeit, mit Ihnen irgendwelche Spielchen zu spielen, Herr Doktor.«

Sie legte alle Verachtung, die ihr zur Verfügung stand, in den Tonfall ihrer Stimme. Erstaunt stellte sie fest, wie er dabei blass wurde. Schau an, dachte sie, habe ich da einen wunden Punkt getroffen? Ganz so selbstsicher, wie er sich gab, war dieser Landarzt jedenfalls nicht.

Johannsen hob beschwichtigend die Hände.

Schöne Hände, stellte Hanna fest. Kräftig, aber zugleich feingliedrig. Sie musste sich räuspern. »Wenn Sie mir etwas mitteilen wollen, dann tun Sie es jetzt bitte. Sie möchten mich warnen? Vor der allgemeinen Feindseligkeit, die ich seit meiner Ankunft gestern schon genießen durfte, oder vor jemandem im Besonderen? Auf Dorftratsch gebe ich allerdings nicht viel.«

Wenn er beleidigt war, ließ er es sich zumindest nicht anmerken.

»Wie ich eben schon sagte, nehmen Sie die Zurückhaltung der Leute nicht so schwer. Die Heidjer sind nun mal ein zugeknöpftes Völkchen, und Ihr Vorgänger ...«

Hanna unterbrach ihn mit einem Stoßseufzer. »Bitte jetzt keine weiteren Lobreden auf die Legende Karl Överbeck. Ich verspreche, ich werde zur Denkmalsenthüllung erscheinen, wenn es so weit ist. Kommen Sie zur Sache.«

»Es geht um den Grafen.«

»Adelstitel sind in Deutschland abgeschafft«, erklärte Hanna, wie schon vorhin.

Schien bloß in Hasellöhne keinen Menschen zu kümmern.

»Hier bei uns nicht«, bestätigte ihr Johannsen. »Jedenfalls nicht in den Köpfen der Leute. Fallersleben ist so etwas wie der König dieser Gegend.«

»Wird ja immer erlauchter«, murmelte Hanna.

Johannsen überhörte ihren Einwurf. »Ihm gehören achtzig Prozent allen Grund und Bodens. Und das größte zusammenhängende Jagdrevier. Er ist natürlich auch Vorsitzender des örtlichen Jagdvereins und veranstaltet jeden Herbst eine große Treibjagd, zu der illustre Gäste aus Hamburg anreisen. Wenn ich Ihnen einen Rat geben darf…«

»Danke, nicht nötig.«

»…dann versuchen Sie, sich nicht gleich mit ihm anzulegen. Er ist ein mächtiger Mann und könnte Ihnen das Leben hier schwerer machen als nötig.«

Hanna zog die Augenbrauen hoch und stellte fest, dass ihr Kopfweh endgültig verschwunden war. So schlimm konnte dieser Wacholderschnaps nicht sein. So ein kleiner Schuss in ihren Kaffee wäre jetzt nicht verkehrt gewesen. »Sagen Sie mal, Herr Doktor, hab ich mich gestern doch verfahren?«

»Wie bitte?«

»Bin ich hier in der Lüneburger Heide oder in Palermo?«

»Frau Petersen…«

»Jetzt ist aber mal gut. Dieser Adelsprotz mag ja hier alle Leute in der Tasche haben, Sie offensichtlich einge-

schlossen, aber ich lasse mir von so einem keine Angst ein-
jagen.«

Johannsen knallte seine Kaffeetasse auf den Tisch und
sprang auf. »Wenn Sie Ihr hübsches Näschen zu hoch
tragen, um einen gut gemeinten Ratschlag anzunehmen,
dann kann ich Ihnen auch nicht helfen. Schönen Tag
noch, Frau Kommissarin.« Klang fast so herablassend wie
eben ihr Herr Doktor.

»Sie spinnen ja!«, rief sie ihm nach. »Und merken Sie
sich eins: Ich lege mich an, mit wem es mir passt.«

Er schien sie nicht mehr gehört zu haben, dafür stand
jetzt die dralle Bäckerin vor ihr. »War mein Streuselkuchen nicht gut?«

»Doch, er war ausgezeichnet«, behauptete Hanna wütend, sprang ebenfalls auf und stürmte über den Dorfplatz
direkt auf die Polizeiwache zu. Unbewusst fasste sie sich
dabei an die Nase. Hübsches Näschen. Pah!

Gerade wollte sie die Tür aufreißen, da trat Richard von
Fallersleben heraus.

»Wie nett. Unsere Politesse hat ihr Kaffeekränzchen
beendet. Haben Sie sich gut mit dem lieben Jo unterhalten? Oder hatten Sie etwa Streit? Tz, tz.« Wie ein liebevol-
ler Großvater wedelte er mit dem Zeigefinger vor ihrem
Gesicht herum. »Fritz und ich haben durch das Fenster
gesehen, dass Sie beide ein wenig energisch auseinander-
gegangen sind. Hoffentlich nichts Ernstes?«

Hanna reichte es jetzt. Sie stemmte die Fäuste in die
Hüfte und sagte ruhig: »Ich bin Kommissarin. Wenn Sie
mich noch einmal als Politesse bezeichnen, zeige ich Sie
wegen Beamtenbeleidigung an.«

»Aber, aber, wer wird denn gleich so aus der Haut fahren?« Sein Ton war großväterlich, aber seine Augen blickten kalt.

»Guten Tag, Herr Fallersleben«, sagte Hanna. Nicht einmal das von gönnte sie ihm.

Bevor er noch etwas erwidern konnte, schloss sie mit einem Knall die Tür hinter sich und ließ ihn draußen stehen.

»Oha!«, machte Westermann. »Dem haben Sie's aber gegeben. Hätte der Karl nie gewagt.«

Hanna wollte gar nicht wissen, wie das gemeint war.

»Worum geht es bei der Anzeige?«, fragte sie knapp.

»Wilderer«, erwiderte Westermann. »Schon zum vierten Mal in diesem Jahr. Der Graf… ähm… ich meine, Herr von Fallersleben hat gedroht, die Sache selbst in die Hand zu nehmen, wenn wir nicht endlich was unternehmen.«

»Sind wir hier im Wilden Westen? Will der Mann einfach mal in seinem Wald rumballern, weil da jemand ein Kaninchen geschossen hat?«

Palermo und Wilder Westen, dachte sie bei sich. Und gestern die Sahara. Ich komme ja ganz schön rum. Wer hätte das gedacht?

Bilde dir bloß nichts drauf ein, wisperte ihre innere Stimme. Du steckst in der Heide fest. Und zwar ganz schön tief im Sand.

Das werden wir ja noch sehen.

Westermann zuckte mit den Schultern. »Der ist eben so.«

»Na, dann wollen wir doch mal herausfinden, ob der so bleibt. Ich werde bei dem feinen Herrn vorbeischauen und mir dabei ganz genau seinen Waffenschrank ansehen.

Könnte mir glatt denken, dass er es nicht nötig hat, die Waffen ordnungsgemäß zu verwahren.«

»Woher wissen Sie das?«, fragte Westermann verblüfft.

Hanna lächelte. »Nennen wir's Menschenkenntnis. Also, stimmt es?«

Westermann nickte. »Ich war mal mit Karl im Gutshaus, da lagen drei Jagdgewehre offen im Salon rum. Karl hat eine scherzhafte Bemerkung darüber gemacht, aber ich habe mir gedacht, dass es so nicht geht. Nicht einmal für den Grafen.«

»Kluger Mann«, sagte Hanna. »Wenn heute nichts Besonderes mehr ansteht, können wir Fallersleben nachher einen Besuch abstatten.«

Westermann nickte, aber sie sah ihm an, dass ihm nicht wohl bei der Sache war.

Ihr auch nicht. So ganz wollte ihr Johannsens Warnung nicht aus dem Kopf gehen.

5

Trotzdem wäre Hanna am liebsten auf der Stelle hinaus zum Gut Fallersleben gefahren. Sie war keine Frau, die sich so leicht einschüchtern ließ. Einzig der Gedanke, dieser rasche Besuch könnte nach einem billigen Racheakt aussehen, hielt sie zurück. So verbrachte sie die nächste Stunde damit, sich von Westermann über die wichtigsten laufenden Ermittlungen informieren zu lassen. Es waren genau zwei: Der ominöse Wilderer im Wald des Grafen und der »Schafstall-Fall«, wie Westermann ihn mit wichtiger Miene und ohne zu stottern nannte.

»Schafstall-Fall?«, hakte Hanna nach. »Worum geht es da?«

Westermann quetschte sich hinter seinen Schreibtisch, ließ sich auf den Stuhl fallen und holte eine Akte aus der Schublade. Er reichte sie Hanna. »Da steht alles drin, Chefin.« Sein Blick war abweisend.

»Es genügt, wenn Sie Frau Petersen zu mir sagen. Weder werteste Kollegin noch Frau Kommissarin noch Chefin.«

Westermann grinste. »Ist gebongt, Chefin.«

Hanna unterdrückte ein Seufzen und schlug die dünne Akte auf. Sie brauchte nur einen Moment, um die zwei Seiten darin zu überfliegen.

»Das nennen Sie einen Fall?«, fragte sie verblüfft. »Ein paar Leute haben Sonntagabend in dem Stall eine Party veranstaltet? Das ist meines Wissens kein Verbrechen.«

»Sie kennen sich hier nicht aus, Chefin.«

Hanna seufzte nun doch. Die alberne Anrede würde sie so bald nicht mehr loswerden. Sie beschloss, es zu ignorieren.

»Wie darf ich das verstehen?«

Westermann setzte eine wichtige Miene auf. »Der Schafstall steht mitten im Naturpark. Und die Leute haben bei ihrer Party Bratwürste und Schweinekoteletts gegessen.«

»Wie bitte?« Kurz fürchtete sie um Westermanns Verstand. Klasse, dachte sie. Ein ganzes Dorf gegen mich, und als Kollege ein bekloppter Polizeikommissar. Hanna verspürte den dringenden Wunsch, in ihren alten Golf zu springen und sehr schnell eine möglichst große Entfernung zwischen sich und Hasellöhne zu legen. Wunderbare Idee, fand sie, für eine Kommissarin nur leider keine Option. Aber sie konnte ja ein Versetzungsgesuch einreichen, und zwar noch am selben Tag. Das Teufelsmoor erschien ihr auf einmal gar nicht mehr so übel.

»Kombinationsgabe ist nicht so Ihre Stärke, was?«, fragte Westermann in ihre tröstlichen Gedanken hinein.

Wäre die Akte um einiges schwerer gewesen, hätte Hanna sie ihm auf den Kopf geknallt.

»Reden Sie Klartext, Mann!«

Westermann straffte sich und war damit im Sitzen fast so groß wie Hanna im Stehen.

»Der Schafstall liegt mitten im Naturpark. Unser fröhliches Partyvölkchen hat direkt davor ein Lagerfeuer entzündet. Ein einziger hochfliegender Funke hätte genügt, um bei der derzeit herrschenden Trockenheit die Heidefläche in Brand zu setzen.« Er machte eine dramatische Pause und fuhr dann fort: »Der gesamte Naturpark hätte abbrennen können und die angrenzenden Orte gleich mit. Hasellöhne natürlich auch. Menschen hätten sterben können, von den Heidschnucken ganz zu schweigen. Die gesamte Region wäre auf Jahre zerstört gewesen. Die Einnahmen aus dem Tourismus wären weggefallen und die Überlebenden in tiefste Armut gestürzt worden. Unsere schöne Lüneburger Heide wäre zu einem Ort der Verzweiflung und der Gesetzlosigkeit geworden. Ein schwarzer Fleck auf der Deutschlandkarte, ein...«

»Stopp!«, rief Hanna.

Westermann holte tief Luft und schenkte ihr dann sein breitestes Grinsen. »Ich wollte nur noch die durchziehenden apokalyptischen Reiter erwähnen.«

Sie spürte, wie es in ihren Mundwinkeln zuckte, und wandte sich schnell ab.

Sollte Westermann bloß nicht denken, er könnte sie zum Lachen bringen.

»Und wie weit sind Sie mit den Ermittlungen?«, fragte sie nach einem kurzen Moment und drehte sich wieder zu ihm um.

Auch Westermann war wieder ernst geworden. »Es gibt da möglicherweise einen Zeugen.«

»Möglicherweise?«

»Na ja, er ist sich nicht ganz sicher.«

Hanna warf erneut einen Blick in die Akte. »Von einem Zeugen steht hier nichts.«

»Ich habe ihn ja auch noch nicht offiziell befragt.«

Herr, schenke mir Geduld, dachte sie.

»Warum nicht?«

Westermann wand sich auf seinem Stuhl, wofür er allerdings zu wenig Bewegungsfreiheit hatte. Es blieb bei einem kurzen Ruckeln seines Oberkörpers.

»Das ist ja erst vor zwei Tagen passiert, und gestern war ich mit etwas anderem beschäftigt.«

»Nämlich?«

»Ich habe hier auf der Wache ein bisschen … äh … aufgeräumt, und dann habe ich … äh … die Leute beruhigt.«

Sie starrte ihn an. »Wollen Sie damit sagen, Sie mussten einen ländlichen Aufstand niederschlagen, nur weil ich ankommen sollte? Das ist nicht wahr, oder?«

»Ganz so schlimm war's nicht, Chefin, ehrlich.« Seine Miene verriet allerdings etwas anderes. »Wissen Sie, die Nachricht kam sehr überraschend, und die Menschen hier gewöhnen sich nicht so leicht an Neues. Wir sind ja kein Dorf voller Hamburgpendler. Die wären bestimmt etwas entspannter. Wir Hasellöhner sind echte Heidjer, von altem Schrot und Korn sozusagen. Da braucht alles seine Zeit.«

Okay, dachte Hanna. Erst Luise, dann Johannsen und nun Westermann. Alle drei hatten ihr mehr oder weniger deutlich erklärt, dass sie bei einem Stamm von Höhlenbewohnern gelandet war, die Fremde vorzugsweise mit Keulen erschlugen.

Bildlich gesprochen.

»Noch einmal zu diesem Zeugen«, sagte sie und unterdrückte erneut ihren heftigen Fluchtinstinkt. »Hat er überhaupt schon etwas gesagt, was uns weiterhelfen kann?«

»Ja, klar.« Westermann sprang auf. Er wirkte ausgesprochen erleichtert darüber, dass sie das Thema gewechselt hatte.

Dann schwieg er erst mal.

»Und was?«, hakte sie nach. Mit Gewalt löste sie ihren Blick von dem Muskelspiel unter seinem Polizeihemd und schaute wieder in die Akte.

»Das Partyvölkchen hat komisch geredet. Erst dachte er, das sei plattdütsch, aber dann hat er doch nix kapiert.«

»Wie bitte?«

Westermann grinste. »Die sind auf dem Weg zum Schafstall anscheinend ziemlich dicht an seiner Kutsche vorbeigekommen, und er hat sie reden gehört. Aber eben nichts verstanden. Deswegen ist er sich ja auch nicht sicher, ob seine Beobachtung wichtig ist.«

»Herr Westermann«, sagte Hanna langsam. »Sie wollen mir doch jetzt bitte nicht erzählen, dass unser einziger Zeuge der alte Kutscher Heinz-Otto ist, der meinen verehrten Vorgänger wiederauferstehen lassen möchte.«

»Hm, ja.«

»Wunderbar.«

»Nur nicht gleich verzweifeln, Chefin. Der Heinz-Otto wirkt vielleicht ein bisschen schrullig, aber der ist auf Zack. Und hören kann er auch noch richtig gut.«

»Wenn Sie das sagen…« Hanna dachte einen Moment nach. »Der Besuch beim Grafen muss warten. Kümmern wir uns erst mal um diese Sache. Ich schlage vor, Sie befragen den Zeugen, und ich schaue mir den Schafstall einmal an. Dabei lerne ich gleich die Gegend kennen.« Obwohl sich das wahrscheinlich gar nicht lohnt, fügte sie in Gedanken hinzu. Ich bin hier sowieso bald wieder weg.

»Ist gebongt, Chefin. Die Freiwillige Feuerwehr hat

da aber schon für Ordnung gesorgt. Die haben auch die Essensreste entdeckt.«

»Prima, dann kann ich ja noch richtig viele Spuren finden.«

»War das jetzt ironisch gemeint, Chefin?«

»Hören Sie endlich auf, mich Chefin zu nennen!«

Westermann grinste und schwieg.

Eine halbe Stunde später lenkte Hanna ihren alten Golf vorsichtig über einen sandigen Heideweg. Westermann hatte ihr eine Plakette an die Windschutzscheibe gepappt. »Damit dürfen Sie in den Naturpark fahren, Chefin. Unser Dienstwagen ist leider kaputt. Mit dem hatte der Karl die Heidschnuckenbande ein bisschen zu schnell verfolgt. Er ist ihm mitten in der Pampa fast auseinandergebrochen. Ich habe schon drei Anträge für ein neues Fahrzeug eingereicht. Aber Sie wissen ja, wie das ist. Die Polizei muss sparen, und es kann noch dauern, bis wir einen neuen Wagen bekommen. Schätze mal, bis dahin sind wir beide in Pension.«

Na toll, dachte Hanna jetzt. Sie stellte sich vor, wie sie gemeinsam mit Westermann auf der Spielzeugwache von Haselöhne alt und grau und hässlich werden würde, und fröstelte trotz der Hitze. Andererseits – ein germanischer Gott wurde vielleicht niemals alt, grau und hässlich. Nur seine frustrierte Vorgesetzte.

Eine Baumwurzel schlug von unten gegen das Autoblech, und das Geräusch ließ Hanna zusammenzucken. »Bitte halte durch«, flehte sie ihren Wagen an. »Ich verspreche dir, dass du bald wieder über Hamburgs asphaltierte Straßen fahren darfst.«

Als hätte er sie gehört, tuckerte der Golf nun brav weiter. Hansdieter schwieg.

»Das Navi brauchen Sie nicht«, hatte Westermann gesagt und einmal quer über den Dorfplatz gezeigt. »Einfach da drüben der Kirchstraße folgen und dann immer geradeaus weiter. Zuerst fahren Sie am Hof von Bauer Löhme vorbei. Den erkennen Sie leicht an den zwei Storchennestern auf dem Dach. Dann sehen Sie schon Löhmes Kuhweiden, und nach zweihundert Metern kommen Sie durch ein Birkenwäldchen. Der Weg wird danach etwas uneben, aber er führt Sie direkt zum Schafstall.«

Für die Kirche hatte Hanna nur einen kurzen Blick übrig gehabt. Sie war das mulmige Gefühl nicht losgeworden, von unzähligen Augenpaaren hinter geschlossenen Gardinen beobachtet zu werden. St. Martin war ein Backsteinbau mit kleinem Turm. In Hasellöhne schien alles etwas kleiner zu sein. Mal abgesehen vom Polizeikommissar.

Es war eine Erleichterung gewesen, den Ort zu verlassen und nur noch von Kühen betrachtet zu werden. Genauer gesagt, von Kühen und einem einzelnen anderen Tier. Einem … Pferd? Hanna hatte noch gedacht, dass es das hässlichste Pferd der Welt sein musste, so struppig und auf krummen Beinen, als sie auch schon das Birkenwäldchen erreichte und kurz darauf über die offene Heide fuhr.

Die Schönheit dieser Landschaft traf sie mit voller Wucht, und nun, da keine Baumwurzel mehr auf ihren armen Golf zu lauern schien, sog sie die würzige Luft ein und ließ sich von den weiten Flächen voller Heidekraut verzaubern. An einigen geschützten Stellen entdeckte sie sogar noch lila-rote Farbflecke. Luise hatte ihr erklärt, dass die Heideblüte vorbei war, aber die ungewöhnlich warme Witterung in dieser letzten Septemberwoche hatte hier und da ein Nachblühen hervorgebracht.

Für einen kurzen Moment vergaß Hanna allen Ärger.

Eigentlich könnte es hier ganz nett sein, dachte sie plötzlich, zumindest ohne die feindseligen Einwohner von Haselöhne. Luise mal ausgenommen. Und vielleicht Johannsen. Und vielleicht, na ja, auch Westermann, falls der sich irgendwann mal normal benehmen würde.

Ungläubig schüttelte Hanna den Kopf. Wenn sie nicht aufpasste, wurde sie noch heimisch am Ort ihrer Verbannung. Und das konnte nicht gut gehen! Sie war eine Großstadtpflanze. In der freien Natur musste sie zwangsläufig eingehen.

Langsam fuhr sie über einen flachen Hügel und entdeckte gleich darauf in einer Senke den Schafstall. Er war ganz aus Holz erbaut, und sein spitzes Dach reichte an den Seiten fast bis auf den sandigen Boden.

Hanna parkte, stieg aus und runzelte die Stirn, als sie die vielen Fußspuren im nassen Sand bemerkte. Die Freiwillige Feuerwehr hatte kurzen Prozess gemacht. Der gesamte Stall war unter Wasser gesetzt worden.

»So ein Mist!«, schimpfte sie halblaut. Die Feuerwehr war laut Westermann erst gestern angerückt, als die Grillparty längst vorbei gewesen war. Spaziergänger hatten zuvor die Reste des Lagerfeuers bemerkt und Alarm geschlagen.

Aber vielleicht hatten die übereifrigen Männer ja die Gelegenheit für eine Übung nutzen wollen.

Wie auch immer. Hanna würde hier kaum noch eine brauchbare Spur finden. Insgeheim hegte sie einen ganz bestimmten Verdacht über die Identität der Leute, die beinahe das Ende der hiesigen Welt heraufbeschworen hätten. Wenn man nach Westermann ging.

Die merkwürdige Aussage des alten Kutschers hatte sie auf die Idee gebracht. Sie hatte jedoch noch nichts gesagt, wollte erst sicher sein.

Nachdenklich umrundete sie den Schafstall, in dem im Winter eine komplette Heidschnuckenherde Schutz vor Frost und Regen finden konnte. Auch drinnen suchte sie alles ab.

Vergebens.

Dann ging sie zu ihrem Wagen zurück, wendete und fuhr langsam an.

Hätte die Sonne in diesem Moment anders gestanden, wäre Hanna das kurze Aufblitzen am Wegesrand gar nicht aufgefallen.

So aber hielt sie keine zehn Meter vom Schafstall entfernt an, stieg aus und hob einen kleinen silbrigen Gegenstand auf.

Sofort rief sie Westermann an. Gespräche führen konnte sie mit ihrem Smartphone schon besser als Gespräche annehmen.

»Wir stellen die Ermittlungen ein.«

»Was? Wieso das denn? Ich bin hier gerade bei Heinz-Otto, und der ist sich doch ziemlich sicher, dass die Leute plattdütsch geredet haben. Oder, Heinz-Otto?«

Hanna hörte ein unsicheres Brummen.

»Erstens«, sagte sie, »ist kein Schaden entstanden. Und zweitens sind unsere Täter vielleicht schon über den großen Teich, und wir haben kaum die Mittel, ihnen nachzufliegen.«

68

»Hä?«, machte Westermann.

Diesmal war es Hanna, die grinste, obwohl das niemand mitbekam. »Die Leute haben kein Plattdeutsch geredet, sondern Englisch. Das kann ein bisschen ähnlich klingen, und der alte Kutscher ist vielleicht doch leicht schwerhörig.«

»Das gebe ich jetzt aber nicht weiter, ne?«

»Nicht nötig. Zweitens halte ich hier in der Hand ein leeres Päckchen amerikanischen Kaugummis. Die Sorte gibt es zwar auch bei uns, aber nicht mit englischer Beschriftung.«

Westermann schwieg so lange, dass Hanna glaubte, er habe gar nichts verstanden.

Endlich sagte er: »Gute Arbeit, Chefin.«

»Sie sollen mich nicht Chefin nennen«, gab sie automatisch zurück. Immerhin klang seine Stimme beinahe kollegial freundlich. Wenn so ein einfacher Fall ihn ein wenig zur Vernunft bringen konnte, dann sollte es ihr recht sein.

»Ich komme jetzt zurück zur Wache«, sagte Hanna. »Bin ungefähr in einer halben Stunde da.«

»In Ordnung, ich bleibe noch ein bisschen bei Heinz-Otto. Der macht einen ziemlich geknickten Eindruck.«

Hanna stutzte.

»Moment mal. Dann ist die Wache jetzt unbesetzt? Das geht doch nicht.«

»Wieso denn? Mit dem Karl hab ich das immer so gehandhabt. Die Wache bleibt auch über Mittag geschlossen. Unsere Leute wissen das. Wenn's einen Notfall gibt, werden wir halt angerufen.«

»Verstehe.«

»Ist ja oft niemand da. So wie jetzt, wo wir beide auf Einsatz sind.«

Hanna schluckte eine Erwiderung hinunter. Eine Polizeiwache, die nur mit zwei Beamten besetzt war, konnte nicht rund um die Uhr geöffnet sein.

Schon klar.

Außerdem passierte hier sowieso herzlich wenig. Während der Rückfahrt fragte sie sich, wie lange es wohl dauern mochte, bis sie sich in diesem Heidekaff zu Tode langweilen würde.

Nicht lange, mutmaßte sie.

Was sich als ein gewaltiger Irrtum erweisen sollte: Nur vier Tage später stolperte Hanna durch den Wald des Grafen Fallersleben mitten hinein ins Unheil.

6

Hanna kämpfte gegen einen plötzlichen Würgereflex an.

Verdammt!

Der starke metallische Geruch nach Blut ließ bittere Galle in ihrem Hals hochsteigen.

Oder war es die Angst?

Während die schemenhafte Gestalt des Mannes sich weiterhin ganz langsam näherte, musste sie an die Worte ihres Ausbilders auf der Polizeihochschule denken.

»Bildet euch nicht ein, diesen Beruf ohne Angst ausüben zu können. Angst ist wichtig, sie hält eure Instinkte wach und sorgt in einer Notfallsituation für den nötigen Adrenalinschub. Die Angst kann euer Leben retten. Also spielt nicht die Helden, wenn eure Instinkte etwas anderes sagen.«

Hanna schluckte und wartete auf den prophezeiten Adrenalinschub. Vielleicht würde sie mit dessen Hilfe ja Superkräfte à la Spiderman entwickeln und sich fünf Meter weit über die kleine Lichtung in Richtung ihrer Waffe katapultieren können. Die Möglichkeit, dass sie dabei auf der Leiche landen konnte, erwog sie lieber nicht. Wenigstens war ihre Waffe nicht in der Blutlache gelandet. Auf einer dichten Schicht aus Birkenblättern hatte nicht alles Blut im Waldboden versickern können. Zudem war die Leiche halbwegs hinter einem Busch verborgen. Der konnte sogar kräftig genug sein, um Hanna im Zweifelsfall abzufangen.

Sie spannte alle Muskeln an und machte sich bereit zum Sprung. Und sie hatte dabei so viel Angst, dass ihr Ausbilder stolz auf sie gewesen wäre.

Die Gestalt des Mannes rückte wieder ein Stück näher. Aber noch immer konnte Hanna ihn kaum sehen. Sie wagte es nicht, den Kopf zu heben und genau hinzuschauen.

Sie begriff jedoch, dass sie es unmöglich bis zu ihrer Pistole schaffen konnte. Also ließ sie die Muskeln angespannt, tat, als sei sie ohnmächtig, und wartete ab.

Wenn er sie angriff, hatte sie nur eine Chance. Das Überraschungsmoment war auf ihrer Seite.

Wenn er dich aber einfach erschießt, bist du tot, sagte eine Stimme in ihrem Innern.

Danke auch, dachte Hanna.

Bevor die Stimme etwas erwidern konnte, brach die Hölle los.

Die erste Heidschnucke sah Hanna nicht kommen. Das Tier sprang über eine Wurzel, machte einen weiten Satz über den Toten und den Busch hinweg, rempelte den schattenhaften Mann an und verschwand hinter ein paar Bäumen. Dann kam die nächste Schnucke, dann noch eine, und noch eine. Plötzlich trampelte eine komplette Herde über den Tatort und rannte um Hanna und den Toten herum, bevor sie sich im Wald verstreute. Eine Heidschnucke wischte im Vorbeilaufen mit ihrem silbergrauen zotteligen Fell über Hannas Gesicht.

Sie keuchte auf.

Wenigstens war der Blutgeruch jetzt nicht mehr so stark. Ihre Übelkeit ließ nach. Die Angst auch.

Hanna wagte es, vorsichtig aufzuschauen. Der Mann war fort. Auf der Stelle erkor sie Heidschnucken zu ihren Lieblingstieren.

Ihrer inneren Stimme hatte es vor Staunen die Sprache verschlagen.

Ein schwarz-weiß gefleckter Hund tauchte wie aus dem Nichts auf. Er raste von einem Tier zum anderen, kläffte laut, biss hier in ein Bein, dort in einen Schwanz. Mit unglaublicher Geschwindigkeit brachte er einige Ausreißer zurück, die schon tiefer im Wald verschwunden waren.

Hanna rappelte sich auf. Bis auf eine kleine Schürfwunde am Ellenbogen war sie unverletzt. Sie stürzte auf ihre Waffe zu und steckte sie ein, während um sie herum das Chaos tobte.

Ein schriller Pfiff ließ sie zusammenzucken.

Schlagartig erstarrten die Heidschnucken. Der Hund begann, die Herde neu zu formieren und sie langsam zurück auf die Heide zu treiben.

Ein Mann mit einem breitrandigen Lederhut auf dem Kopf rief: »Schneller, Bernie!«

Dazu gab der Schäfer erneut ein Pfeifsignal und schaute zu, wie die Herde langsam zur Ruhe kam.

Dann trat er auf Hanna zu. Er mochte um die fünfzig sein, aber ein Leben in der freien Natur hatte tiefe Schluchten in seine Haut gegraben. Zu einer dunklen Weste mit großen silbernen Knöpfen trug er Hosen aus grobem Wollstoff und schwere Arbeitsschuhe.

Wütend rammte er seinen Hütestab in den Boden. Etwas Blut spritzte auf, aber das bemerkte er nicht. »Welcher verfluchte Idiot hat meinen besten Bock erschossen?«

»Beruhigen Sie sich«, sagte Hanna.

Ihre Knie zitterten, und sie musste sich zwingen, gerade zu stehen.

»Ich soll mich beruhigen? Pah! Ich rege mich auf, so viel ich will!«

Diesmal traf die Spitze des Hütestabes ein Stück vom karierten Ärmel des Toten.

»Seit bald einer Stunde ist meine Herde außer Rand und Band. Der arme Bernie steht kurz vorm Herzinfarkt. Und ich auch.«

So viele Tote, dachte Hanna. Fast hätte sie gekichert. Sie konnte sich gerade noch beherrschen. Offenbar waren ihre Nerven nach dem Schock noch angegriffen.

»Hören Sie, Herr...«

»Vierßen! Harry Vierßen!«, bellte der Schäfer. »Das ist jetzt das dritte Mal in zwei Jahren, dass ein Tier aus meiner Herde von Graf Protz und seinen Leuten gekillt wird. So was nennt man Mord an unschuldigen Schnucken!«

»Äh... ja.«

Wie zum Teufel brachte man einen wütenden Schäfer zur Räson, der gleich einen toten Mann erstechen würde? Von einer Konfliktsituation dieser Art war auf der Polizeihochschule nie die Rede gewesen.

Hanna starrte zu Boden.

Der Schäfer auch. Er sah, was da zu sehen war, und wurde blass.

Leichenblass.

Der kippt mir hier doch wohl hoffentlich nicht um, dachte Hanna voller Panik.

»Bitte kriegen Sie keinen Herzinfarkt«, flehte sie.

Harry Vierßen holte ganz langsam seinen Hütestab aus dem Ärmel des Toten, hob ihn hoch und besah ihn sich gründlich.

»Den muss ich jetzt im nächsten Bach waschen. Man sieht sich.«

Okay, der Mann stand auch unter Schock.

»Herr Vierßen, Sie gehen nirgendwohin. Ich brauche Sie als Zeugen.«

»Für den Mord an meinem Bock oder an dem da?«

Die Stabspitze wanderte wieder ein paar Zentimeter tiefer.

»Treten Sie zwei Meter zurück und bleiben Sie dann ruhig stehen.«

»Wie kommen Sie dazu, mir Befehle zu erteilen?«

»Ich bin Hanna Petersen, die neue Kommissarin von Hasellöhne.« Sie fischte ihren Ausweis aus der Hosentasche und hielt ihn dem Schäfer vor die Nase.

»Kiek an, von Ihnen habe ich schon gehört.«

Wahrscheinlich nichts Schmeichelhaftes.

»Dann wird der Mord an meinem Bock bestimmt nicht aufgeklärt.«

Genau, dachte Hanna. Nichts Schmeichelhaftes.

»Und warum soll ich stillstehen? Haben Sie Angst, ich könnte hier irgendwelche Spuren verwischen?«

»Nein«, gab sie zurück. »Dafür haben Ihre Herde und Ihr Hund schon gesorgt.«

»He! Nu werden Sie mal nicht frech! Mein Bernie ist der beste Hütehund auf der ganzen verdammten Welt. Und die Heidschnucken können nichts dafür, wenn sie in Panik geraten, weil einer aus ihrer Mitte plötzlich tot umfällt.«

Hanna starrte den Schäfer an und schwieg.

Es wirkte.

Der Mann verstummte und blieb ruhig stehen. Nur sein Blick wanderte zwischen Hanna und der Leiche hin und her. Seinen Hütestab hielt er weit von sich weg, so als wäre der vergiftet.

Aus dem Wald erklang das Geräusch vieler Schritte.

Im nächsten Moment drängte die Jagdgesellschaft auf die Lichtung. Vorneweg marschierte Fritz Westermann. Er überragte die übrigen Männer mindestens um Kopfeslänge.

»Was machen Sie denn hier, Chefin?«, rief er.

»Tut nichts zur Sache.«

Westermann musterte sie misstrauisch. Dann blickte er auf den Toten.

»Soll ich alles abriegeln?«

»Wäre hilfreich«, erwiderte Hanna.

Westermann gab sein Bestes, die Gesellschaft zurückzudrängen, aber rund zwanzig entsetzte Leute waren nicht so leicht zu bändigen wie eine komplette Heidschnuckenherde.

»Der arme Hansen!«, rief jemand. »Mausetot. Was für eine Schande.«

»Unfug. Um den Banker ist es nicht schade«, erklang eine andere Stimme. »Das war ein Blutsauger.«

Bei dem Wort Blut stierten alle auf die rot verfärbten Birkenblätter. Ein kollektives Gruseln ging durch die Gruppe, obwohl die Männer mehr oder weniger hartgesottene Jäger waren.

»Hat eigentlich jemand die Hunde weggesperrt?«, fragte ein dritter Jäger.

»Ja, der Graf war fix. Er müsste jetzt auch jeden Moment hier sein.«

»Verdammt, die Hunde! Nicht auszudenken, wenn die den Heiner zuerst gefunden hätten.«

Die Männer warfen einander wissende Blicke zu.

Hanna verhielt sich ganz still und hörte zu. Dies war nicht die korrekte Vorgehensweise, aber hier war sowieso noch nichts korrekt abgelaufen. Und vielleicht würde sie ja etwas Wichtiges erfahren.

Fallersleben, dachte sie. War der wirklich bei seinen Jagdhunden? Oder war er der schemenhafte Mann gewesen, der vor wenigen Minuten drohend auf sie zugekommen war?

Westermann schaffte es nicht, Ruhe in die Gruppe zu bringen.

»Was soll ich machen, Chefin?«

»Notieren Sie sämtliche Namen. Die Herren werden einzeln vernommen.«

Protestierendes Gemurmel erhob sich. Sie achtete nicht darauf.

»Außerdem bestellen Sie einen Rechtsmediziner aus Hamburg und die Spurensicherung aus Buchholz her.«

»Was sollen die denn hier? Die finden höchstens noch Abdrücke von Stiefeln, Heidschnuckenhufen und Hundepfoten. Meiner Meinung nach hatte der Tote das Pech, in der Schusslinie eines dieser Herren zu stehen.«

»Ganz genau!«

Richard Graf von Fallersleben trat plötzlich aus der Gruppe hervor. Die Männer machten ihm Platz, als sei er ein König, der zum gemeinen Volk herniedersteigt. Tatsächlich hatte er aber nichts Vornehmes an sich. Er wirkte vielmehr abgehetzt. Schweiß stand ihm auf der Stirn, und seine Augen schauten unruhig mal hierhin, mal dorthin. Ganz so, als suche er etwas. Oder jemanden.

Hanna beobachtete ihn genau.

Er sah ihr nicht in die Augen, als er das Wort an sie richtete. »Das war ein bedauerlicher Unfall. So etwas kann bei einer Jagd schon einmal geschehen.« Rasch wandte er sich an die Gruppe. »Habe ich euch das nicht auch schon vorhin gesagt, Leute? Als Hansen nicht zum Halali erschienen ist? Da haben wir alle befürchtet, ihm könnte etwas zugestoßen sein. Offenbar hat er sich ein ganzes Stück von uns entfernt, und keiner hat es mitbekommen. Und nun haben wir den armen Kerl gefunden.«

Alle nickten wie ein Mann. Auch der Polizeikommissar. Erst als er Hannas Blick auffing, hielt er den Kopf wieder ruhig und wirkte beinahe beschämt.

Hanna schaute auf die signalrote Warnweste des toten Bankiers. Alle Jäger waren dazu verpflichtet, eine solche Weste zu tragen.

»Kaum vorstellbar, dass er für einen Hirsch gehalten wurde«, erklärte sie. »Außerdem handelt es sich hier um einen gezielten Kopfschuss.«

7

Ein Stöhnen ging durch die Jagdgesellschaft. Die Männer starrten die Kommissarin an.

Fallersleben ballte die Fäuste. Seine Wut war echt.

»Gezielt, ja? Woher wollen Sie das denn wissen? Da kommen Sie mal eben in meinen Wald gestolpert und finden einen Toten. Was haben Sie hier überhaupt zu suchen? Wollten Sie Pilze sammeln?«

»Nein«, erwiderte Hanna ruhig.

Selbstverständlich konnte sie den anonymen Anrufer nicht erwähnen. Ihr kam der Gedanke, dass sie vor dem größten Fall ihres Lebens stand, und einen kurzen Moment lang fühlte sie sich verzagt. Wenn ihr niemand half, wie sollte sie den Fall lösen?

Fallersleben war noch nicht fertig: »Wie dem auch sei. Sie landen also zufällig auf der Lichtung und entdecken den armen Hansen. Und auf einmal versuchen Sie, aus einem Jagdunfall einen Mord zu drehen. Sind Sie noch ganz bei Trost? Sie wollen wohl unbedingt hier bei uns Karriere machen. Woanders haben Sie das ja nicht geschafft.«

Hier und da erklang leiser Beifall, Westermann unterdrückte nur mühsam ein Grinsen.

Wieder dachte Hanna an den Anrufer. Es war eine männliche Stimme gewesen, das war sicher. Aber sonst?

Nein, es gab keine handfesten Anhaltspunkte, um wen es sich handeln mochte. Nur den winzigen Bruchteil einer Ahnung. Aber der Mann hatte recht gehabt. So viel war klar. Bankier Heiner Hansen war erschossen worden. Und zwar mit Vorsatz. Die winzige Möglichkeit, dass ein Querschläger punktgenau die linke Schläfe getroffen hatte, zog sie gar nicht erst in Betracht.

Und nun wollte der Graf aus dem Toten ein Unfallopfer machen – Fall gelöst.

Ha! Das könnte dem so passen!

Sie reckte das Kinn und schaute entschlossen von Westermann zu Fallersleben. »Hier ist ein Mord geschehen, und ich habe die Absicht, ihn aufzuklären.«

Ein Raunen ging durch die Jagdgesellschaft. Der eine oder andere Hamburger mochte wohl daran denken, dass er in den Sonntagabendstau geraten würde, wenn er hier noch lange aufgehalten wurde. Ab sieben Uhr abends waren die Elbbrücken und der Elbtunnel dicht.

Zwei, drei Männer wirkten ehrlich betroffen. Vielleicht überlegten sie, ob sie selbst versehentlich den Schuss abgefeuert hatten.

Soweit Hanna es erkennen konnte, war sich jedoch niemand einer Schuld bewusst.

Fallersleben kochte jetzt vor Wut, aber dahinter sah Hanna noch etwas anderes: Furcht vielleicht, oder zumindest große Sorge.

Sie fragte sich, was er zu verbergen hatte. Noch war sie nicht dazu gekommen, über den Täter nachzudenken. Sie musste mit den Ermittlungen ja erst noch beginnen.

Plötzlich stand Fallersleben ganz oben auf ihrer Liste der Verdächtigen. Oder?

Er wehrte sich gegen ihre Einmischung, aber das konnte vielerlei Gründe haben. In seinen Kreisen schadete ein Mord vermutlich dem Renommee. Oder er wollte seine Jagdgenossen vor Unannehmlichkeiten schützen.

Und wenn ich ihn einfach mal kurz berühre?, überlegte sie. Auf ihre Gabe konnte sie sich verlassen. Zumindest wüsste sie dann, ob er wirklich ein dunkles Geheimnis hütete oder ob sie sich nur von ihren Vorurteilen gegen diesen arroganten Grafen leiten ließ.

Unmerklich schüttelte Hanna den Kopf. Bei ihrer ersten Begegnung war ein höflicher Handschlag das Letzte gewesen, was ihr in den Sinn gekommen wäre. Jetzt war auch nicht unbedingt der richtige Zeitpunkt dafür. Konnte seltsam wirken, wenn sie Fallersleben auf einmal ihre Rechte hinstreckte. Von einer innigen Umarmung mit schön viel Körperkontakt ganz zu schweigen. Ihre Mundwinkel zuckten, was zum Glück niemand bemerkte.

»Wo wir gerade von Mord reden«, meldete sich der Schäfer zu Wort. »Wer hat meinen Bock da drüben auf der Heide gekillt?«

Alle Köpfe drehten sich zu ihm.

»Was stehst du denn da so bescheuert rum, Harry?«, fragte Westermann. »Hast du 'nen Krampf im Arm oder was?«

»Der spielt Freiheitsstatue«, murmelte jemand, und alles kicherte.

Heiner Hansen war für einen Moment vergessen.

Der Schäfer ließ den Hütestab fallen und verschränkte die Arme vor der Brust.

»Das geht euch einen Dreck an. Mein bester Bock ist

81

mausetot, und der Rest meiner Herde ist traumatisiert. Also, wer war es?«

Schnelle Blicke flogen hin und her, teils belustigt, teils verärgert.

Einzig Westermann schaute sich nachdenklich um, bevor er sagte: »Schätze, das war unsere Leiche.«

Hanna stöhnte auf. Offenbar setzte ihr Kollege alles daran, aus einem Mord eine Lachnummer zu machen.

»Wat?« Harry Vierßen kratzte sich am Kopf. »Willst du mich veräppeln?«

»Nee. Schau mal. So wie der liegt, und wie er immer noch seine Jagdflinte hält.«

»Ich wette, der hat auf den Sechzehnender angelegt«, erklärte einer der Jäger, ein feister Typ mit Stiernacken, den Hanna spontan unsympathisch fand. »Auf den war ich auch scharf. Deswegen hat sich der Hansen auch von uns abgesetzt. Wirklich ein kapitaler Bursche. Ich sah den schon über meinem Kamin hängen.«

Hanna vertrieb rasch das Bild von der *Jägermeister*-Werbung, das ihr prompt in den Sinn kam. Diese beiden sprechenden Hirschköpfe an der Wand ...

Ein anderer nickte. »Genau. Der Bock muss bis hierher zum Waldrand gelaufen sein. Und Hansen wollte ihn kriegen. Gehört sich ja eigentlich nicht, dass einer von uns sich allein auf die Pirsch macht.«

»Aber er hat eine Heidschnucke getroffen«, sagte Westermann. »In der Sekunde, in der er abgedrückt hat, wurde er selber erwischt. Da hat er die Flinte verrissen, und sein Schuss ging raus auf die Heide.«

Gar nicht mal so dumm, dachte Hanna und warf dem Kollegen einen anerkennenden Blick zu.

Vierßen kratzte sich am Kopf. »Und wie, bitte schön, soll der mir jetzt den Schaden ersetzen?«

»Keine Sorge, Harry, mir fällt schon was ein.«

»Das will ich hoffen.«

»Jetzt mach mal nicht so'n Aufstand. Sei froh, dass dir keine Schnucke mehr geklaut wird. Der Karl hat sein Leben hingegeben, um die Bande in die Flucht zu schlagen.«

Der schon wieder, dachte Hanna. Seine Heiligkeit Karl Överbeck.

Wenigstens schien dieser Fall erledigt zu sein.

Vierßen gab nicht so leicht auf. »Kann ja sein, und der Herr Kommissar war ein feiner Kerl. Hat sich eingesetzt für uns kleine Leute. Aber was mache ich, wenn die Bande zurückkommt? Und wenn noch mehr Schnucken erschossen werden? Soll ich vielleicht persönlich die Heide abgrasen?«

Westermann grinste. »Wird nicht nötig sein. Unsere neue Kommissarin und ich werden schön aufpassen. Wir …«

»Schluss jetzt«, ging Hanna dazwischen. Noch eine Sekunde, und sie würde schreien. »Haben Sie die Namen, Westermann?«

Er nickte.

»Okay, dann legen Sie jetzt alle Waffen hier auf einem Stapel ab.« Sie wies auf die ebene Stelle unter einer Birke.

»Wozu soll das gut sein?«, erkundigte sich Fallersleben. Er atmete jetzt ruhiger und gab sich den Anschein, er sei ganz Herr der Lage.

Hanna hatte genug.

Sie wirbelte herum und funkelte ihn zornig an.

»Unterlassen Sie es auf der Stelle, meine Ermittlungen zu sabotieren! Sonst gehe ich davon aus, dass Sie etwas zu verbergen haben!«

Fallersleben wurde bleich. Mit seiner Ruhe war es schon wieder vorbei. »Wie können Sie es wagen, mir etwas Derartiges zu unterstellen? Sie wissen offenbar immer noch nicht, mit wem Sie es zu tun haben.«

»Noch ein Wort, und ich lasse Sie einsperren!«

Sie waren ungleiche Gegner, die junge zierliche Kommissarin und der ans Befehlen gewöhnte Graf. Und doch war es Fallersleben, der im nächsten Moment einen Rückzieher machte.

»Tun Sie, was immer Sie für richtig halten«, knurrte er. Dann wandte er sich an die Jagdgesellschaft. »Meine Herren, Sie sehen, gegen die Staatsgewalt bin ich machtlos.« Sein Tonfall ließ vermuten, er sei andere Verhältnisse gewöhnt und trauere diesen zutiefst nach. »Daher schlage ich vor, wir begeben uns zum Haus. Auf den Schrecken brauchen wir alle einen guten Schluck. Am schnellsten sind wir zu Fuß quer durch den Wald. Und die Vernehmungen können in meinem Arbeitszimmer durchgeführt werden. Es sei denn, unsere zwei tüchtigen Freunde und Helfer hier bestehen darauf, uns alle auf die Wache zu bestellen. Das könnte möglicherweise etwas eng werden.«

Brüllendes Gelächter von den Einheimischen folgte, die Auswärtigen sahen einander ratlos an, bis sie über die Größe der Haselöhner Wache aufgeklärt wurden. Dann lachten auch sie und warfen Hanna und Westermann verächtliche Blicke zu.

»Ausgezeichnet, Herr von Fallersleben«, erklärte Hanna ruhig und bemüht höflich. »Bei der Gelegenheit können wir auch gleich Ihren ungesicherten Waffenschrank besichtigen.«

Erneut zog ein Ausdruck von Furcht über sein Gesicht.

Bemerkenswert, dachte Hanna.

Gerade wollte sie Westermann weitere Anordnungen erteilen, als sich ein Mann nach vorn drängte. Jo Johannsen trat auf Hanna zu. Auch er trug Jägerkluft, jedoch kein Gewehr.

Er bemerkte ihren prüfenden Blick und lächelte schmal. »Nicht wundern, Frau Petersen. Als Jäger falle ich etwas aus der Rolle. Ich gehe gern mit auf die Pirsch, aber ich erschieße keine Tiere.«

Hanna schwieg. Rein theoretisch hätte sie so etwas nett finden können.

»Oder glauben Sie etwa, ich hätte vorhin mal eben kurz den Herrn Hansen erschossen und meine Waffe verschwinden lassen?«

Gute Frage.

Hanna blieb stumm, was ihn nervös machte.

»Ich bin Arzt. Meine Aufgabe ist es, Menschen zu heilen, nicht, sie zu töten.«

»Stimmt«, sagte sie endlich. »Und als Doktor der Medizin sind Sie an den hippokratischen Eid gebunden.«

Ein Schatten huschte über Johannsens Gesicht.

Rätselhaft, dachte Hanna. Äußerst rätselhaft.

Fallersleben schnaubte. »Doktor Johannsen sagt die Wahrheit. Er kommt gern mit zur Jagd, aber er schießt nicht. Das können alle hier bestätigen.«

Einhelliges Nicken.

Westermann trat vor, bis er neben Johannsen stand. »Für den Jo lege ich meine Hand ins Feuer. Der knallt niemanden ab.«

Aus der Gruppe kam zustimmendes Gemurmel.

Hannas innere Stimme erklärte, sie halte den Jo auch nicht für den Mörder.

Abwarten, sagte Hanna lautlos.

Ihr Blick zuckte zwischen Westermann und Johannsen hin und her. Ihr Herz hüpfte mit. Konnte sich nicht so recht entscheiden, bei wessen Anblick es schneller schlagen sollte.

Am besten gar nicht, befahl Hanna. Normal funktionieren und den Kopf in Ruhe arbeiten lassen.

Sie zwang sich wegzuschauen.

Johannsen hüstelte. »Bis der Kollege aus Hamburg da ist, wird noch mindestens eine halbe Stunde vergehen, nehme ich an.« Er zeigte auf den toten Banker. »Was dagegen, wenn ich mir den Mann mal ansehe?«

»Gute Idee!«, rief jemand aus der Gruppe, den Hanna nicht ausmachen konnte. »Der Jo stellt fest, dass es eben doch ein Unfall war, wir können alle einen trinken gehen und werden nicht wie gemeine Mörder behandelt!«

Zu Hannas Entsetzen brandete Applaus auf.

Wütend funkelte sie Johannsen an. »Haben Sie eine rechtsmedizinische Ausbildung genossen?«

Er wurde blass. »Nein.«

»Dann lassen Sie gefälligst die Pfoten von meiner Leiche.«

Sie hielt sich die Hand vor den Mund.

Zu spät.

In den Applaus mischte sich erneutes Gelächter. Silberne Flachmänner mit Hochprozentigem wurden herumgereicht. Die Jäger waren drauf und dran, eine lustige Totenfeier abzuhalten.

Hier und da wurden schon Handys gezückt, um die Nachricht zu verbreiten. Gleich würde jemand auf die Idee kommen, die Leiche zu fotografieren.

»Westermann!«, rief Hanna. »Begleiten Sie die Herrschaften zum Haus und achten Sie darauf, dass sich niemand in die Büsche schlägt. Sofort!«

»Nur mit Ihnen, Frau Kommissarin«, hieß es aus der Gruppe.

»Na, ich weiß nicht«, sagte ein anderer. »An der ist nicht viel dran.«

»Aber das Temperament…«

Rot vor Wut richtete sie sich zu voller Größe auf. Was nicht viel war. »Hauptsache, Sie alle amüsieren sich gut! Hat Ihnen niemand beigebracht, dass man vor einem Verstorbenen Respekt haben muss? Möchten Sie, dass eines Tages an Ihrem Totenbett die Leute dumme Witze reißen und Schnaps trinken?«

Betretenes Schweigen senkte sich über die Lichtung.

Johannsen verschränkte die Arme vor der Brust, Fallersleben starrte sie an, Westermanns Blick schien zu sagen: Jetzt haben Sie es sich aber wirklich mit allen verdorben, Chefin.

Harry Vierßen meldete sich zu Wort. »Wenn ich dann erst mal gehen könnte… Ich will den Bock gleich zum Schlachter bringen. Das gibt einen schönen saftigen Heidschnuckenbraten.«

Niemand lachte mehr.

»Sobald du deine Herde im Stall untergebracht hast,

kommst du zum Haus des Grafen«, wies Westermann ihn an.

Hanna dachte an den abgebrannten Schafstall, den sie an ihrem ersten Arbeitstag besichtigt hatte, und runzelte die Stirn.

Westermann deutete ihr Mienenspiel richtig. »Harrys Schnucken sind in einem anderen Stall untergebracht.« Dann wandte er sich wieder an den Schäfer. »Und beeil dich. Du musst auch vernommen werden.«

»Geht klar«, sagte Vierßen und machte sich davon. Den Hütestab hatte er wieder aufgehoben und hielt ihn weit von sich gestreckt.

»Was der bloß mit dem Stock hat«, wunderte sich jemand.

Hanna verspürte keine Lust, die Leute darüber aufzuklären. Sie wandte sich an Fallersleben. »Hatte Heiner Hansen Familie? Gibt es Angehörige, die benachrichtigt werden müssen?«

Der Graf schüttelte den Kopf. »Der war mit seiner Bank verheiratet. Er hat allein gelebt. Seine Eltern sind schon lange tot, andere Verwandte hatte er meines Wissens nicht.«

Sie nickte. Selbstverständlich würde sie die Angaben nachprüfen.

Schließlich sah Hanna zu, wie die ganze Gruppe mit Fallersleben an der Spitze und Westermann am Schluss losging.

Dann ließ sie sich auf eine Baumwurzel sinken und wartete auf die Verstärkung aus Hamburg und Buchholz.

Der tote Banker lag friedlich da.

Tausend Gedanken gingen ihr durch den Kopf. Wer

hatte einen Grund gehabt, diesen Mann zu töten? Warum wollte Fallersleben unbedingt einen Jagdunfall daraus machen? Wer war der Mann gewesen, der vorhin drohend auf sie zugekommen war?

Fallersleben?

Johannsen?

Jemand ganz anderes?

Westermann etwa? Nein, der nicht. Seine beachtliche Körpergröße wäre ihr auch im Bruchteil einer Sekunde an der schattenhaften Gestalt aufgefallen.

Und wer hatte sie vorhin angerufen?

Müde rieb sich Hanna die Stirn. Nach einer Weile kam ihr eine Idee. Sie hatte etwas mit dem Anrufer zu tun.

Aber vorläufig gab es Wichtigeres zu tun. Als sie hörte, wie sich mehrere Fahrzeuge dem Wald näherten, stand sie auf und rief die Kollegen auf deren Handy an, um ihnen den Weg zu weisen.

8

Die Abenddämmerung brach herein, als Hanna zurück zur Wache fuhr. Ein goldenes Licht lag über dem Land, und die Luft war merklich abgekühlt. Der Herbst würde nicht mehr lange auf sich warten lassen.

Die Männer von der Spurensicherung hatten nur ratlos den Kopf geschüttelt und, wie erwartet, nichts gefunden, was irgendwie verwertbar gewesen wäre. »Es sei denn, Schnuckenköttel sind für Sie wichtige Beweisstücke, Frau Petersen«, meinte einer und drückte damit aus, was seine Kollegen auch denken mochten: Dass diese übereifrige neue Kommissarin sie für nichts und wieder nichts am Sonntag durch den Wald gejagt hatte.

Auch die Kugel, die den Kopf des Bankers glatt durchschlagen hatte, blieb unauffindbar.

»Wir nehmen die Gewehre mit, aber gehen Sie mal lieber davon aus, dass wir ohne die Kugel nicht feststellen werden, ob eines davon die Tatwaffe ist.«

»Darauf wäre ich von selbst gar nicht gekommen.«

»Na, na, wer wird denn gleich eingeschnappt sein?«

Hanna hatte es vorgezogen zu schweigen und zu starren, was auf die Männer in den weißen Schutzanzügen allerdings keinen besonderen Eindruck machte.

Der Rechtsmediziner hingegen, ein erfahrener Mann

von ruhigem Auftreten, war mit Hanna gleich einer Meinung gewesen.

»Bei einem solch gezielten Schuss können wir einen Jagdunfall nahezu ausschließen. Trotzdem kann einer der Jäger der Mörder sein.«

»Weil er ein ausgezeichneter Schütze ist.«

»So ist es, Frau Petersen. Aber das herauszufinden, ist Ihre Aufgabe. Genauso gut kann es irgendjemand sein, der einfach verdammt gut schießen kann. Ich melde mich, wenn ich etwas für Sie habe.«

Inzwischen war die Leiche auf dem Weg in die Gerichtsmedizin, und Hanna hatte entschieden, nicht direkt zu Fallerslebens Haus aufzubrechen.

Sollte die Jagdgesellschaft ruhig noch eine Weile schmoren. Hanna brauchte wenigstens eine Stunde Zeit an ihrem Schreibtisch, um sich zu sammeln, sich Notizen zu machen und ihre nächsten Schritte zu planen. Sollte sie Fallersleben zuerst vernehmen? Oder vorher die Einheimischen, einen nach dem anderen? Oder als Erstes die Gäste aus Hamburg? Nun, das würde sich finden.

Als Hanna an den Weiden von Bauer Löhme vorbeikam, fuhr sie langsamer und bremste dann. Da war es wieder, dieses merkwürdige Pferd, das ihr schon vor ein paar Tagen auf dem Weg zum abgebrannten Schafstall aufgefallen war. Inmitten der Schwarzbunten stand es schmutzig auf krummen Beinen da und sah Hanna direkt an.

Ach, Quatsch!

Sie schaute genauer hin. Doch! Das Pferd sah ihr in die Augen.

Sie hätte sofort weiterfahren sollen. Es gab wahrhaftig Dringenderes, als mit einem Gaul freundliche Blicke zu wechseln. Doch aus irgendeinem unerfindlichen Grund – sie selbst hätte nicht sagen können, warum – rührte sich Hanna nicht.

Soweit sie es unter dem Dreck erkennen konnte, war das Pferd ein Schimmel. Sein Fell wies faustgroße Löcher auf, der Kopf wirkte auf Hanna krumm wie ein Sarazenendolch, und der ganze Körper hatte eine seltsame rechteckige Form. Ja, es war so ziemlich der hässlichste Vertreter seiner Rasse, den Hanna je gesehen hatte. Die Klappergäule von Kutscher Heinz-Otto waren dagegen temperamentvolle Schönheiten.

Heinz-Otto.

Ein Gedanke schoss Hanna durch den Kopf, zu schnell, als dass sie ihn zu fassen gekriegt hätte.

Der alte Kutscher. Was war es nur, das ihr zu schaffen machte? Grübelnd rieb sie sich die Schläfen. Sie kam einfach nicht darauf, ahnte nur, dass es wichtig war.

Okay. Sie musste dringend an ihren Schreibtisch und nachdenken.

Hanna kannte Kollegen, die einen Spaziergang machten, wenn sie einen verzwickten Fall lösen mussten, und andere, die nur im Team zu wichtigen Erkenntnissen gelangten. Sie selbst war da anders. Allein im Büro sein, ohne jemanden, der sie störte – genau das war es, was sie jetzt brauchte.

Während Hanna sich noch fragte, warum sie nicht endlich weiterfuhr, setzte sich das Pferd, ohne sie aus den Augen zu lassen, ganz langsam auf die Hinterbacken.

»Genau«, murmelte Hanna. »Du hast vollkommen recht, mein Freund. Hinsetzen und zur Ruhe kommen.«

Dann schüttelte sie heftig den Kopf, lachte über sich

selbst und ein bisschen über das seltsame Pferd, sprang in ihren Wagen und fuhr nach Hasellöhne hinein.

Kaum saß sie an ihrem Schreibtisch, ertönte der Bayerische Defiliermarsch.

Mist! Den blöden Klingelton hatte sie vollkommen vergessen.

Bitte nicht Hendrik, dachte sie noch. Ihr Herz war vorübergehend abgeschaltet. Ein Exfreund am Telefon wäre das Letzte gewesen, das sie in dieser Stimmung hätte brauchen können.

Zum Glück fand sie die richtige Taste schneller als vorhin in Luises Garten.

»Petersen!«, meldete sie sich scharf.

»Chefin, wo bleiben Sie denn?«, fragte Westermann. Er klang nervös.

»Was ist los?«

Sie hörte, wie er tief Luft holte. »Hier sind langsam alle stinksauer. Der Graf am meisten. Die Hamburger wollen heimfahren, und die Hasellöhner machen mir sowieso die Hölle heiß. Alle schimpfen auf Sie, und auf mich inzwischen auch.«

Letzteres schien ihm besonders zu schaffen zu machen. Mit Anfeindungen konnte er wohl nicht so gut umgehen.

Hanna blieb ruhig. »Die Herrschaften werden sich noch ein wenig gedulden müssen.«

Westermann stieß einen Fluch aus.

»Wo sind Sie jetzt, Chefin?«

»Auf der Wache.«

»Was? Wieso das denn?«

»Geht Sie nichts an. Ich komme sobald ich kann. Geben Sie mir eine Wegbeschreibung. Ich nehme an, ich muss von dort aus, wo die Autos der Jagdgesellschaft geparkt sind, um den Wald herumfahren.«

»So einfach ist das nicht. Schalten Sie lieber Ihr Navi ein. Sonst gehen Sie mir noch verloren.« Er gab ihr die genaue Adresse durch.

»Und beeilen Sie sich, Chefin. Hier gibt's bald Mord und Totschlag.«

»Sehr witzig«, erwiderte Hanna und beendete das Gespräch.

Zehn Minuten später begriff Hanna, dass sie zum Nachdenken besser allein am Tatort geblieben wäre. Die geschlossene Tür einer Polizeiwache schien auf dem Dorf niemanden abzuschrecken. Zumindest keine Frau wie Luise Pleschke. Sie quetschte sich am Tresen vorbei, lächelte Hanna großmütterlich zu und hielt einen Einkaufskorb hoch.

»Schätzchen, ich habe dein Auto draußen gesehen. Auf den Schrecken brauchst du bestimmt eine Stärkung.«

Jawoll, dachte Hanna. Jetzt ein paar Gläser Wacholderschnaps, und ich fasse den Mörder in null Komma nix..

»Luise«, erwiderte sie so freundlich wie möglich. »Ich muss arbeiten.«

»Papperlapapp! Ich habe dir ein paar Stullen geschmiert. Es ist Abendbrotzeit.«

Hannas Magen knurrte verräterisch.

Luise griff in den Korb und holte eine Tupperdose hervor. »Hier, mit kaltem Heidschnuckenbraten und Remoulade. Was ist denn? Du bist ja ganz blass geworden. Doch keinen Appetit?«

Hanna dachte an den erschossenen Bock des Schäfers Harry. Nein, sagte sie sich. Der ist nicht innerhalb von wenigen Stunden geschlachtet, gebraten und von Luise in Scheiben geschnitten worden!

Trotzdem.

Lieber nicht.

»Hast du auch Kaffee?«, fragte sie.

»Natürlich. Eine ganze Thermoskanne voll. Und ein Fläschchen von meinem Selbstgebrannten. Für Notfälle. Aber du solltest lieber alles mitnehmen. Hier, ein Schluck Kaffee. Den Rest kannst du nachher beim Grafen verputzen.«

Hanna nahm die dampfende Plastiktasse entgegen und trank dankbar einen Schluck von dem dunklen schwarzen Gebräu.

»Ich hab's nicht so eilig.«

»Hast du doch.«

»Luise ...«

»Komm mal mit.«

Seufzend stellte Hanna die Tasse ab und folgte ihr bis vor die Tür. Draußen stand ein gutes Dutzend Frauen und starrte sie böse an.

Hanna musste sich zwingen, keinen Zentimeter zurückzuweichen.

»Teufel auch«, murmelte sie und fragte dann Luise: »Was haben die denn?«

»Die wollen ihre Männer zurückhaben. Und zwar jetzt.«

Keine Frage. Die Dörflerinnen waren über die Vorfälle im gräflichen Wald bestens informiert.

Hanna straffte sich. »Meine Damen, bitte haben Sie Verständnis. Ich ermittele in einem Mordfall. Das bedeutet, ich muss jeden Teilnehmer an der Jagd vernehmen.«

»Mein Mann hat keinen erschossen«, rief eine korpulente Frau. Hanna erkannte in ihr die Bäckerin Birthe Möller.

»Meiner auch nicht!«

»Und meiner schon gar nicht! Der trifft nicht mal ein Karnickel, wenn es gefesselt vor seinen Füßen liegt.«

Luise kicherte, Hanna überlegte.

Die Wahrscheinlichkeit, dass ein Hamburger Banker sich unter einem der Dorfbewohner einen tödlichen Feind geschaffen hatte, war verschwindend gering.

Sagte ihre innere Stimme auch.

Gut, aber gründlich sein musste sie trotzdem.

Hanna traf eine Entscheidung

»Ich verspreche Ihnen, dass ich Ihre Ehemänner zuerst vernehmen werde. Dann sind sie in ein paar Stunden zu Hause.«

Die Frauen schienen nicht zufrieden.

Luise mischte sich ein. »Mädels, euren Kerlen geht's gut. Die sitzen in keinem feuchten Verlies, sondern amüsieren sich gerade im Herrenhaus. Seid doch froh, dass ihr mal einen Abend frei habt. Was haltet ihr davon, wenn ihr alle zu mir kommt? Ich gebe eine Runde aus.«

»Darauf einen von Luises Schnäpsen!«, rief Birthe Möller.

Alle lachten. Die feindselige Stimmung schlug in Partylaune um.

Erstaunlich, dachte Hanna. Eine Bluttat trug auf dem Dorf zur Volksbelustigung bei.

Während die Frauen abzogen, trank Hanna schnell ihren Kaffee aus und stieg dann mitsamt dem Einkaufskorb ins Auto. Einen Moment lang blieb sie tatenlos hinter dem Lenkrad sitzen. Die kommende Nacht würde lang werden. Ihr graute davor. Endlich gab sie sich einen Ruck, schaltete ihr Navi an und tippte die Adresse ein.

Hansdieter lenkte sie brav durch die ausgedehnten Wälder des Grafen.

Durch die sehr ausgedehnten Wälder des Grafen, um genau zu sein. So ausgedehnt, dass Hanna sich irgendwann vollkommen verloren fühlte und ihren Hansdieter liebte wie niemals zuvor.

»Lass mich bloß nicht im Stich!«

»In hundert Metern erreichen Sie Ihr Ziel«, kam es prompt zurück.

»Guter Junge«, sagte sie und dankte im Geiste auch Westermann für seinen Rat. Allein hätte sie sich hoffnungslos verfahren. Nur ganz am Anfang hatte sie linker Hand die noch immer am Waldrand geparkten Autos der Jagdgesellschaft gesehen. Danach wurde ihr die Umgebung vollkommen fremd.

Hanna fuhr über eine lange, gewundene Auffahrt auf ein imposantes Herrenhaus zu. Es war drei Stockwerke hoch, aus hellem Naturstein erbaut und wies jene klaren, schnörkellosen Linien auf, die typisch für den klassizistischen Stil waren. Das breite Dach hatte über die Jahrhunderte grüne Patina angesetzt, die große Freitreppe wirkte auf Hanna eher abschreckend denn einladend.

Ein unangenehmes Gefühl der Beklemmung machte sich in ihrer Brust breit.

Erst jetzt, beim Anblick des prächtigen Familiensitzes, wurde ihr bewusst, welch mächtigen Feind sie sich geschaffen hatte.

Na und?, dachte sie und stieg aus. Ich habe einen Mord

aufzuklären, und danach bin ich hier sowieso bald wieder weg.

Wirklich?

Hanna seufzte tief, unterdrückte alle Grübeleien und marschierte entschlossenen Schrittes die Treppe hinauf und auf den Eingang zu. In einer Hand hielt sie Luises Einkaufskorb. Möglicherweise würde sich Fallersleben nicht als vollendeter Gastgeber präsentieren.

9

Bevor sie den großen bronzenen Türklopfer betätigen konnte, kam Westermann herausgestürmt.

»Da sind Sie ja endlich!«

Beinahe hätte sie gegrinst. Westermann, der sie sehnsüchtig erwartete. Das war neu.

»Immer sachte mit den jungen Pferden«, erwiderte sie.

Der Polizeikommissar blickte aus seiner göttlichen Größe auf sie herab. »Chefin, wenn Sie jetzt schon den Lieblingsspruch des Grafen benutzen, muss ich mich um Ihre geistige Gesundheit sorgen. Und dann kommen wir aus diesem Schlamassel kaum lebend raus.«

Hanna hob kurz die Schultern, sie war mit ihren Gedanken plötzlich woanders.

»Sie glauben nicht, was ich vorhin auf der Weide von Bauer Löhme gesehen habe.«

»Lassen Sie mich raten, Chefin. Eine Kuh?«

»Nein. Ein Pferd!«

»Interessant. Haben Sie Fieber?«

Er streckte die Hand aus, um ihre Stirn zu fühlen, aber Hanna wich geschickt zurück.

Kein Hautkontakt! Nicht jetzt. Nicht mit ihm.

»Das Pferd ist sehr hässlich und sehr schmutzig«, erklärte sie geistesabwesend, während sie gleichzeitig überlegte, was an dem Tier für sie so wichtig war. »Es hat mich angestarrt und sich dann hingesetzt.«

»Chefin«, sagte Westermann, plötzlich ganz ruhig. »Mit Ihnen stimmt was nicht. Ich glaube, Sie stehen unter Schock.«

»Blödsinn.«

»So was kommt vor. War ja 'n büschen viel Aufregung für Sie heute.«

»Jetzt ist mal gut, Westermann. Ich habe keinen Schock. Das Pferd gibt es wirklich.«

»Wenn Sie das sagen…«

»Ich werde es Ihnen zeigen. Vielleicht morgen. Ich glaube… es hat etwas zu bedeuten.«

»Okay, Chefin.« Westermann wirkte zunehmend verwirrter. Er stand im Türrahmen und schien unschlüssig, ob er sie überhaupt reinlassen sollte.

»Schaffen Sie das da drinnen? Wie gesagt, die sind alle auf hundertachtzig, und eine Kommissarin, die ihnen sozusagen einen vom Pferd erzählt, könnte nicht so gut ankommen. Wissen Sie, so ein Schock kann echt fies sein. Hatte ich auch, als ich den armen Karl mausetot auf der Heide gefunden habe. Hab zwei Tage gebraucht, um wieder normal zu ticken.«

»Westermann!«

»Vielleicht sollte der Jo Sie erst mal untersuchen, bevor Sie sich der Meute stellen. Nur zur Sicherheit.«

»Nein, danke.«

Bloß nicht, fügte sie im Stillen hinzu. Auf keinen Fall wollte sie jetzt von Johannsen berührt werden. Nur eine einzige kleine Schwingung von ihm, und schon war er womöglich ihr Hauptverdächtiger.

Musste ja nicht gleich sein.

Ein Gedanke kam ihr, der ihre Mundwinkel zucken ließ: Wenn sie sowieso weder Westermann noch Johannsen anfassen wollte, dann bestand wenigstens keine akute Gefahr für ihren Seelenfrieden.

Westermann ließ nicht locker. »Wäre aber besser. Ich meine, da finden Sie rein zufällig eine Leiche. Das muss Ihnen doch zu schaffen machen.«

»Rein zufällig bin ich Kommissarin und keine Pilzsammlerin. Ich verkrafte das schon.«

»Wo wir gerade beim Zufall sind«, setzte Westermann an. »Ich glaube da nicht dran. Wie sind Sie denn wirklich in den Wald gekommen?«

Hanna musterte ihren Kollegen prüfend und lauschte auf ihre innere Stimme. Die schwieg aber gerade. War nach diesem langen Nachmittag wohl müde. Hanna auch.

»Das ist jetzt unwichtig.«

Westermann runzelte die Stirn. Noch immer blockierte er mit seiner Körpermasse den Eingang. »Kann es sein, dass Sie mir nicht vertrauen, Chefin?«

Sie schenkte sich die Antwort. Stattdessen kramte sie ihr Smartphone hervor und reichte es ihm. »Bevor wir anfangen, nehmen Sie den blöden Marsch da raus und lassen es wieder ganz normal klingeln.«

»Ähm … na klar, Chefin. War nur ein kleiner Scherz.«

Flink wischte und drückte er auf dem Display herum. Und weil er sich offenbar ein klein wenig schämte, ließ er sie mit dem Thema Zufall in Ruhe.

Gut so.

Hanna wollte selbst entscheiden, ob und wann sie Westermann von dem Anrufer erzählen würde.

»Können wir jetzt endlich reingehen?«, fragte sie, als das Smartphone wieder in ihrer Tasche steckte. »Wir müssen an die zwanzig Leute vernehmen.«

»Es sind genau zweiundzwanzig. Zehn Jagdgäste aus Hamburg und sieben aus Haselöhne. Dann der Graf mit Frau und Sohn, und schließlich Jo und Harry.«

Hanna stutzte. »Fallersleben hat Familie?«

Er nickte. »Eine zwanzig Jahre jüngere Frau und einen siebzehnjährigen Sohn. Wussten Sie das nicht?«

Sie schüttelte den Kopf. »Nein. Woher auch?« Auf sie hatte der Mann nicht gerade wie ein liebender Gatte und Vater gewirkt. »Lassen Sie uns an die Arbeit gehen. Ich möchte heute noch mit den Herrschaften durchkommen. In den nächsten Tagen können wir dann zusätzlich die Bevölkerung befragen.«

Westermann kratzte sich am Kopf. »Da haben Sie sich aber einiges vorgenommen, Chefin.« Sein Blick fiel auf den Einkaufskorb in ihrer Hand. »Ein Fresspaket von Luise?«

»Brote mit Heidschnuckenbraten«, erwiderte sie mit leichtem Widerwillen. »Können Sie haben. Ich brauche nur den Kaffee.«

»Ist auch Remoulade drauf?«

»Hm.«

»Und saure Gürkchen?«

»Keine Ahnung.«

»Da wette ich drauf. Luises Brote sind berühmt. Und sie nimmt nur zartestes Schnuckenfleisch.«

Ihr wurde wieder ein bisschen übel, und sie beneidete Westermann um seinen unerschütterlichen Magen.

Er nahm ihr den Korb ab und schaute hinein. »Ah, ein Fläschchen Wacholderschnaps.«

»Wir sind im Dienst! Wir trinken nicht!«

»Zu Befehl, Chefin.«

Eine gute Stunde später sehnte sich Hanna selbst nach einem Gläschen von Luises Selbstgebranntem. Es hätten auch mehrere sein dürfen. Vielleicht hätte sie das Genuschel der Haselloöhner Jäger dann besser verstanden. Wenn sie sich dem Alkoholpegel näherte, auf den diese Männer auch noch stolz waren, würden ihre Ohren eventuell das passende Gehör entwickeln.

Oder auch nicht.

»Wennisch dorsch nüsch gschen hach«, meinte Bäckermeister Möller gerade mit ernstem Gesicht. Seine vollen Wangen waren verdächtig rot, und sein Blick irrte haltlos zwischen den beiden Polizeibeamten hin und her.

»Wenn ich doch nichts gesehen habe«, übersetzte Westermann mühelos. Seine Ohren hatten offenbar Erfahrung mit lallenden Zeugen. Hanna hingegen fragte sich noch, wie ein Dorsch in den gräflichen Wald gekommen war.

»Ach so.«

Sie saßen in Fallerslebens Arbeitszimmer. Die Jagdgesellschaft hatte sich im Salon versammelt und war bei Hannas Eintreten erstaunlich friedlich gewesen.

»Da haben Sie aber mächtig übertrieben, Westermann«, hatte sie ihm zugeraunt.

»Wir haben uns in unser Schicksal gefügt«, hatte Fallersleben mit einem arroganten Lächeln gesagt. »Bitte, wir stehen ganz zu Ihrer Verfügung.«

Ja, dachte Hanna jetzt. Stockbesoffen. Vielen Dank auch, werter Graf.

Sie stand auf. »So hat das keinen Sinn. Das war der vierte betrunkene Zeuge.«

103

Westermann hob ratlos die Schultern, der Bäckermeister wirkte plötzlich verstimmt. »Scholle ischmi bleischen laschä?«

Hanna stöhnte auf. »Ich habe kein Interesse an einer Fischzucht!«

»Soll ich mich beleidigen lassen?«, übersetzte Westermann feixend.

»Nein! Gehen Sie einfach nach Hause. Nehmen Sie Ihre Freunde mit. Sie werden alle vernommen, wenn Sie wieder nüchtern sind.«

Westermann half dem Bäckermeister hoch. Kein leichtes Unterfangen. Dreimal plumpste der Mann zurück.

Hanna goss sich frischen Kaffee ein. »Westermann, haben Sie verstanden? Alle Hasellöhner können heim. Hoffen wir, dass die Hamburger klarer im Kopf sind.«

»Doch, Chefin. Die wollen ja noch fahren.«

»Gut, und wie kriegen Sie die Schnapsdrosseln ins Dorf?«

»Ich habe vorhin schon meinen alten Herrn angerufen. Der wartet draußen mit dem Pferdehänger. Da passen alle rein. Und wenn denen schlecht wird, hält er danach den Gartenschlauch rein.«

»Igitt. Aber gut gemacht. Sie haben vorausgedacht.«

Täuschte sie sich, oder wurde der Polizeikommissar ein klein wenig rot? Es konnte auch an der Anstrengung liegen, den Bäckermeister hochzuhalten. Der hing mit Tonnengewicht an ihm.

»Übrigens kann Ihr Herr Vater die Männer bei Luise absetzen. Da sind nämlich ihre Frauen versammelt.«

Westermann grinste breit. »Na, das wird lustig. Und wie wollen Sie heute Nacht schlafen, Chefin?«

104

»Eher gar nicht«, erwiderte sie, plötzlich erschöpft. »Das kann noch dauern hier.«

»Wie Sie meinen. Zur Not habe ich noch ein Bett frei. Sie sind herzlich eingeladen, falls wir hier doch noch flott durchkommen und Luises Party ausarten sollte.«

Das fehlte noch, dachte Hanna. Kuscheln mit meinem Untergebenen.

»Wird nicht nötig sein. Danke trotzdem.«

Der Bäckermeister nuschelte schon wieder, aber diesmal schien selbst Westermann ihn nicht zu verstehen.

Oder er wollte nicht übersetzen.

»Soll ich jetzt den Jo reinschicken? Der wird nachher im Dorf vielleicht noch gebraucht. Wenn alle so weiterbechern, meine ich.«

Hanna nickte. Im Augenblick war es ihr egal, wen sie als Nächstes befragte. Hauptsache, derjenige war nüchtern. Sie trank den letzten Kaffee aus Luises Thermoskanne und warf einen Blick auf ihre Notizen. Niemand hatte etwas Ungewöhnliches bemerkt. Hansen war plötzlich nicht mehr aufgetaucht, und man hatte sich auf die Suche gemacht.

Einzelheiten?

Im dichten Alkoholnebel derzeit nicht abrufbar.

Unwillkürlich knirschte sie mit den Zähnen. Fallersleben sabotierte ihre Arbeit, derzeit mit Hochprozentigem. Sollte sie ihn lieber als Nächsten vernehmen?

Nein, besser, sie ließ ihn warten.

Sollte er doch nervös werden!

Der Waffenschrank im Jagdzimmer war natürlich korrekt verschlossen gewesen. Fallersleben hatte ihn Hanna vorhin nur allzu bereitwillig gezeigt.

»Wie Sie sehen, geht hier alles mit rechten Dingen zu«, hatte er gesagt und ihr dabei wieder nicht in die Augen gesehen.

Ihr war nichts anderes übrig geblieben, als zu nicken. Aber so leicht würde Fallersleben ihr nicht davonkommen. Er war nach wie vor ihr Hauptverdächtiger.

Hanna zuckte zusammen, als Johannsen plötzlich neben ihrem Stuhl stand. Sie hatte nicht gehört, wie er hereingekommen war. Er schenkte ihr ein schmales Lächeln und setzte sich ebenfalls.

»Sie sehen müde aus, Frau Petersen.«

Reizend, dachte sie. Mit Komplimenten hatte er es wohl nicht so. Eine Weile verlor sie sich im Anblick seiner dunklen Haarlocke auf der Stirn. Sie passte nicht in dieses strenge Arztgesicht und verriet den fröhlichen Jungen, der Johannsen vielleicht einmal gewesen war.

»Sind Sie hier geboren?«, fragte sie und stellte sich vor, wie er als Kind mit Freunden juchzend über die Heide getollt war.

»Ein paar Dörfer weiter, in Sudermühlen. Gehört das schon zur Vernehmung?«

Hanna verscheuchte das Kinderbild. »Nein, das war nur Neugier. Und, ja, ich bin müde und vielleicht ein bisschen betrunken.«

Johannsen hob die Brauen.

»Indirekt«, sagte Hanna schnell. »Ich habe den hochprozentigen Atem von vier hackevollen Haselöhnern eingeatmet.«

Johannsen lachte auf. »Es gibt Passivraucher, Frau Petersen, aber meines Wissens keine Passivtrinker.«

»Schade. Hätte mir ein paar Verständigungsprobleme

erspart. Luise hat mir was von ihrem Schnaps mitgegeben, aber ich darf ja nicht.«

»Weil Sie eine korrekte und pflichtbewusste Kommissarin sind und nicht etwa eine zügellose Dörflerin.«

Das Wort zügellos löste in Hanna etwas aus, das sie lieber nicht ergründen wollte.

Sie starrte schon wieder auf die Locke.

Mist!

»Entschuldigung«, sagte er. »Das war nicht nett. Wenn wir fertig sind, besorge ich Ihnen frischen Kaffee, einverstanden? Und vielleicht was zu essen. Ich kenne die Köchin ganz gut.«

»Danke, nur bitte nichts mit Heidschnucke.«

»Versprochen«, sagte Johannsen, scheinbar ohne sich zu wundern. Seine Augen strahlten Wärme aus.

Hanna blickte schnell auf ihren Notizblock und ratterte dann ihre Fragen herunter.

»Kannten Sie Heiner Hansen?«

»Flüchtig. Ich bin ihm im letzten Jahr schon einmal hier auf der Jagd begegnet.«

»Danke, dass Sie nicht nuscheln.«

»Bitte?«

»Nichts, schon gut.«

Hanna sammelte sich. »Waren Sie zu irgendeinem Zeitpunkt heute allein im Wald unterwegs?«

»Nein. Ich bin den ganzen Nachmittag mit Fritz und dem Bäckermeister zusammen gewesen.«

Womit er als Tatverdächtiger ausschied. Erleichterung machte sich in Hanna breit. Welch dunkles Geheimnis er auch mit sich herumtragen mochte – die Planung und Ausübung eines Mordes gehörte nicht dazu.

Sie würde Westermann und Möller noch dazu befragen – Letzteren, sobald er ausgenüchtert war –, aber sie ging davon aus, dass Johannsen die Wahrheit sagte.

»Haben Sie irgendetwas Ungewöhnliches beobachtet?«

»Nein.«

»Können Sie sich vorstellen, wer einen Grund hatte, Hansen zu töten?«

Johannsen musterte sie streng. »Sie möchten, dass ich spekuliere, Frau Petersen?«

»Warum nicht? Sie kennen die Verhältnisse hier vielleicht am besten.«

»Bedauere, aber da kann ich Ihnen nicht helfen.«

Jetzt ist er zum ersten Mal nicht ehrlich, erklärte ihre innere Stimme.

Ganz genau.

10

Bis weit nach Mitternacht führte Hanna die Vernehmungen fort. Ein Hamburger Jagdgast nach dem anderen kam ins Arbeitszimmer und beantwortete ihre Fragen – mehr oder weniger bereitwillig. Eher weniger.

Die zehn Männer aus Hamburg waren empört darüber, dass eine Dorfpolizistin sie die halbe Nacht lang in der Heide festhielt.

»Allesamt wollen sich beim Polizeipräsidenten in Hannover beschweren«, sagte sie nach der letzten Befragung zu Westermann.

Ihr Kopf schmerzte. Zu viel Kaffee, zu wenig Schlaf.

Ihr Kollege faltete seinen Körper auf dem Stuhl zusammen, auf dem seit Stunden die Jäger nacheinander gesessen hatten.

»Keine Bange, Chefin. Das werden sie schon nicht wagen. Die kommen sich alle unheimlich wichtig vor, aber eigentlich scheißen sie sich vor Angst in die Hosen.« Er grinste und streckte seine baumlangen Beine aus.

»Ich habe drei Taxis aus Egestorf kommen lassen, die sie zu ihren Autos bringen. Und vor der Abfahrt habe ich allen verklickert, dass wir sie ab morgen in ihren schicken hanseatischen Büros und Geschäften heimsuchen, wenn sie nicht kooperieren.«

»Westermann!«

»Wat denn? Ein bisschen Druck muss sein, sonst tanzen die uns nur auf der Nase herum.«

»So etwas nennt man Machtmissbrauch«, erklärte Hanna streng.

Westermann schlug sich vor Vergnügen auf die Schenkel. »Ich und Macht? Ach was. Ich bin auch bloß ein kleiner Dorfbulle.«

Klein, dachte sie. Na ja. Ihr Blick wanderte an seinen Beinen entlang bis zum Boden.

»Welche Schuhgröße haben Sie?«

Westermann richtete sich auf. »Chefin, jetzt sagen Sie bitte nicht, dass ich auch zu den Verdächtigen gehöre. Hat die Spusi neben der Leiche Abdrücke in Größe zweiundfünfzig gefunden? Ja und? Ich war ja da, mit Ihnen und allen anderen zusammen.«

Blitzschnell beugte er sich vor und legte eine große Hand auf ihre.

»Ich bin vielleicht ein unausstehlicher Typ, aber kein Killer. Und diesen Banker habe ich gar nicht gekannt. Warum sollte ich den also erschießen? Etwa um Sie in die Scheiße zu reiten?«

Hanna schwieg.

Der Druck seiner Hand nahm zu. »Chefin, jetzt sagen Sie doch was!«

Sie starrte ihn an.

»Verflucht noch mal. Ich bin Polizist! Was denken Sie denn von mir? Okay, ich geb's zu. Ich war scharf auf Ihren Posten. Und ich habe keine Freudensprünge gemacht, als es hieß, da kommt 'ne Kommissarin aus Hamburg. Aber ich diene immer noch dem Gesetz, kapiert?«

Hanna zog ihre Hand unter seiner hervor, holte tief Luft und stieß langsam den Atem aus. »Westermann, ich habe Sie keine Sekunde lang verdächtigt.«

Auf die Idee bin ich gar nicht gekommen, fügte sie in Gedanken hinzu. Was ein Fehler hätte sein können. Aber kein Fehler war.

Ganz sicher nicht.

Ihr Handrücken schickte Wärmewellen durch ihren Körper. Ein angenehmes Gefühl der Ruhe breitete sich in ihr aus. Fritz Westermann trug kein dunkles Geheimnis mit sich herum. Er war ein Mistkerl. Einer, den sie in diesen wenigen Tagen schon mehrmals hatte umbringen wollen.

Bildlich gesprochen.

Er war frech und hätte seine neue Chefin am liebsten auf den Mond geschossen.

Aber er war kein Mörder.

Ihr gesunder Menschenverstand sagte das auch.

Ihr Instinkt als Kommissarin ebenfalls.

Ihre innere Stimme sowieso.

»Scheiße, Chefin. Sie haben mir vielleicht einen Schrecken eingejagt.«

»War nicht meine Absicht.«

Westermann fuhr sich durch sein sonnengelbes Haar und atmete ein paarmal pfeifend ein und aus.

»Und so was nach Mitternacht. Mannomann! So gemein war ich nun auch nicht zu Ihnen.«

»Hm.«

»Weshalb wollten Sie sonst meine Schuhgröße wissen?«

»Nur so.«

Themenwechsel. Schnell!

Hanna blickte auf ihren Notizblock. Ihre Augen waren trocken vor Müdigkeit, und sie musste ein paarmal blinzeln.

»Die ganze Aktion heute Nacht war ein kompletter Reinfall. Niemand hat etwas gesehen, niemand hat auf Hansen geschossen, niemand war auch nur in der Nähe dieser Lichtung, bevor sich die Jagdgesellschaft gemeinsam auf die Suche gemacht hat«, fasste sie zusammen.

»Aha«, brummte Westermann. Der war noch beleidigt.

Sie konnte keine Rücksicht darauf nehmen. »Zunächst wollte sowieso keiner etwas sagen, nur in Anwesenheit seines Anwalts. Erst als ich erklärt habe, dies sei eine Zeugenbefragung und keinesfalls ein Verhör, bekam ich wenigstens diese Aussagen.«

»Was haben Sie erwartet? Dass einer von denen ruft: ›Kuckuck, ich bin der Mörder?‹ Sie enttäuschen mich, Chefin.«

»Jetzt ist mal gut. Können wir uns wieder auf den Fall konzentrieren?«

Westermann gähnte herzhaft. »Fällt mir ein bisschen schwer. Ich bin todmüde, und Ihre Verdächtigung eben hat mir den Rest gegeben.«

»Westermann, es tut mir leid!«, rief sie so laut, dass er zusammenzuckte. »Reicht das?«

»Klar, Chefin.« Er grinste. »Kaputt bin ich trotzdem. Sie nicht?«

»Doch«, gestand Hanna. »Ich könnte hier im Sitzen einschlafen. Aber wir müssen noch Fallersleben und seine Familie befragen.«

»Vergessen Sie's. Die sind längst alle drei zu Bett gegangen.«

Hanna funkelte ihn an. »Was? Und das haben Sie zu-
gelassen?«

Westermann hob die Schultern. »Gräfin Iris fühlt sich
nicht wohl. Wahrscheinlich eine Grippe. Der junge Graf
Florian hat an den Schnapsgläsern genascht und ist schon
im Sessel eingepennt. Graf Richard hat erklärt, er sei ein
alter Mann und müsse sich von den Schrecken des Tages
erholen. Was hätte ich machen sollen? Die drei mit Gewalt zurückhalten?«

Hanna schüttelte den Kopf. »Vielleicht ist es besser so.
Ich kann kaum noch klar denken. Morgen ist auch noch
ein Tag.«

Sie rieb sich die Stirn. »War es falsch, Westermann?«

»Ihren Lieblingskollegen zu verdächtigen? Aber hallo!«

»Das meine ich nicht.«

»Okay. Wovon reden Sie, Chefin?« Er beugte sich
wieder vor, und einen klitzekleinen Moment lang überlegte sie, wie es sich wohl anfühlen mochte, ihren Kopf an
diese breite Schulter zu lehnen.

Mist! Herz ausgeschaltet, schon vergessen?

»War es ein Fehler, alle Leute noch heute Nacht zu befragen?«

Seine hellen Augen musterten sie gründlich, und auf
einmal schien er um einiges erwachsener zu sein als sie
selbst. »Ich glaube, Sie sind zu übereifrig vorgegangen. Sie
haben sich vom Grafen provozieren lassen und den Macht-
kampf gewinnen wollen. Und was hat's gebracht? Die eine
Gruppe war sternhagelvoll, die andere maulfaul.«

»Stimmt. Und ich bin so abgespannt, dass ich mich
frage, ob ich nicht doch vielleicht irgendwas Wichtiges
überhört oder übersehen habe.«

Der Zweifel nagte an ihr.

»»Einsicht ist der erste Weg zur Besserung‹, sagt mein alter Herr immer.« Er lehnte sich zurück. »Aber da ist noch etwas.«

Hanna schaute zu Boden. Sie ahnte, was kommen würde.

»Meiner Meinung nach«, sagte Westermann langsam, »haben Sie es auf den Grafen abgesehen. Deswegen wollten Sie die Jagdgäste auch so schnell wie möglich abhaken.«

Verdammt!

»Sie werfen mir Voreingenommenheit vor?«

»Wenn Sie's so hochgestochen ausdrücken wollen, Chefin, dann ja. Man könnte auch einfach sagen, Sie haben den Grafen auf dem Kieker.«

»Sie müssen zugeben, er hat sich äußerst verdächtig verhalten.«

»Stimmt schon. Aber …«

»Aber das macht ihn noch lange nicht zum Mörder«, ergänzte Hanna. »Die Lektion habe ich wohl gebraucht.«

Sie stand auf und streckte sich. »Morgen fangen wir von vorn an. Sämtliche Teilnehmer an der Jagd werden noch einmal gehört.«

Westermann erhob sich ebenfalls und überragte sie um mindestens einen halben Meter. »Super. Das gibt eine schöne Dienstreise nach Hamburg. Oder sogar ein paar mehr.«

»Abwarten.«

Er schaute sie eindringlich an. »Weil Sie gar nicht daran denken, mich kleinen Dorfbullen in die große weite Welt mitzunehmen?«

»Quatsch.«

»Oder weil es eben doch der Graf gewesen sein könnte?«

»Er hat sich auf jeden Fall sehr verdächtig aufgeführt. Das müssen Sie zugeben, Westermann.«

Ihr Kollege nickte. »Wie der unbedingt einen Jagdunfall draus machen wollte, das war schon auffällig.«

»Eben.«

Einen Moment lang standen sie einander still gegenüber. Hanna spürte, dass sich etwas zwischen ihnen verändert hatte. Weil sie bereit war, einen Fehler einzugestehen, war sie in Westermanns Achtung gestiegen. Und auch sie selbst sah in ihm jetzt mehr als den frechen Untergebenen. Hinter seinem respektlosen Gehabe steckte ein fähiger Polizist.

Auf einmal grinste er und sprach aus, was sie dachte. »Wenn wir so weitermachen, Chefin, werden wir noch ein richtig gutes Team.«

Hanna lächelte. »Soll ich Sie nach Hasellöhne mitnehmen? Ihr Wagen steht ja wahrscheinlich wie alle anderen noch am Waldrand.«

»Das wäre nett, Chefin. Unser Hof liegt am Ende der Hauptstraße, keine hundert Meter von Luises Haus entfernt. Und ich habe sowieso kein Auto.«

Hanna hob die Brauen. »Nein?«

»Hab ich bisher nicht gebraucht. Wir hatten ja den Dienstwagen.«

»Und was machen Sie, wenn Sie jetzt zu einem Einsatz müssen?«

Westermann schaute verlegen auf seine Schuhspitzen. »Manchmal leihe ich mir den Opel von meinem alten Herrn. Zur Not nehme ich den Trecker.«

Hanna beschloss, keine weiteren Fragen zu haben. Ein Polizeibeamter, der mit dem Trecker auf Verbrecherjagd ging – das war zu viel für eine Nacht.

Allerdings sollte die noch nicht zu Ende sein. Das erfuhren Hanna und Westermann, als sie vor Luises Haus hielten.

»Das ist jetzt nicht wahr, oder?«, fragte Hanna.

»Scheiße«, knurrte Westermann.

11

Gemeinsam betraten sie Luises Vorgarten und starrten auf das Schauspiel, das sich ihnen bot.

»Nicht zu fassen«, sagte Hanna.

»Ich brauch 'nen Schnaps«, meinte Westermann. Er schlug sich mit der flachen Hand gegen die Stirn: »Mist, ich habe Luises Korb mit dem Hochprozentigen bei Fallersleben vergessen.«

»Unterstehen Sie sich, jetzt 'nen Schnaps zu trinken!«

»Nicht mal einen klitzekleinen?«

Sie schüttelte den Kopf.

»Aber Chefin, ich kann das ab. Ehrlich.«

»Nein! Und nochmals nein! Sie sehen ja, wohin das führt.«

Vor ihren Augen tanzten Jo Johannsen und Bäckermeister Möller fröhlichen Ringelreihen mit dem Riesenwacholder. Da der sich aber nicht rührte, kamen die beiden ins Stolpern, sackten zu Boden und blieben in inniger Umarmung hocken. Weitere Männer lagen in den Rosenbeeten und auf dem Rasen. Im Küchenfenster drängelten sich ein paar Frauen. Sie lachten und schimpften abwechselnd. Zwischendurch kippten sie Schnaps in sich rein.

»Die saufen Luises ganzen Vorrat aus«, beklagte sich Westermann.

Hanna gähnte. Sie sehnte sich nach ihrem Bett, aber so, wie es aussah, war die Party noch lange nicht vorbei.

Irgendwie schaffte es Johannsen, sich vom Wacholder und vom Bäckermeister zu lösen. Dann entdeckte er Hanna und bemühte sich, auf die Beine zu kommen. Was ihm erst nach einigen Versuchen gelang.

Westermann wollte ihm zu Hilfe eilen, aber Hanna hielt ihn zurück. »Soll er selbst klarkommen. Wer mit schlechtem Beispiel vorangeht wie unser Herr Doktor, muss aus eigener Kraft wieder aufstehen können.«

»Scheiß auf den Doktor«, erklärte Johannsen mit erstaunlich sicherer Stimme, bevor er wieder in sich zusammensackte. Er gab es auf und blieb sitzen. Im nächsten Moment lag sein Kopf auf Möllers dickem Bauch, und beide Männer schliefen fest.

Hanna musterte ihn. Sie war zu müde, um noch logisch zu denken. Trotzdem rastete in den Tiefen ihres Verstandes ein winziges Zahnrädchen ein. Nach acht Stunden Schlaf würde es hoffentlich noch an seiner Stelle sein.

Luise kam aus dem Haus auf sie zugelaufen. Sie wirkte ein wenig derangiert. Weiße Haarsträhnen flatterten ihr ins Gesicht, an ihrer Bluse fehlten zwei Knöpfe, die Stützstrumpfhose wies ein großes Loch auf.

»Hanna, Fritz, da seid ihr ja endlich. Hier ist es ein bisschen hoch hergegangen.«

»Kommt das öfter vor?«, erkundigte sich Hanna mit echter Neugier. »So ein kollektives Besäufnis?«

»Nur auf dem Feuerwehrball und beim Schützenfest«, erklärte Westermann. »Manchmal auch auf einer Hochzeit oder wenn jemand gestorben ist.«

»So wie heute«, ergänzte Luise. »Obwohl diese Leiche aus Hamburg kein Haselöhner war. Aber das sehen wir nicht so eng. Wir haben das Bedürfnis verspürt, dem armen Mann die letzte Ehre zu erweisen. Auf unsere Art.«

Hm, dachte Hanna. Luise ist auch nicht mehr ganz klar.

Westermann grinste. »Als die Frau von Bauer Löhme im Sommer nach Berlin abgehauen ist, haben wir darauf auch einen gehoben.«

»Und dann fallen regelmäßig alle ins Koma?«

»Nein«, erklärte Luise ernsthaft. »Normalerweise trinken sie Bier und Weizenkorn. Meinen Schnaps gibt es nur zu besonderen Anlässen. Die Leute mussten sich von dem Schrecken erholen. Immerhin haben sie einen toten Menschen im Wald gefunden und nicht einfach nur ein bisschen Rotwild geschossen.«

»Schon klar.«

Alle, die noch stehen konnten, hatten sich inzwischen im Vorgarten versammelt. Die Frauen waren durchweg nüchterner. Hanna und Westermann grinsten einander an und dachten dasselbe: Die hatten das erste Gelage beim Grafen nicht mitgemacht.

Luise wandte sich ihren Gästen zu, holte tief Luft und stieß sie dann schnaubend durch die Nasenlöcher aus.

Johannsen kann behaupten, was er will, dachte Hanna, aber ich bin jetzt auch besoffen.

»Leute!«, rief Luise laut. »Die Party ist zu Ende. Schafft ihr es nach Hause?«

»Klaro«, rief Birthe Möller, schnappte sich ihren Mann und schleppte ihn mit erstaunlichen Kräften in Richtung Straße. Die anderen Frauen taten es ihr nach. Manche trugen zu zweit einen Mann.

Johannsen schaffte es aus eigener Kraft, wenn auch schwankend.

Hanna seufzte erleichtert auf.

»Dann gehe ich mal schlafen«, erklärte sie, als alle weg waren.

»Tja, einen Platz bei mir brauchen Sie jetzt nicht mehr.« Westermann wirkte beinahe enttäuscht.

»Moment mal«, sagte Luise und hauchte Hanna schon wieder an. »So einfach ist das nicht. Da ist noch jemand im Wohnzimmer. Besuch für dich.«

»Für mich?«

Langsam ging Hanna zu dem hell erleuchteten Fenster. Als sie sah, wer da auf Luises Sofa saß, duckte sie sich schnell weg und kroch um den Wacholder herum zu den beiden anderen zurück.

Deren verwunderte Blicke ignorierte sie einfach.

»Luise, hol mir eine Flasche von deinem Schnaps«, befahl sie im schärfsten Polizeitonfall. »Westermann, ich schlafe mit Ihnen … äh … ich meine bei Ihnen.«

»Pfft«, machte Luise.

»Was ist denn los?«, fragte Westermann. »Sitzt da 'ne Leiche auf dem Sofa?«

»Sozusagen. Eine Liebesleiche.«

»Hä?«

»Erkläre ich dir später.«

Luise war tatsächlich im Haus verschwunden und kam jetzt mit einer Literflasche Wacholderschnaps zurück. »Seid ihr sicher, Kinder? Und wer macht dann eure Arbeit? Wer findet den Mörder?«

»Wir«, sagten sie im Chor. »Morgen!«

»Morgen ist schon heute!«

»Der Tote läuft uns schon nicht weg«, erklärte Westermann. »Ich muss mit der Frau Kommissarin jetzt mal Brüderschaft trinken. Die duzt mich nämlich schon.«

Hannas innere Stimme meldete sich zu Wort, ungewöhnlich laut:

Du wirst keinen Schluck trinken!

Du verbringst die Nacht nicht mit deinem Untergebenen!

Du gehst ins Haus und stellst dich dem Problem!

Und dann schläfst du!

Und dann gehst du auf Mörderjagd!

Ach, halt die Klappe, dachte Hanna.

»Lass uns gehen. Ich will einen Spaziergang machen und den Kopf frei kriegen.«

»Nicht zu mir nach Hause?«

»Erst mal nicht.«

Immerhin, murmelte ihre innere Stimme.

»Kinder, Kinder«, sagte Luise.

Zur Sicherheit lenkte Hanna ihre Schritte in Richtung Dorfplatz. Nicht, dass sie noch in Versuchung geriet, wenn sie plötzlich vor Westermanns väterlichem Hof stand. Luises Flasche trug sie in einer unauffälligen Plastiktüte bei sich.

»Da hängt einer im Brunnen«, sagte Westermann, als sie den Platz erreichten. Im sanften Licht von nachgebauten Kutscherlaternen entdeckte auch Hanna die zusammengekrümmte Gestalt.

Bevor sie etwas erwidern konnte, klingelte ihr Smartphone.

Der schrille Ton zerriss die nächtliche Stille.

Westermann zuckte zusammen. »Grauenvoll.«

Sie schwieg.

»Willst du nicht rangehen?« Er duzte sie jetzt auch, schon vor dem Bruderschaftstrunk.

Hanna bemerkte es kaum.

»Vielleicht ist es Buchholz.«

»Die rufen nicht mitten in der Nacht an, um mir Ermittlungsergebnisse durchzugeben.«

»Eher nicht.«

»Genau.«

»Dann ist es deine Liebesleiche.«

»Hendrik!«, rief Hanna in ihr Smartphone, so laut, dass die Gestalt am Brunnen hochfuhr und Wasser verspritzte.

»Das ist der Jo«, erklärte Westermann. »Der braucht wohl schnell eine klare Birne.«

»Hendrik! Was willst du hier?«

»Ich dachte, es wäre nett, dich zu besuchen.«

»Ist es nicht.«

»Hanna, Liebling, wo bist du? Rette mich! Erst gab's hier eine Invasion von sturztrunkenem Landvolk, und jetzt will mich die alte Schacht…, ich meine, die alte Dame, mit Schnaps einreiben.«

»Warum denn?«, erkundigte sich Hanna und unterdrückte ein Kichern.

»Was weiß ich denn? Ich habe nur erwähnt, dass ich Migräne habe. Ist ja kein Wunder. Vorhin wollte mich ein dicker Mann mit nach draußen nehmen. Auf ein Tänzchen.«

Hanna prustete los.

Westermann nutzte die Gelegenheit, ihr die Tüte abzunehmen. Er schraubte Luises Flasche auf und nahm einen kräftigen Schluck. Johannsen kam näher. Aus seinen Haaren tropfte Brunnenwasser.

Hanna gab sich Mühe, ernst zu werden. »Hendrik, du fährst sofort wieder nach Hamburg. Ich habe keine Zeit für dich. Ich ermittle in einem Mordfall.«

»Donnerwetter! Ist ja ganz schön was los in deinem Heidekaff. Und du musst sogar Nachtdienst schieben. Mein armer Spatz.«

»Lass das.«

»Was denn?«

»Ich bin weder dein Liebling noch dein Spatz. Merk dir das.«

Zwei Augenpaare, das eine hell, das andere dunkel, beobachteten sie.

»Wer ist denn das?«, fragte Johannsen.

»Ihre Liebesleiche«, erklärte Westermann.

»Was? Ich glaube, ich muss noch mal in den Brunnen.«

»Bleib da, Jo. Das ist einfach ihr Ex.«

»Sag das doch gleich.«

Gut kombiniert, Kollege, dachte Hanna und wandte sich ab. »Wenn ich dich wiedersehen will, melde ich mich bei dir«, erklärte sie fest. »Fahr nach Hause, Hendrik.«

»Wenn du mir sagst, wo du bist, komme ich schnell hin.«

»*Nein!*« Mit Johannsen, Westermann, einer Schnapsflasche *und* Hendrik am Dorfbrunnen von Hasellöhne – das würde in einer Katastrophe enden.

»Ich bin aber nicht mehr fahrtüchtig. Das eine oder andere Gläschen musste ich mittrinken. Man hat mich geradezu genötigt.«

Hanna stieß einen tiefen Seufzer aus. »Dann schlaf bei Luise auf dem Sofa, wenn sie dich lässt. Ich … werde sowieso die ganze Nacht arbeiten.«

»Und wenn sie mich doch noch einreiben will?«

»Du wirst dich ja wohl gegen eine alte Dame wehren können«, erwiderte Hanna, beendete das Gespräch und schaltete ihr Smartphone ganz aus.

»Luise will deinen Ex vernaschen?«, erkundigte sich Westermann.

Johannsen sagte nichts. Sein Blick aber floss kurz in ihre Augen.

»Jungs«, sagte Hanna forsch. »Ich brauche Bewegung. Wer kommt mit?« Sie ging schnellen Schrittes los, ohne sich umzudrehen.

»Hast du das gehört, Jo?«, sagte hinter ihr Westermann. »Sie sagt Jungs zu uns, dabei ist sie stocknüchtern.«

Der Marsch in der kühlen Nachtluft tat Hanna gut. Er vertrieb ihre Müdigkeit und ließ sie frei durchatmen. Als Westermann ihr die Schnapsflasche reichen wollte, blieb sie kurz stehen und schüttelte den Kopf.

»Lieber nicht.«

»Weil dein schöner Hendrik es doch nicht wert ist, Trost im Wacholderschnaps zu suchen?«

»Woher willst du wissen, wie er aussieht?«

Westermann trank wieder direkt aus der Flasche. »Ich denke es mir.«

»Hannas Privatleben geht uns nichts an«, erklärte Johannsen, der schon wieder fast geradeaus gehen konnte. »Du bist eine bezaubernde Frau«, fügte er nicht ganz logisch hinzu.

Hanna fragte sich, ob sie diese neue Duzerei noch bereuen würde. Wahrscheinlich. Aber im Moment fühlte es sich richtig an.

124

Schnaps trank Johannsen keinen mehr. »Ich hatte genug.«

»Mann! Dann muss ich die Flasche ja ganz allein schaffen«, brummte Westermann.

Johannsen fing Hannas besorgten Blick auf. »Kein Grund zur Panik. Der Fritz trinkt das Zeug wie Wasser. Er muss ein rätselhaftes Gen besitzen, das ihn niemals betrunken werden lässt. Wäre mal ein gutes Forschungsprojekt.«

Das Zahnrädchen in Hannas Kopf gab ein leises Knacken von sich.

Sie achtete nicht weiter darauf, sondern ging in schnellem Tempo weiter. Inzwischen hatten sie das Dorf verlassen. Die dunkle Nacht zog sich vor dem ersten grauen Morgenlicht zurück. Tau lag auf den Feldern, irgendwo schrie ein Käuzchen.

Hanna erkannte plötzlich, welche Richtung sie eingeschlagen hatte, und blieb am Weidezaun stehen.

»Laufen ist besser«, murmelte Johannsen. »Stehen bleiben ist kritisch.«

Westermann setzte kurz die Flasche ab. »Wieso? Willst du uns etwa umkippen?«

»Ach was.« Johannsen sank bereits auf den Grasstreifen neben dem Schotterweg. Immerhin blieb er aufrecht sitzen. Hanna betrachtete ihn eine Weile, dann ließ sie ihren Blick über die Weide schweifen.

»Da ist es«, sagte sie zu Westermann.

»Was denn?«

»Das Pferd, von dem ich dir erzählt habe.«

Westermann kniff die Augen zusammen. »Dieses struppige Ding da neben der Tränke?«

125

»Ganz genau. Was meinst du? Was für eine Rasse mag das sein?«

»Gar keine. Der Gaul ist einfach nur hässlich. Ein bisschen Esel ist vielleicht mit drin. Dreckiger Riesenesel.«

Hanna war stellvertretend beleidigt und stieß einen leisen Lockruf aus. Zur ihrer Überraschung setzte sich das Pferd sofort in Bewegung. Es kam direkt an den Zaun und stupste sie mit seinem rund gebogenen Kopf an. Dann plumpste es auf sein massiges Hinterteil, reckte den Hals hoch und ließ sich von Hanna kraulen.

»Ich bin besoffen«, stellte Westermann fest und ließ die halb leere Flasche fallen. »Das ist mir noch nie passiert. Ich sehe ein sitzendes Pferd, das sich von einer Kommissarin streicheln lässt. Das ist schlimmer als weiße Mäuse oder blaue Elefanten. Jo! Hilfe!«

Johannsen hatte sich nicht gerührt, nur sein Blick war zwischen Hanna und dem Pferd hin und her gewandert.

»Das ist Alfred«, erklärte er.

»Wat?«, fragte Westermann.

Hanna bekam einen steifen Rücken, aber sie hörte mit dem Kraulen nicht auf. »Alfred?«

Zwei schmutzige Pferdeohren stellten sich auf, der große runde Kopf schien leicht zu nicken.

»Hallo, ich bin Hanna.«

»Ogottogott!«, rief Westermann. »Ich schwöre, ich rühre im Leben keinen Schnaps mehr an. Ein Gaul, der Alfred heißt. Nein!«

»Reg dich ab«, erklärte Johannsen ruhig. »Eva hat den Namen nicht ausgesucht.«

»Eva Löhme?«, fragte Westermann.

Hanna schwieg und hörte zu.

Johannsen nickte. »Sie hat das Pferd im Frühling aus Tschechien mitgebracht. Wusstest du nichts davon?«

»Nee. Ich kann ja nicht alles wissen. Was kümmert mich auch das Viehzeug? Aber Eva hat den Egon doch im Sommer Knall auf Fall verlassen. Wegen 'nem Berliner Musiker, richtig?«

»Genau. Sie hat alles hinter sich gelassen. Auch Alfred.«

»Weil der in der Stadt nicht so gut auf den Balkon gepasst hätte.«

»So ungefähr. Seitdem lässt Egon ihn einfach bei den Kühen stehen, und es ist ihm egal, dass er immer fetter wird, weil er dem Vieh das Kraftfutter wegfrisst. Ich glaube, am liebsten hätte er ihn schlachten lassen, aber das hat er dann doch nicht fertiggebracht.«

Beim Wort schlachten zuckte Hanna zusammen.

Alfred auch. Seine großen, leicht hervorstehenden Augen wurden einen Ton dunkler.

»Dich schlachtet niemand, mein Freund«, versprach sie ihm schnell. Er entspannte sich wieder.

Du spinnst, verkündete ihre innere Stimme.

Egal, dachte Hanna. Alfred versteht mich.

»Es ist eine Schande«, erklärte Johannsen. »Der Bauer lässt dieses schöne Tier einfach vor die Hunde gehen. Alfred steht nur noch auf der Weide rum und frisst sich noch tot. Dem fehlen tägliche Bewegung und die richtige Pflege.«

Westermann verpasste ihm eine Kopfnuss. »Schönes Tier? Hat Luises Schnaps deine Sehnerven geschädigt? Der Gaul ist potthässlich.«

»Ist er nicht«, sagte Hanna, die längst ihr Herz an die

Froschaugen und den krummen Kopf verloren hatte. Auch an die Löcher im Fell, an die X-Beine, die im Sitzen nicht so auffielen, an den dicken Bauch, der dafür noch sehr viel dicker wirkte.

»Ist er nicht«, sagte auch Johannsen und bekam dafür eine winzige Ecke von ihrem Herzen ab.

»Geschmackssache«, meinte Westermann.

Johannsen rappelte sich auf, stand ein bisschen schwankend, hielt sich dann am Zaun fest.

»Alfred ist ein Altkladruber Barockpferd«, erklärte er ganz ohne zu stottern.

»Nie davon gehört.«

»Das ist eine der ältesten Rassen der Welt. Diese Pferde haben schon vor vierhundert Jahren die Staatskarossen von Königen und Fürsten in ganz Europa gezogen. Sie wurden aus altspanischen und italienischen Rassen gekreuzt. Der Ramskopf ist übrigens ein typisches Merkmal dieser Rasse, genau wie der rechteckige Körperbau. Eva hat mir erzählt, dass sie ihn direkt im Staatsgestüt Kladruby in der Nähe von Prag gekauft hatte. Wegen der leichten Beinfehlstellung bekam sie ihn günstiger.«

»Muss ich jetzt beeindruckt sein? Und warum hat der nun diesen bescheuerten Namen?«

Johannsen rieb sich die Stirn. »Warte, ich komme gleich drauf. Ach ja, sein voller Name ist Generale Aluma, aber weil Bauer Löhme sagte, das klinge wie ein homosexueller General, hat er ihn in Alfred umgetauft, kaum dass Eva weg war.«

»Der Name ist in Ordnung«, erklärte Hanna und zog ihre schwarz gewordenen Hände aus dem dreckigen Fell. »Ich kaufe ihn.«

»Chefin«, sagte Westermann betont langsam. »Meinst du nicht, wir haben Wichtigeres zu tun?«

»Ein Pferd zu kaufen hält mich nicht von meiner Arbeit ab.« Und als hätte diese nächtliche Entscheidung endlich Klarheit in ihren Kopf gebracht, drehte sie sich langsam zu Johannsen um.

»Von dir hätte ich gern zweierlei gewusst. Erstens: Warum hast du mir drüben beim Grafen nicht die ganze Wahrheit gesagt? Du hast in unserem Mordfall jemanden in Verdacht, stimmt's?«

Es fühlte sich merkwürdig an, ihn zu duzen und gleichzeitig so anzugreifen, aber sie blieb hart.

»Und zweitens?«, fragte Johannsen kühl.

»Zweitens hätte ich gern gewusst, warum du dich als Doktor ausgibst, wenn du gar keinen Doktortitel hast.«

Westermann schnappte nach Luft.

Alfred legte sich lang ins Gras und wälzte sich ausgiebig.

Johannsen starrte Hanna an.

»Woher weißt du das?«

Sie trat auf ihn zu und legte ihm wie entschuldigend eine Hand auf den Arm. Da war sie wieder, die dunkle Schwingung, aber sie fühlte sich schwächer an. Johannsens Geheimnis war aufgedeckt.

»Ich hatte schon einen leisen Verdacht, aber heute Nacht hast du es selbst gesagt. Als ...«

»Stimmt!«, fiel Westermann ihr ins Wort. »Du warst duhn, Jo, und hast gerufen ›Scheiß auf den Doktortitel‹. Ich hab's auch gehört. Aber ein richtiger Arzt bist du doch hoffentlich, oder?«

Johannsen nickte. »Selbstverständlich.«

Dann sagte er etwas, das weder Hanna noch Westermann so schnell verstanden.

»Der junge Graf Florian.«

12

Alfred schien zu spüren, dass Hanna vorerst keine Zeit mehr für ihn hatte. Er stand auf, schüttelte sich und trabte in Richtung Tränke davon. Sein dicker Bauch schwappte dabei hin und her.

»Seht ihr, wie er die Knie hochwirft?«, fragte Johannsen, als hätte es die letzten zwei Minuten ihrer Unterhaltung nicht gegeben. »Das ist die berühmte Gangart der Altkladruber Pferde. Und jetzt stellt euch Alfred gut gepflegt mit einem halben Zentner weniger Gewicht und in weißem Schimmelkleid vor einer goldenen Kutsche vor. Na? Könnt ihr sehen, was ich sehe?«

Westermann verzog den Mund. »Find ihn immer noch potthässlich. Der geht bei mir höchstens als Naturwunder durch. Als trächtiger Wallach. Außerdem lenkst du ab. Was ist mit dem Sohn von Fallersleben? Und wieso bist du kein Doktor?«

Hanna schwieg und schaute über den Weidezaun zu Alfred, der jetzt wieder von einigen Schwarzbunten eingerahmt war. Aber sie hörte genau zu und hatte kein Problem damit, Westermann die Führung des Gesprächs zu überlassen.

Johannsen klapperte plötzlich mit den Zähnen. »Mir ist kalt, euch nicht?«

»Jo!«

»Ruhig Blut, Fritz. Ich will nicht ablenken. Aber können wir nicht woanders reden? Ich brauche Kaffee und eine Kopfschmerztablette. Luises Hochprozentigen verträgt nicht jeder so gut wie du.«

Erst jetzt bemerkte Hanna, dass auch ihr die nächtliche kühle Luft in die Glieder gefahren war.

Nur Westermann schien immun gegen jegliche Witterung zu sein. Na gut, der hatte auch eine dreiviertel Flasche Wacholderschnaps intus.

»Meinetwegen«, sagte er dennoch. »Gehen wir zu dir, Jo. Ich will meinen alten Herrn nicht erschrecken, und bei Hanna ist Besuch.«

Hendrik. Den hatte sie ganz vergessen.

Okay, sie vergaß ihn lieber auch gleich wieder.

»Zu Johannsen«, entschied sie.

»Kannst ihn ruhig Jo nennen und mich Fritz.«

»Westermann, du gehst vorneweg, Johannsen bleibt in der Mitte.«

»Dann eben nicht«, murmelte er und setzte sich in Marsch.

»Habt ihr Angst, ich laufe weg?«, erkundigte sich Johannsen.

»Nein«, erklärte Westermann über die Schulter. »Das ist reine Routine, lieber Jo.«

»Blödmann.«

Hanna schwieg.

Alfred kam wieder mit hochfliegenden Knien angetrabt und lief neben ihnen her, bis der Zaun einen Knick machte. Kurz strich Hanna ihm über das breite rosige Maul. »Ich komme bald wieder«, flüsterte sie ihm zu.

Dann eilte sie hinter den beiden Männern her. Westermann ging mit geradem breiten Rücken, Johannsen wirkte geschrumpft.

Hanna unterdrückte ein Seufzen. An seiner Stelle hätte sie jetzt die aufgeblasene Kommissarin gehasst, die so schnell hinter sein Geheimnis gekommen war und ihn bloßgestellt hatte.

Tut er auch, wisperte ihre innere Stimme. Da kannst du Gift drauf nehmen.

Eine halbe Stunde später saßen sie in Johannsens Wohnzimmer und tranken heißen starken Kaffee. Draußen stieg die Sonne über die Reetdächer und schickte ihre Strahlen durch das Fenster.

Hanna war dafür unempfänglich. Tief hängende Wolken und Herbstregen hätten besser zu ihrer Stimmung gepasst. Ein Montagmorgen nach einer durchwachten Nacht, mit einem Mordfall und einem Mann, der sie hasste. Nicht gerade beste Bedingungen für gute Laune.

Einzig der Gedanke an den dicken Alfred heiterte sie ein wenig auf.

Wieder überließ sie ihrem Kollegen das Gespräch und sah sich währenddessen unauffällig um. Die Einrichtung war spartanisch. Eine Sitzgruppe aus schwarzem Leder, ein flacher Tisch, ein Bücherregal voll mit Fachliteratur. Kein Fernseher, keine Zeitung, keine Fotos, überhaupt nichts Persönliches.

»Ich wohne erst seit einem knappen Jahr wieder im Ort«, erklärte Johannsen, der ihren Blick bemerkt hatte. »Bisher hat mir die Zeit gefehlt, mich häuslich einzurichten.«

»Das Haus seines Vaters war ihm zu fein«, fügte Westermann hinzu. »Nachdem der alte Doktor Johannsen letztes Jahr gestorben war, kam Jo aus Berlin zurück. Aber er hat sich lieber in den zwei Zimmern direkt hier neben der Praxis eingemietet. Ist eben ein bescheidener Kerl, unser Jo.«

Oder er war der Meinung, ein schickes Arztdomizil habe er nicht verdient, überlegte Hanna.

»Was wollt ihr zuerst hören?«, fragte Johannsen. »Warum ich keinen Dr. med. vor meinem Namen habe oder warum ich den jungen Grafen verdächtige?«

Er schaute zu Hanna.

Ohne Wärme.

Dann zu Westermann.

Der entschied schnell. »Erst den Doktor. Und dabei ganz viel Kaffee. Dann bin ich für unsere Leiche wieder munter. Also?«

Johannsen hob die Schultern. »Ob ihr es glaubt oder nicht, ich war fest entschlossen, meine Doktorarbeit zu schreiben. Nur haben sich meine Forschungen dazu in die Länge gezogen.«

Johannsen trank einen Schluck Kaffee und führte dann aus, dass sein Berufsziel der Facharzt für Orthopädie gewesen war. Dazu wollte er eine neue Methode entwickeln, um gerissene Kreuzbänder zu nähen. »Ich habe ein Jahr lang an Schweineknien geforscht. Die habe ich immer frisch von einem Metzger bekommen.«

»Igitt«, meinte Westermann.

Hanna schwieg und wartete ab.

»Es war zum Verzweifeln. Ich fand einfach nicht den richtigen Dreh heraus. Schließlich habe ich daran gedacht, ein anderes Forschungsfeld zu finden, aber dann starb plötzlich mein Vater, und ich musste schnell eine Entscheidung treffen.«

»Da bist du aus lauter Pflichtgefühl heimgeeilt und hast die Landarztpraxis übernommen.«

»Ja und nein. Einerseits fühlte ich mich in der Verantwortung, andererseits war es wohl auch eine willkommene Flucht vor dem möglichen Scheitern.«

»Ehrlich bist du ja. Wenigstens jetzt.«

Johannsen hob nur die Schultern.

»Und wieso hast du nicht von Anfang an allen reinen Wein eingeschenkt?«, fragte Westermann. »Wir fressen hier keinen, bloß weil er kein Professor Brinkmann ist.«

Ein schmales Lächeln umspielte Johannsens Lippen. »Wollte ich ja, aber ihr habt mir keine Chance gelassen.«

»Wie das?«

»Ich war noch gar nicht aus dem Auto gestiegen, da haben die Leute schon ›Herr Doktor‹ hier und ›Herr Doktor‹ da gerufen. Allen voran dein Vater, Fritz. Der war vom Mähdrescher gefallen und hatte sich das Handgelenk gebrochen. Da war keine Zeit für große Aufklärung über meinen Berufsstand.«

Hanna räusperte sich. »Und bequemerweise stand auf dem Praxisschild auch schon Dr. med. Johannsen.«

Diesmal lag in seinem Blick pure Abneigung.

»So war es wohl.«

Die Luft zwischen ihnen wurde spürbar kälter.

Nur Westermann bekam nichts davon mit. »Na gut, Jo. Das wäre also geklärt. Ich denke, wir überlassen es dir, wann und wie du die Leute informieren willst. Hanna und ich werden jedenfalls nichts verraten, oder, Hanna?«

»Selbstverständlich nicht.«

Für Johannsen machte ihr Versprechen die Sache nicht leichter, das war ihm anzusehen. »Ich werde mich darum kümmern«, murmelte er.

Hannas innere Stimme meldete sich zu Wort: Warum setzt der sich nicht einfach auf den Hosenboden und schreibt eine neue Doktorarbeit?

Gute Frage, dachte Hanna. Muss er wohl von selbst drauf kommen.

»Und jetzt mal fix zu unserem Mordfall«, schlug Westermann vor. »Was hast du denn nun gegen den jungen Fallersleben?«

Johannsen nahm sich einen Moment Zeit. Er trank mehr Kaffee, schluckte eine Tablette, strich sich übers Haar.

Hanna ließ ihn nicht aus den Augen.

Endlich begann er zu reden. Zögernd.

»Vielleicht ist es ein Fehler. Ich will den Jungen nicht ins Unglück stürzen.«

»Mach hinne, Jo.«

»Aber möglicherweise täusche ich mich, und dann ist der Schaden angerichtet.«

Westermann zog eine Grimasse, als wollte er Johannsen die Kaffeekanne an den Kopf werfen. »Erzähl uns, was du weißt, und überlasse es uns, die Sache zu beurteilen.«

»Aber der Junge ist erst siebzehn.«

»*Jo! Rede!*«

Johannsen hob abwehrend die Hände. »Ist ja gut. Ich möchte nur nicht, dass unsere Kommissarin hier voreilige Schlüsse zieht.«

Danke für dein Vertrauen, dachte sie.

»Außerdem bin ich an meine ärztliche Schweigepflicht gebunden.«

»Ist hiermit aufgehoben«, erklärte Westermann großzügig. »Hätte der Karl auch so gemacht.«

Hanna beschloss, so zu tun, als sei sie nicht da. In Hasellöhne galten eben andere Regeln. Sie machte sich klein und hörte einfach weiter zu.

»Ich bin im Mai von Gräfin Iris zum Herrenhaus gerufen worden. Florian hatte sich verletzt. An der Wade.«

»Ja, und?«, fragte Westermann ungeduldig, als Johannsen schon wieder zögerte.

»Es war ein Streifschuss. Nicht besonders schlimm, aber die Gräfin hat mich schwören lassen, nie ein Sterbenswort darüber zu verlieren. Vor allem sollte ich dem Grafen nichts verraten. Ich habe die Wunde versorgt und dem Jungen eine Tetanusspritze gegeben. Dann habe ich ihn gefragt, wie er sich verletzt hatte. Die Gräfin war kurz ans Telefon gerufen worden.«

Westermanns zigarrengroße Finger veranstalteten einen Trommelwirbel auf dem Couchtisch.

»Komm zur Sache!«

»Florian hat mir gestanden, dass er sich manchmal eine Flinte aus dem Waffenschrank nimmt und im Wald ein bisschen jagen geht.«

Der Trommelwirbel hörte schlagartig auf.

»Ist ja'n Ding!«

Hanna beschloss, wieder anwesend zu sein. »Na und? Der Junge ist fast erwachsen. Warum sollte er so etwas heimlich tun? Kann er nicht mit seinem Vater zusammen auf die Pirsch gehen? Da gibt es doch bestimmt eine Familientradition.«

Johannsen beachtete sie nicht. Er sprach nur mit Westermann. »Du weißt, Fritz, dass es einigen Stress zwischen Vater und Sohn gegeben hat. Florian ist schon zweimal von der Schule geflogen. Jetzt soll er in ein Schweizer Internat gehen, und er wehrt sich mit Händen und Füßen dagegen. Könnte mir vorstellen, dass er den Grafen ein bisschen ärgern wollte.«

Westermann antwortete nicht sofort. Er runzelte die Stirn, wiegte den Kopf und entspannte mit einem lauten Knacken seine Nackenmuskulatur.

Dann sprang er so plötzlich auf, dass der Boden unter ihnen vibrierte.

»Scheiße! Ich habe den Fall gelöst!«

»Fritz«, sagte Johannsen.

»Westermann!«, rief Hanna.

Dann zwang sie sich, ganz ruhig zu werden. »Bist du da nicht ein bisschen voreilig? Unsere Ermittlungen fangen doch gerade erst an. Wir müssen der Reihe nach vorgehen und alle Zeugen noch einmal hören.«

»Brauchst gar nicht mit mir zu reden wie mit 'nem Spinner«, gab Westermann, noch immer grinsend, zurück. »Ich meine doch nicht den Mordfall.«

Johannsen atmete hörbar aus. Auch er hatte sich offenbar um Westermanns geistige Gesundheit gesorgt.

»Sondern?«, fragte Hanna.

»Den Wilderer natürlich«, erklärte Westermann. Triumph stand in seinen Augen. »Ich habe zum allerersten Mal einen Fall ganz allein gelöst! Ohne Karl! Und ohne dich, Chefin!«

»Äh … ja.«

»Kapiert ihr nicht? Florian ballert im gräflichen Wald

rum, und sein Vater erstattet bei mir viermal Anzeige wegen Wilderei. Zuletzt am Mittwoch. Weißt du noch, Hanna? War dein erster Arbeitstag.«

Mittwoch. Schien Jahre her zu sein.

»Der hat keine Ahnung, dass er seinen eigenen Sohn angezeigt hat. Na, das werde ich dem aber noch heute verklickern, und dann kriegt er von mir eine Verwarnung wegen seinem Waffenschrank. Der war ja rein zufällig gestern korrekt abgeschlossen. Aber ich weiß, was ich da schon gesehen habe. Und ich lass mich nicht für dumm verkaufen. Oh nein! Ich nicht!«

Er redete sich immer mehr in Rage, während Hanna und Johannsen stumm zuhörten.

Endlich ging ihm die Luft aus.

Langsam nahm sich Hanna den letzten Schluck aus der Kaffeekanne. Die Stille, die nach Westermanns Ausbruch herrschte, war wohltuend. Trotzdem rasten ihre Gedanken wild durcheinander wie eine aufgeschreckte Herde von Heidschnucken.

»Moment mal!«, rief sie.

»Sag jetzt nicht, ich irre mich.«

»Nein, das kann schon stimmen, aber mir wird gerade einiges klar.«

»Nämlich?«

Ihr Blick fiel auf Johannsen. Der Arzt hatte die Lider halb geschlossen, aber trotzdem wollte sie in seiner Anwesenheit nicht weitersprechen.

»Lass uns zur Wache gehen, Westermann.«

Johannsen merkte auf. »Die ärztliche Schweigepflicht wird mal eben ausgesetzt, aber die Herrschaften von der Polizei ermitteln lieber im Geheimen, korrekt?«

»Red keinen Müll, Jo.«

»Das geht nicht gegen dich, Johannsen«, sagte Hanna und stand auf. »Gehen wir.«

Mit einem Knall schloss Johannsen die Wohnungstür hinter ihnen.

»Ich glaube, Jo mag uns jetzt nicht mehr besonders«, meinte Westermann, als sie den Dorfplatz überquerten. »Aber der kriegt sich auch wieder ein.«

Hanna hatte da so ihre Zweifel, und diese eine winzige Stelle in ihrem Herzen fühlte sich leer und kalt an.

»Frierst du?« Westermann legte ihr einen Arm um die Schultern. Unter dem Gewicht sackte sie leicht in die Knie.

»Lass das.«

Sie machte sich von ihm los.

»Mann, Chefin! Ich wollte nur freundlich sein.«

Ja, klar, und für neuen Dorfklatsch sorgen.

Rund um den Brunnen wurden gerade die Stände für den montäglichen Wochenmarkt aufgebaut, und einige Dutzend Augenpaare folgten hochinteressiert der neuen Kommissarin und dem Polizeihauptmeister auf ihrem Weg zur Wache.

Westermann grinste. »Da sehen einige ja noch ziemlich mitgenommen aus. Und dabei waren die zwischendurch mal zu Hause. Na, jetzt haben wir sie ein bisschen aufgemuntert.«

Hanna schloss die Tür zur Wache auf und knallte sie dann hinter ihnen zu. Mindestens so laut wie Johannsen vor fünf Minuten seine Wohnungstür.

»Ich könnte im Stehen pennen«, brummte Westermann ungerührt.

»Dafür ist keine Zeit. Ich muss meine Theorie mit dir durchgehen.«

Diesmal wollte sie nicht allein nachdenken. Die Gefahr, darüber einzuschlafen, erschien ihr zu groß.

»Also«, begann Hanna. »Es geht um Fallersleben und seinen Sohn.«

»Sag bloß«, meinte Westermann gähnend. Aber als Hanna fortfuhr, riss er vor Staunen die Augen weit auf.

13

Eine Stunde später trennten sich ihre Wege vor Luises Haustür.

»Soll ich mit reinkommen?«, fragte Westermann. »Ich werfe mir deine schöne Liebesleiche über die Schultern und lass sie bei uns in der Güllegrube verschwinden. Irgendwann landet sie dann in kleinen Teilen auf unseren Feldern.«

Hanna schüttelte den Kopf. »Danke, ich komme auch ohne deine kriminelle Energie zurecht.«

»Sicher, Chefin? Ich meine ja nur. Wäre 'ne Kleinigkeit für mich. Wir brauchen dich hier noch. So clever wie du war nicht mal der Karl.«

»Das ehrt mich, Westermann.« Sie schaute zu ihm hoch und fand ein Funkeln in seinen Augen.

»Dann eben nicht. Musst du den Kerl eben selbst loswerden. Und so eine gemeinsame Nacht sollten wir bald mal nachholen. Vielleicht 'n büschen gemütlicher.«

Hanna unterdrückte ein Grinsen.

»Geh nach Hause und schlaf ein paar Stunden. Um zwölf treffen wir uns wieder auf der Wache.«

»Okay. Wenn vorher die Heide wackelt, rufe ich dich an.« Das Funkeln hatte jetzt eindeutig etwas Vergnügtes.

Hanna stemmte die Fäuste in die Hüften. »Westermann, du hast aber nicht irgendwann letzte Nacht an meinem Telefon rumgefummelt, oder?«

Falsche Unschuld lag in seinem Blick. »Tschüs, Chefin. Ich muss mich wirklich hinhauen.«

Weg war er.

Hanna stieß einen Fluch aus und betrat dann das Haus.

Luise kam ihr aus der Küche entgegen.

»Guten Morgen. Willst du Kaffee?«

»Lieber nicht. Ich muss ein paar Stunden schlafen. Ist… ich meine, hat…«

»Ist mein untreuer Kavalier noch da, oder hat er das Weite gesucht und kommt nicht mehr zurück, um mich zu belästigen? Ist es das, was du wissen möchtest, Schätzchen?«

»Hm. So ungefähr.«

»Der ist weg. Hat auch keine Nachricht hinterlassen. Ich wollte ganz früh in den Keller gehen und frische Wacholderbeeren ansetzen. Gestern haben die Leute fast meinen ganzen Vorrat ausgetrunken. Na, ich bin noch nicht ganz auf der Kellertreppe, da höre ich, wie die Haustür ins Schloss fällt. Hat nicht einmal Danke für die Gastfreundschaft gesagt, dein Kavalier. Schlechte Kinderstube, möchte ich mal meinen.«

Hanna ließ Luises Redeschwall auf sich niedergehen und spürte einem leisen Gefühl von Enttäuschung nach. Hendrik war fort.

Er hatte nicht auf sie gewartet.

Du blöde Nuss, sagte ihre innere Stimme. Du hast ihn selbst weggeschickt. Sei doch froh!

Hanna straffte sich.

Genau!

Ein Mann, der sie so tief enttäuscht hatte, verdiente nicht den kleinsten Zipfel ihrer Zuneigung. Einer, der es ihr übel nahm, dass sie sein Geheimnis aufgedeckt hatte, auch nicht. Und einer, mit dem sie noch eine Weile zusammenarbeiten sollte, womöglich bis zur Pensionierung, hatte ein Neutrum zu sein. Kein attraktiver germanischer Gott aus Walhall.

Uff! Ins Bett! Sofort!

»Hast du den Mordfall schon gelöst?«, erkundigte sich Luise.

»Wie kommst du darauf?«

»Ich weiß nicht. Du siehst aus, als hättest du einen Geistesblitz gehabt.«

»Über eine laufende Ermittlung darf ich leider nicht sprechen.«

Und von einem gelösten Fall konnte noch keine Rede sein. Höchstens von einer Spur.

Einer heißen Spur.

»Hach«, machte Luise und rang die Hände. »Das ist ja wie im Fernsehen. Aber eine wilde Verfolgungsjagd durch unser schönes Hasellöhne und eine Schießerei in meinem Vorgarten gibt es am Ende nicht, oder?«

»Keine Bange«, erwiderte Hanna.

Luise nickte. »Da bin ich aber froh. Schlaf schön, Schätzchen. Ich muss jetzt wieder in der Keller, sonst gibt's nur Wacholderbeerensaft.«

Hanna sah ihr nach und nahm sich vor, bei Gelegenheit mal nach Luises Lizenz für die kleine Schnapsbrennerei zu fragen.

Oder lieber nicht.

Sie grinste. Wenn sie so weitermachte, würde sie noch

eine würdige Nachfolgerin des legendären Karl Överbeck abgeben.

Auch mal alle fünfe gerade sein lassen. Keine schlechte Idee.

Eine tiefe Männerstimme riss Hanna drei Stunden später aus dem Schlaf.

»Hallo, hier spricht Edgar Wallace!«

»Westermann, dich bring ich um«, murmelte sie und stellte den Handywecker aus. Dann musste sie lachen. So ein Kindskopf!

Nach einer heißen Dusche und einem kräftigen Frühstück erreichte Hanna um Punkt zwölf die Wache.

Westermann war schon da. Wortlos reichte sie ihm ihr Smartphone.

»Sag bloß, du bist nicht nett geweckt worden.«

Sie schwieg und starrte ihn an, konnte aber ein Schmunzeln nicht ganz unterdrücken.

»Und nun zu unserem Fall«, sagte sie, nachdem er wieder mal auf ihrem Smartphone herumgewischt und -gedrückt hatte.

»Ja, hör mal, kann es sein, dass mir heute früh Luises Schnaps doch zu schaffen gemacht hat? Habe ich vielleicht was falsch verstanden?«

»Nein«, erklärte Hanna und setzte sich auf die Schreibtischkante.

Westermann hatte sich auf seinen Stuhl gequetscht. So waren sie ungefähr auf gleicher Höhe.

Hanna räusperte sich. »Ich war allerdings auch sehr müde. Lass uns noch einmal alles durchgehen, und anschließend fahren wir zu den Fallerslebens.«

»Florian«, begann Westermann stirnrunzelnd. »Ich

kenne den Jungen schon sein ganzes Leben. Klar, der schlägt schon mal über die Stränge, und in der Schule ist er keine Leuchte. Aber ein Mörder? Sorry, Chefin. Das will mir einfach nicht in den Kopf. Heute früh fand ich deine Erklärung total logisch, aber was ist, wenn mit dir die Pferde durchgegangen sind? Also, die gedanklichen Pferde, meine ich.«

»Ich habe schon gegen so manchen Jugendlichen ermittelt«, erwiderte sie ruhig. »Da waren Gewalttäter und Drogendealer darunter, obwohl sie, wenn sie wollten, einen richtig netten Eindruck machen konnten.«

»Ist was anderes, Chefin. Du kannst Hamburg nicht mit Hasellöhne vergleichen.«

Mit einer Handbewegung ging Hanna über den Einwand hinweg. »Gehen wir Punkt für Punkt noch einmal durch.«

»Okay.«

»Fallersleben hat sich am Tatort auffällig verhalten.«

»Korrekt.«

»Er wollte den Mord als Jagdunfall abhaken.«

Westermann nickte nur. Darüber waren sie sich einig.

»Außerdem hat er sich suchend nach jemandem umgesehen.«

»Das ist mir nicht aufgefallen.«

»Aber mir.«

Westermann hob die Hände. »Ist ja gut, Chefin. Ich glaube dir.«

»Er wirkte abgehetzt. Beinahe ängstlich. Dem stand die Panik ins Gesicht geschrieben.«

»Kann angehen. Du hast da bestimmt besser hingeschaut. Ich war damit beschäftigt, die Leute von der Leiche fernzuhalten.«

»Ich folgere daraus, dass Richard von Fallersleben selbst seinen Sohn für den Mörder hält.«

»Am Mittwoch hat er aber noch eine Anzeige gegen unbekannt aufgegeben. Wollte er etwa, dass ich den jungen Grafen schnappe? Sein eigenes Kind?«

»Nein. Meiner Meinung nach muss er irgendwann zwischen Mittwoch und gestern herausgefunden haben, was sein Sohn da treibt.«

»Und wie?«

»Himmel, Westermann! Woher soll ich das wissen? Bin ich eine Hellseherin?«

»Du doch nicht, Chefin. Du bist der sachlichste und vernünftigste Mensch, den ich kenne.«

Wenn du wüsstest, dachte Hanna.

In ihrem Innern wurde leise gelacht.

Westermann grinste. »Mal abgesehen von deinem Besäufnis bei Luise an deinem ersten Abend und deiner Schwäche für einen dreckigen, krummnasigen, fetten und x-beinigen Gaul.«

Sie schlug mit der Faust auf den Schreibtisch. »Der Graf ist dem Jungen auf die Schliche gekommen. Wie, ist im Moment egal.«

»Reg dich ab.«

Hanna holte tief Luft. »Und ich habe dir berichtet, wie ein Mann auf mich zugekommen ist, kurz bevor die Heidschnuckenherde die Lichtung gestürmt hat.«

»Du hast ihn aber nicht richtig gesehen.«

»Stimmt. Ich konnte nicht mal unterscheiden, ob der Mann groß oder klein, dick oder dünn war. Trotzdem. Es könnte Fallersleben gewesen sein, der eventuelle Spuren seines Sohnes beseitigen wollte.«

»Und eventuelle Zeugen?«, fragte Westermann und schüttelte sich. »Dich, zum Beispiel?«

Hanna hob nur die Schultern.

»Wäre echt schade um dich gewesen, Chefin.«

»Danke.«

»Und ich hätte dann einen Doppelmord an den Hacken gehabt. Mannomann! Da hätte ich wohl Verstärkung anfordern müssen. Wenn ich nicht auch selbst beseitigt worden wäre.«

»Immer mit der Ruhe, Westermann. Bevor du jetzt in Gedanken das halbe Dorf ausrottest, können wir vielleicht weitermachen.«

Sein Lachen donnerte so laut durch die kleine Wache, dass die Wände wackelten. Erst als er Hannas Gesichtsausdruck bemerkte, wurde er schlagartig wieder ernst. »Sorry, Chefin, aber ich kann das immer noch nicht glauben. Der Junge ein eiskalter Killer? Nee, ne? Ein Versehen kann dieser gezielte Kopfschuss nicht gewesen sein. Daran ist nicht zu rütteln. Aber warum sollte Florian einen Hamburger Banker um die Ecke bringen? Wo ist denn das Motiv?«

Hanna hob die Schultern. »Das müssen wir herausfinden«, murmelte sie, während der Hauch einer Erinnerung durch ihren Kopf waberte. Irgendjemand hatte etwas über… über… die Gräfin gesagt. Aber was? Und wer? Und wann? Teufel auch! Sie kam nicht drauf.

»Fallersleben selbst verdächtigt seinen Sohn. Und ich schätze mal, als erfahrener Jäger glaubt er insgeheim nicht an einen Unfall. Das genügt mir vorerst, um in dieser Richtung zu ermitteln.«

»Schöne Scheiße.« Westermann sprach mit voller Inbrunst. »Wenn wir uns irren, kann das böse ausgehen.«

Hanna ließ sich nichts anmerken, aber ihr ging das Herz auf. Ohne länger zu zögern hatte ihr Kollege ihre Theorie übernommen und zu ihrer gemeinsamen gemacht. Was ihn aber offensichtlich nicht besonders froh stimmte.

»Der Graf wird sich rächen, wenn wir seine Familie in Verruf bringen. Mir schneidet er bestimmt was ab, woran ich außerordentlich hänge, und für dich denkt er sich auch was Besonderes aus. Wirst schon sehen.«

Obwohl Hanna grinste, überlief sie ein Frösteln. Sie dachte an Johannsens Warnung an ihrem ersten Arbeitstag.

Dann straffte sie sich. Mehr denn je war sie entschlossen, sich vom König des Heidekaffs nicht einschüchtern zu lassen.

»Willst du kneifen, Westermann?«

»Ich doch nicht.« Er stand auf. »Los geht's. Je schneller wir bei Fallersleben sind, desto schneller können wir um Gnade flehen. Was wahrscheinlich nichts bringt. Der verspeist meine Eier zum Lunch. Und aus dir macht er das Hackfleisch für den Hauptgang.«

»Westermann, das reicht.«

Sein Grinsen fiel nur halb so breit aus wie gewöhnlich. »Wenn ich blöde Witze reiße, kann ich meine Panik im Zaum halten.«

Hanna schwieg und starrte ihn an.

»Chefin, jetzt komm mir nicht wieder auf die Tour.«

Sie glitt von der Schreibtischkante. »Na gut, wenn's hilft. Solange keine Zwiebeln an das Hackfleisch kommen, mach ruhig weiter. Zwiebeln mag ich nicht.«

Westermann brauchte einen Moment, bevor er loslachte. Dabei klopfte er Hanna anerkennend auf die Schulter.

Tapfer blieb sie stehen. Ein Angriff von Fallersleben war bestimmt ein Klacks gegen Westermanns Sympathiebekundungen.

»Ist was, Chefin?«

»Alles bestens. Komm jetzt. Wir nehmen meinen Wagen. Hast du deine Waffe?«

»O Gott! Ich will sagen: ja, selbstverständlich. Aber wir können auch gern mit dem Trecker fahren.«

»Willst du etwa Zeit schinden?«

»Wo denkst du hin?« Mit einem halben Schritt war er an der Tür, blieb aber noch einmal stehen.

Hanna seufzte. »Was denn noch?«

»Sind wir uns eigentlich hundertprozentig sicher, dass der Graf als Täter ausscheidet?«

»Gute Frage. Nein, sind wir nicht. Aber sein Sohn ist unser Hauptverdächtiger.«

Vergiss die Gräfin nicht, flüsterte ihre innere Stimme. Die hatte offenbar leichteren Zugriff auf Hannas Erinnerungsvermögen.

Hanna stieß einen zweiten Seufzer aus.

»Ist dir nicht gut, Chefin?«

»Alles bestens.« Sie schlüpfte an ihm vorbei und verließ die Wache.

Zu dieser Mittagsstunde lag der Dorfplatz wie ausgestorben da.

»Bei uns wird noch pünktlich gegessen«, erklärte Westermann, als er Hannas verwunderten Blick bemerkte. »Um zwölf gibt's Mittag, um drei Kaffee und Kuchen, um sieben Abendbrot.« Er klopfte sich auf den flachen Bauch.

»Bei mir ist heute alles durcheinander. Eigentlich müsste ich Hunger haben, hab ich aber nicht.«

»Weil du zu viel an spezielle Eier und Hackfleisch ohne Zwiebeln denkst.«

Bevor sie sich weiter kabbeln konnten, kam ein großer Pferdetransporter auf den Platz gefahren. Der Fahrer bremste, stellte den Motor ab und stieg aus.

»Sie dürfen hier nicht stehen!«, rief ihm Westermann zu. »Sie dürfen hier überhaupt nicht durchfahren. Die Dorfmitte ist für Lastwagen gesperrt. Können Sie keine Verkehrsschilder lesen?«

Westermann schien froh über den Aufschub zu sein. Hanna betrachtete derweil den Transporter. Früher mochten damit einmal edle Pferde zu Reitturnieren gefahren worden sein, heute wirkte er schäbig. Tellergroße Rostflecken zierten die Fahrerkabine, die Aufschrift an der Seite war kaum zu entziffern, so viel Farbe war davon schon abgeblättert. Hanna versuchte es trotzdem, und ihr Herz setzte einen Schlag aus.

Der Fahrer, ein hagerer Mann um die fünfzig mit schulterlangem fettigem Haar, hob seine knochigen Hände über den Kopf.

»Bitte nicht schießen, Herr Wachtmeister. Ich schwöre, ich bin unschuldig.«

Er lachte ein meckerndes Lachen und entblößte zwei Reihen schiefer gelber Zähne.

»So schnell schießen die Heidjer nicht«, gab Westermann ruhig zurück. Nach einem Blick auf das Nummernschild fügte er hinzu: »Auch nicht auf Verkehrssünder aus Hamburg. Aber einen schönen Strafzettel können Sie gern kriegen.«

Dem Mann verging das Lachen.

»Nein«, sagte Hanna.

»Erlaube mal, Chefin, der hat …«

»Ich habe mich bloß verfahren«, warf der Mann ein. »Ehrlich, war keine böse Absicht. Wenn Sie mir nur sagen, wie ich zu …«

»Nein!« Hanna schrie jetzt. »Nehmen Sie ihre blöde Karre und verlassen Sie auf dem schnellsten Weg Hasellöhne. Wird's bald?«

»Chefin«, sagte Westermann verwirrt. »Bist du plötzlich besessen oder so?«

»Ihr alle beide«, murmelte der Mann laut genug für Hannas Ohren. Dann hob er die Stimme. »Sie können mich nicht einfach wegjagen. Ich habe einen Termin, und ich denke überhaupt nicht daran, auf einen guten Job zu verzichten.«

Hanna machte drei Schritte auf ihn zu. »Hau ab oder ich blas dir das Gehirn aus dem Schädel.«

Der Mann wurde erst rot, dann bleich.

Sie starrte ihn an und wartete.

»Das ist ja ein Dorf der Verrückten!«, rief er laut und ging rückwärts auf den Transporter zu. »Komplett durchgeknallt hier. Alle Mann!«

Er sprang in die Fahrerkabine und ließ den Motor aufheulen. Eine Minute später fuhr er vom Platz und verschwand in der Ferne.

»Was hast du zu dem da eben gesagt?«, erkundigte sich Westermann. »Ich habe mich verhört, oder?«

Hanna sparte sich die Antwort. »Wir müssen kurz zu Bauer Löhme«, erklärte sie. »Unsere adeligen Verdächtigen laufen schon nicht weg.«

»Zum Egon? Warum das denn?«

»Alfred kaufen.«

Westermann starrte sie an. »Ich rufe jetzt den Jo um Hilfe. Und den Pastor. Einen Exorzisten haben wir leider nicht.«

14

Hanna achtete nicht weiter auf Westermann, sondern sprang in ihren Golf und fuhr mit ebenfalls aufheulendem Motor davon.

Ganz gleich, was ihr Kollege und der Rest von Hasellöhne hinter den wehenden Netzgardinen von ihr denken mochten. Sie hatte es eilig.

Es ging um Leben und Tod.

Dreißig Sekunden später bremste sie scharf in der Hofeinfahrt von Bauer Löhme. Kies spritzte auf, ein altersschwacher Schäferhund brachte sich jaulend in Sicherheit. Oben auf dem Dach beschlossen zwei Storchenpaare spontan, dass es allerhöchste Zeit war, den Flug nach Afrika anzutreten.

Aus dem Haus kam der Bauer gestürzt.

»Sind Sie verrückt geworden? Wollen Sie jemanden umbringen?«

»Ich nicht, aber Sie.« Hanna sprang aus dem Auto und starrte ihn böse an.

»Wat? Sie haben sie ja nicht mehr alle. Und so was soll bei uns jetzt für Recht und Ordnung sorgen!«

Er baute sich vor ihr auf, sein wettergegerbtes Gesicht war nur zwei Handbreit von ihrem entfernt. »Seit wann werden Mörder *vor* der Tat verhaftet?«

Dumm war der nicht, der Bauer.

Hinter Hanna kam Westermann angelaufen. Er keuchte schwer. »Keiner will dich verhaften, Egon. Frau Petersen ist nur … ähm … ein bisschen übermüdet. Du weißt schon, der Mord gestern im Wald von Fallersleben. Wir haben die ganze Nacht daran gearbeitet.«

Na ja, dachte Hanna. Mehr oder weniger.

»Erzähl keinen Stuss, Fritz«, sagte prompt der Bauer, wirkte aber ein wenig besänftigt und machte zur ihrer Erleichterung zwei Schritte zurück. »Ich war auch bei Luise. Und ich hab noch gesehen, wie ihr zwei mit einer Literflasche Wacholderschnaps abgehauen seid. Schätze mal, unsere verehrte Kommissarin hat zu viel gebechert.«

»Diesmal nicht«, beteuerte Hanna.

Westermann bekam langsam wieder Luft. »Erklärst du mir jetzt bitte, was du von Egon willst?«

»Mir auch, wenn's recht ist.«

»Alfred«, sagte Hanna schlicht.

»Den Gaul?«, riefen die beiden Männer im Chor.

Sie nickte. »Ich kaufe ihn. Jetzt.«

»Spinnt die?«, fragte der Bauer.

»Sie ist besessen«, erwiderte Westermann. »Seit ungefähr zehn Minuten. Vorher war sie noch ganz normal. Keine Ahnung, wieso.«

»Schietegal«, knurrte Löhme. »Der Gaul steht nicht mehr zum Verkauf.« Er linste in Richtung Straße.

»Warten Sie auf jemanden?«, fragte Hanna ruhig. »Vielleicht auf den Abdecker aus Hamburg? Tja, da muss ich Sie enttäuschen. Der ist wieder umgedreht. Dringende Geschäfte, fürchte ich.«

Sie spürte, wie Westermann sie anstarrte, dann blitzte

die Erkenntnis in seinen Augen auf, und ein breites Grinsen erschien in seinem Gesicht. »Mann, Chefin, bin ich froh, dass der Teufel dich diesmal verschont hat!«

»Ich auch, Westermann, ich auch.«

»Seit wann ist es ein Verbrechen, ein krankes Tier von seinen Leiden zu erlösen?«, erkundigte sich Löhme. »Dem Gaul geht's nicht gut.«

»Jetzt redest du Stuss, Egon«, sagte Westermann. »Dem Pferd fehlt nichts außer guter Pflege und ausreichender Bewegung.«

Löhme blieb stur. »Ist trotzdem meine Sache, was ich mit dem mache. Außerdem frisst er meinen Kühen das Futter weg. Das geht ganz schön ins Geld.«

Er warf Hanna einen listigen Blick zu. »So ein edles Tier ist nicht billig, Frau Kommissarin. Muss man sich leisten können, und ich bin bloß ein armer Bauer, der ums Überleben kämpft.«

»Respekt!«, stieß sie aus. »Vom todkranken Klepper zum wertvollen Rassepferd innerhalb von einer Minute. Das macht Ihnen so leicht keiner nach.«

»Veräppelt die mich etwa?«, wandte Löhme sich an Westermann.

»Davon musst du ausgehen.«

»Nennen Sie mir einen vernünftigen Preis«, verlangte Hanna.

»Moment mal, Chefin. Was willst du denn mit Alfred anfangen, wenn er dir gehört?«

So weit hatte sie noch nicht gedacht.

»Ist jetzt erst mal nicht so wichtig.«

»Kannst du reiten?«

Sie schüttelte den Kopf. Als Seemannstochter kannte sie

sich auf dem Wasser besser aus als auf einem Pferderücken. Aber das konnte ja nicht so schwer sein. Außerdem ging es darum, Alfred zu retten. Alles Weitere würde sich finden.

»Und wo willst du ihn unterbringen? Ich glaube, Luise hätte was dagegen, wenn du ihn an ihrem Riesenwacholder anbinden würdest.«

Mist!

Westermann rang in gespielter Verzweiflung seine Riesenhände. »Ich sehe schon, ohne mich bist du verloren. Na denn. Er kann zu uns. Wir haben zwar keine Pferde mehr, aber unsere Ställe sind in Ordnung. Müssen nur ein bisschen geputzt werden. Mein alter Herr wird sich freuen. Dem fehlen die Viecher, auch wenn er das niemals zugeben würde.«

Hanna schenkte ihm ein dankbares Lächeln und hörte dann voller Staunen zu, wie Westermann in null Komma nix einen annehmbaren Preis aushandelte. Ihr Kollege bekam im Stillen einen großen Pluspunkt.

Sie musste den Kauf nur noch per Handschlag mit dem Bauern besiegeln. Ihre Finger wurden dabei böse gequetscht, aber sie strahlte trotzdem vor Freude.

Ihre innere Stimme zeigte ihr einen Vogel – im übertragenen Sinne. Und wenn du dein Versetzungsgesuch geschrieben hast und zurück nach Hamburg darfst, ertränken wir Alfred in der Elbe.

Hanna erstarrte.

Das hatte sie jetzt ganz vergessen.

Dafür hast du ja mich.

»Ist was?«, fragte Westermann. »Du guckst so komisch. Hast du es dir plötzlich anders überlegt? Ich glaube, der Egon nimmt den Gaul jetzt nicht mehr zurück.«

»Darauf könnt ihr Gift nehmen. Ein Handel ist ein Handel.«

»Quatsch«, sagte Hanna schnell. »Es bleibt dabei.«

»Dann rufe ich jetzt meinen Vater an, dass er Alfred von der Weide holt. Du hilfst ihm, Egon, ja?«

»Wenn's sein muss …«

»Und wehe, Sie vergreifen sich an meinem Pferd«, sagte Hanna in strengem Ton. »Das würden Sie nämlich schwer bereuen.«

Dann lächelte sie. Doch, es fühlte sich richtig gut an, Pferdebesitzerin zu sein. Sie sah sich schon auf Alfred über die Heidelandschaft traben und mit dem Lasso die Verbrecher einfangen.

Oder so ähnlich.

Falls Alfred viel Lust auf Trab hatte. Vielleicht saß er auch lieber auf dem Wilseder Berg herum und betrachtete die Welt aus seinen klugen Froschaugen.

Löhme drehte sich weg, aber sie sah noch, wie er sich gegen die Stirn tippte. Mit der Geste war er nicht allein.

»Deine neu entdeckte Tierliebe in allen Ehren, aber können wir uns jetzt wieder um den Mord kümmern?«, erkundigte sich Westermann.

Hanna antwortete nicht. Sie war in Gedanken bei ihrem dicken sitzenden Pferd.

Dick.

Sitzen.

Aus dem Hauch einer Erinnerung wurde ein leiser Windstoß.

Ein dicker Mann.

Er saß vor ihr.

Im Arbeitszimmer des Grafen.

»Teufel auch!«, rief Hanna aus, als sich ihre innere Stimme erbarmte und ihr den richtigen Tipp gab.

Westermann stöhnte. »Der schon wieder. Chefin, mich trifft bald der Schlag. Was ist denn *nun* los?«

»Danke, Alfred.«

Aus der Ferne erklang ein Wiehern.

Bildete sie sich zumindest ein.

Löhme hatte sich wieder umgedreht. »Unser Geschäft gilt aber. Auch wenn die Dame einen Knall hat.«

Hanna beachtete ihn nicht. »Komm, Westermann. Ich habe mich gerade an etwas erinnert. Aus den Befragungen gestern Nacht. Alfred hat mir dabei geholfen. Auf seine Art. Möglicherweise kenne ich jetzt das Motiv.«

Löhme spitzte die Ohren, Westermann schüttelte verwirrt den Kopf.

»Ich muss das jetzt nicht alles verstehen, oder?«

»Nein, lass uns einfach fahren.«

Im Wagen schaltete Hanna automatisch Hansdieter ein.

»Brauchst du nicht«, erklärte Westermann und stellte das Navi wieder aus. »Hast ja mich. Außerdem ist es bei Tageslicht einfacher als mitten in der Nacht. Ich gebe dir schon Bescheid, wo du abbiegen musst.«

Jede Ära geht einmal zu Ende, dachte Hanna. Auch die eines Hansdieter. Ersetzt durch einen Kerl, der den Kopf einziehen musste, um nicht gegen das Wagendach zu stoßen.

Sie schmunzelte.

Eine Weile fuhren sie schweigend tiefer und tiefer in den Wald hinein. Endlich erkundigte sich Westermann nach Hannas seltsamer Eingebung.

»Wenn du es mir ganz langsam erklärst, kapier ich es vielleicht, obwohl ich nur ein einfacher kleiner Dorfbulle bin.« Er grinste dazu, aber seine Stimme klang besorgt.

»Ich schwöre dir, ich habe nicht den Verstand verloren«, sagte Hanna fest. Im Stillen nahm sie sich vor, ihm niemals von ihrer Gabe zu erzählen. Westermann wäre eventuell überfordert.

Sie sah aus den Augenwinkeln, wie er leicht nickte, und fuhr schnell fort: »Gestern Nacht habe ich geglaubt, dass ich vor lauter Müdigkeit im Herrenhaus etwas Wichtiges überhört hatte. Ich habe dir davon erzählt.«

Erneutes Nicken und eine Hand, die nach rechts wies. Hanna nahm die Abzweigung. »Es ist mir wieder eingefallen. Genau in dem Moment, als ich an Alfred dachte. Wie er so gern dick und rund auf seinen Hinterbacken sitzt.«

»Chefin, bitte. Komm zur Sache. Wir sind gleich da, und ich hätte gern das Gefühl, mit einer geistig gesunden Kollegin zum Schafott zu gehen.«

Hanna drosselte die Geschwindigkeit und fuhr im zweiten Gang mit zwanzig Stundenkilometern weiter. Westermann musste informiert sein, bevor sie das Herrenhaus erreichten.

»Da war ein Zeuge«, begann sie ruhig. »Ich bin mir ziemlich sicher, dass es einer der Hamburger Jäger war. Ich weiß noch, dass er sich sehr kultiviert ausdrückte.«

»Im Gegensatz zu uns Primitivlingen.«

»Ruhe, Westermann. Ich muss mich konzentrieren.«

Er schwieg beleidigt. Hanna achtete nicht auf ihn, sondern kramte angestrengt in ihrem Gedächtnis.

»Verflixt!« Sie schlug mit der Hand aufs Lenkrad. »Der Name des Mannes will mir nicht mehr einfallen. Er war einer der Letzten, die ich befragt habe. Ich fürchte, da habe ich mir schon keine Notizen mehr gemacht, weil sowieso alle dasselbe behauptet haben. Nichts gesehen, nichts gehört, nichts gewusst. Pass auf, Westermann. Du hast alle Namen aufgeschrieben, und vielleicht kennst du den Mann sowieso. Möglicherweise ist er ein häufiger Jagdgast von Fallersleben. Er ist mittelgroß und ziemlich dick, beinahe fett.«

Sie bekam nur ein Achselzucken zur Antwort.

»Weißt du es wirklich nicht, oder willst du es mir bloß nicht sagen?«

»Verdammt, Chefin! Ich bin kein kleines Kind, das bei jeder Beleidigung eine neue Trotzphase kriegt. Wenn ich wüsste, von wem du sprichst, würde ich's dir verraten. Aber da liefen eine Menge Leute rum, und die meisten hatten nicht meinen durchtrainierten Traumkörper.«

So leicht gab Hanna nicht auf. Je mehr sie über den Mann nachdachte, desto mehr Einzelheiten fielen ihr ein. »Er ist etwa Mitte vierzig. Schütteres dunkelblondes Haar, helle Augen. Mehr weiß ich nicht. Abgesehen von seiner Körpermasse ist er eher der unscheinbare Typ.«

Erneutes Achselzucken. »Keine Chance. Wir finden schon noch heraus, wer das war. Jetzt erzähl lieber, was dir so Wichtiges eingefallen ist, während der dicke sitzende Alfred dich an einen dicken sitzenden Hamburger erinnert hat.«

Hanna runzelte die Stirn. »Er hat da so eine Andeutung gemacht. Über die Gräfin. Etwas in der Richtung, dass Iris von Fallersleben bestimmt untröstlich sei.«

»Klar, so ein Mord im eigenen Wald ist schon unangenehm.«

»Der hat das anders gemeint.«

Hanna bremste und ließ den Motor im Leerlauf leise vor sich hin tuckern. Hinter hohen Eichen war bereits das Herrenhaus zu sehen.

»Ich glaube, der Mann wollte andeuten, die Gräfin habe in einem besonders engen Verhältnis zu Heiner Hansen gestanden.«

»Echt jetzt?«

»Es klang schon ziemlich eindeutig. Weißt du was darüber?«

»Ich? Woher denn? Das Liebesleben der Schönen und Reichen ist nicht so mein Ding. Aber verstehen könnte ich es. Die Gräfin ist eine hübsche und noch junge Frau. Gut möglich, dass sie sich ein bisschen Abwechslung von ihrem strengen Ehegatten gegönnt hat.« Er grinste. »Soll ja vorkommen.«

Hanna nickte. »Womit wir ein Motiv hätten.«

»Stimmt, Chefin. Also hat doch der Graf den Banker abgeknallt. Mord aus Eifersucht.«

»Mach es dir nicht zu einfach. Das war nur eine leise Andeutung von einem Mann, dessen Namen wir nicht einmal kennen. Wir werden dem nachgehen. Wenn es sich bestätigt, hätte aber nicht nur der Graf einen Grund gehabt, auf Hansen zu schießen.«

»Du meinst, die Gräfin hat ihren Liebhaber aus dem Weg geräumt? Weil sie vielleicht Schluss machen wollte? Also lieber eine Kugel als ein paar nette Abschiedsworte? Na, ich weiß ja nicht.«

»Sie könnte tausend Gründe gehabt haben. Vorerst lassen wir alle Möglichkeiten offen. Und auch der Junge bleibt verdächtig.«

Westermann schlug sich mit der flachen Hand gegen die Stirn. »Ist der etwa seiner geliebten Mami auf die Schliche gekommen und wollte die Familienehre retten? Scheiße, Chefin. Das ist ja die reinste Telenovela.«

»Abwarten.« Hanna legte den ersten Gang ein und fuhr an. »Wir werden die Familienmitglieder einzeln vernehmen. Dann wissen wir hoffentlich Genaueres.«

»Nur leider werden wir keine Gelegenheit haben, unser Wissen mit der Welt zu teilen«, orakelte Westermann. »Ich sage nur: gebratene Eier und Hackfleisch.«

»Ist ja gut.«

Während Hanna nun in die Auffahrt zum Herrenhaus einbog, dachte sie noch einmal über den Zeugen nach, der ihr den Tipp über die Gräfin gegeben hatte. Ihr war nicht wohl gewesen in seiner Gegenwart.

Merkwürdig.

Weil ich todmüde war, gab sie sich jetzt selbst die Erklärung. Und weil ein tratschender Mann ein unangenehmer Zeitgenosse ist.

Genau.

Ein Butler empfing sie an der Tür.

»Hallo, Andrew«, sagte Westermann jovial. Und, an Hanna gewandt: »Ist zwar ein bisschen steif, aber ein feiner Kerl. Arbeitet seit dreißig Jahren für den Grafen und ist heute früh von seinem jährlichen Heimaturlaub in Devon zurückgekehrt. So weit korrekt, mein Guter?«

Der Butler nickte mit ausdruckslosem Gesicht.

»Die Herrschaften nehmen gerade ihren Lunch ein«, erklärte er mit unverkennbar britischem Akzent.

Westermann verdrehte die Augen, und Hanna ahnte, was er dachte.

»Bedaure, aber unser Anliegen kann nicht warten. Bitte rufen Sie den Grafen.«

Spontan hatte sie beschlossen, die Befragung mit Fallersleben höchstpersönlich zu beginnen.

Der Butler hieß sie in der geräumigen Diele warten und verschwand. Nur eine Minute später kehrte er zurück. »Herr von Fallersleben bittet Sie in sein Arbeitszimmer. Er wird sofort zu Ihnen kommen.«

»Von mir aus kann er sich gern Zeit lassen«, murmelte Westermann.

15

Graf Fallersleben schien Westermanns Bitte gehört zu haben. Sie warteten. Und warteten. Und warteten.

Hanna sah sich um. In der vergangenen Nacht hatte sie keinen Blick für die Einrichtung gehabt. Nun bemerkte sie ein hohes Bücherregal, prall gefüllt mit wertvollen Bänden. Lauter Erstausgaben, vermutete sie und weigerte sich, allzu beeindruckt zu sein.

Die Jagdtrophäen an der Wand gegenüber flößten ihr Übelkeit ein, und sie verstand nicht, wie ein offenbar belesener Mensch wie der Graf gleichzeitig einem derart blutrünstigen Hobby nachgehen konnte. Auf dem überdimensionalen Schreibtisch stand ein hochmoderner Computer, daneben stapelten sich einige Papiere und Akten.

Die beiden Polizisten saßen auf zwei hochlehnigen Stühlen. In der Nacht waren diese Stühle so arrangiert worden, dass Hanna den Zeugen gegenübersaß. Nun waren sie dem Schreibtisch zugewandt.

Absicht, dachte sie. Fallersleben hat gewusst, dass wir wiederkommen, und er will sich hinter der mächtigen Eichenplatte verschanzen.

Westermann schien kein Problem damit zu haben, aber sie selbst konnte kaum über die Schreibtischkante schauen.

Rasch stand sie auf und hockte sich auf die Lehne.

Schon besser.

Die unbequeme Position half auch gegen ihre Müdigkeit. Diese plötzliche Ruhe nach zwei hektischen Stunden tat ihr nicht gut.

Sie schaute zu Westermann. Der nickte schon ein. So groß schien seine Angst vor Fallersleben auf einmal nicht mehr zu sein.

Hanna runzelte die Stirn. Irgendwie musste sie den Kollegen wach halten. Sie brauchte ihn.

Interessant, flüsterte ihre innere Stimme. Warst du nicht immer die toughe Kommissarin, die alles allein geregelt kriegt?

Der Mensch kann sich ja wohl ändern, dachte Hanna, obwohl sie sich über sich selbst wunderte.

Vielleicht lag es an der würzigen Heideluft in dieser Gegend. Oder an Luise und ihrem Schnaps? An Alfred? An Johannsen, obwohl der sie nicht mehr mochte?

Wie auch immer. Sie war froh, Westermann an ihrer Seite zu haben.

Der schnarchte jetzt.

Verdammt!

Hanna stellte sich neben ihn. Mit dem Ellenbogen verpasste sie ihm einen kräftigen Stoß auf den Oberarm.

Er zuckte nur ein bisschen. Was andere Leute zum nächsten Arzt gejagt hätte, hinterließ bei ihm wahrscheinlich nicht mal einen blauen Flecken.

»Ich habe Appetit auf Rühreier!«, sagte sie direkt in sein linkes Ohr.

Keine Reaktion.

»Jemand hat den Mord beobachtet!«, rief sie.

Zack! Ein Ruck ging durch den Mann. Er schlug die Augen auf und starrte sie an.

»Habe ich das eben geträumt, Chefin? Ein Augenzeuge will meine Eier verspeisen?«

»Idiot.«

Hanna setzte sich wieder auf die Stuhllehne. »Hör mir gut zu. Fallersleben will uns offensichtlich ärgern und noch ein Weilchen warten lassen. Wenn du wach bleibst, erzähle ich dir etwas, das du noch nicht weißt.«

Westermann unterdrückte ein Gähnen. »Ich gebe mir Mühe. Schieß los.«

»Du wolltest doch wissen, wie ich gestern in den Wald gekommen bin.«

»Stimmt. Aber du hast dein kleines Geheimnis lieber für dich behalten.«

Hanna steckte den Seitenhieb mit einem Achselzucken weg. »Es war kein Zufall.«

»Logisch. Und du bist keine Hellseherin.«

Hm. Darauf ging sie jetzt mal lieber nicht näher ein.

Er schaute sie aufmerksam an. Alle Müdigkeit war aus seinem Gesicht verflogen.

Gut so.

Hanna holte tief Luft. »Ich habe einen Anruf erhalten.«

»Aha. Von wem?«

»Weiß ich nicht. War anonym.«

»Mannomann, Chefin! Mit dieser Geschichte können wir uns bald beim *Tatort* bewerben. Das wird ja immer bunter. Ein Mord, ein mysteriöses Telefonat und ein toter Heidschnuckenbock. Wenn das kein Stoff fürs Fernsehen ist, weiß ich auch nicht.«

»Keine Witze jetzt, Westermann.«

»Sorry. Und danke.«

Sie blinzelte. »Wofür?«

»Für dein Vertrauen. Das war gestern noch nicht da.«

Hanna fühlte, wie sie errötete. Er schien es zum Glück nicht zu bemerken.

»Was genau hat der Mann gesagt? Es war doch ein Mann, oder?«

»Ja, obwohl die Stimme verstellt war. Er sprach von einem Mord im Wald von Fallersleben.«

Westermann setzte sich kerzengerade hin. »Mord? Der Mann hat von Mord gesprochen? Dann muss er die Tat wirklich beobachtet haben. Dann hat er gesehen, wie jemand auf den Banker gezielt hat.«

»Ist auch meine Meinung.« Hanna wollte hinzufügen, dass sie eine ausgesprochen vage Ahnung von der Identität dieses Augenzeugen hatte, aber sie ließ es. Ihre Vermutung war einfach zu ungenau. Und in diesem Fall war es klüger, wenn Westermann unabhängig von ihr darüber nachdachte. Mit etwas Glück kamen sie bei ihren Überlegungen auf den gleichen Nenner.

Schwierig, erklärte ihre innere Stimme. Der hat ja nicht erlebt, was du erlebt hast, nicht gesehen, was du gesehen hast, und nicht gerochen, was du gerochen hast.

Gerochen?

Diesmal war Hanna drauf und dran, gegen die eigene Stirn zu tippen, gegen sich selbst sozusagen.

Hätte auf Westermann bloß komisch wirken können.

Gerochen. Na ja.

Ein anderer Gedanke kam ihr. »Ich frage mich nur, woher der Mann meine Handynummer hatte.«

Ihr Kollege richtete sich auf und strahlte bis über beide

Ohren. »Hast du mir zu verdanken, Chefin. Am Ende wird der Mord nur mit meiner Hilfe aufgeklärt, wirst schon sehen.«

Hanna starrte ihn an und schwieg.

Westermann wand sich auf seinem Stuhl. »He, nicht gleich böse werden.«

»Wem hast du meine Nummer gegeben?«

»Na, allen, Chefin.«

»Wie bitte?«

»Ist doch logisch. Du musst auch erreichbar sein, wenn die Wache unbesetzt ist und ich vielleicht gerade nicht kann. Deswegen habe ich allen Hasellöhner Einwohnern eine SMS mit deiner Handynummer geschickt. Gleich an deinem ersten Arbeitstag. Und ein paar Handzettel mit der Nummer habe ich auch verteilt. Wir sind schließlich die Freunde und Helfer dieses Dorfes.«

Hanna musste schlucken. »Das heißt, ich kann zu jeder Tages- und Nachtzeit angerufen werden?«

»Theoretisch ja. Aber praktisch ist das ja nicht passiert, oder?«

»Nein.«

»Na, siehst du. Die Leute werden dir schon nicht auf den Wecker gehen. Die meisten melden sich sowieso eher bei mir.«

»Außer gestern.«

»Genau. Und das hast du nur mir zu verdanken.«

Hanna überlegte, ob sie Westermann nun endgültig umbringen sollte. Dann dachte sie nach. So dumm war diese Aktion gar nicht gewesen. Immerhin war sie so zum Tatort gerufen worden.

Westermann dachte weiter laut nach. »Mich kann

Mister Unbekannt nicht angerufen haben. Während einer Jagd müssen alle Handys aus- oder wenigstens stummgeschaltet sein. Das hat der wohl gewusst. Und ich habe später keinen verpassten Anruf entdeckt. Also hat der auch gewusst, dass ich mit auf die Pirsch gegangen bin. Muss jemand sein, der mich kennt. Oha! Wer das bloß ist? Dem ziehe ich die Hammelbeine lang! Von wegen, einen auf geheimnisvoll tun. Der soll mir gefälligst von Angesicht zu Angesicht entgegentreten!«

»Westermann, du brauchst dich jetzt nicht gleich zu duellieren.«

Er grinste. »Ich schwör dir, ich finde heraus, wer das war. Und wenn du Angst hast, zu oft alarmiert zu werden, kannst du das Ding in deiner Freizeit ja ausschalten. Dann hast du Ruhe. Auch vor deiner Liebesleiche.«

Gute Idee, überlegte Hanna.

Rasch schob sie jeden Gedanken an Hendrik beiseite.

»Aber wenn demnächst ein Serienkiller umgeht und die Heideköniginnen der letzten zehn Jahre abmurkst, beschwere dich nicht bei mir, wenn du als Letzte davon erfährst.«

Hanna seufzte und stellte sich vor, wie es wäre, mit einem Kollegen zusammenzuarbeiten, der nicht ständig blöde Witze riss.

Wahrscheinlich langweilig.

»Hast du gar keine Idee, wer dich angerufen hat?«

Sie schüttelte den Kopf und vermied es, ihm in die Augen zu sehen.

»Ich kenne hier ja noch kaum jemanden.«

Was nicht ganz stimmte.

Westermann rieb sich über die Stirn.

»He! Vielleicht war's ja der Jo!«

Nein, wollte Hanna erwidern, der nicht. Sie schwieg aber, wollte den Kollegen nicht verwirren.

»Nee, Quatsch. Glaub ich nicht. Der hat zwar sein kleines Berufsgeheimnis, aber so einer ist der nicht. Und er war bei der Jagd dabei.«

»Stimmt«, meinte Hanna.

»Aber sein Handy hatte er bestimmt an. Als Arzt muss er ja erreichbar sein. Dann vibriert's ihm in der Hosentasche. Ach, Mann, ist das kompliziert.«

»Wir werden später darüber reden«, entschied Hanna. »Im Augenblick kommen wir nicht weiter.«

Stille senkte sich über das Arbeitszimmer, und erst nach einer ganzen Weile öffnete sich die Tür.

Fallersleben trat ein. »Guten Tag. Ich hoffe, ich habe Sie nicht zu lange warten lassen. Meine Frau und mein Sohn brauchten meinen Zuspruch. Sie sind beide sehr durcheinander nach dem, was passiert ist.«

Er ging um den Schreibtisch herum und setzte sich. Hanna blieb auf der Stuhllehne, so war sie auf Augenhöhe.

»Mein Anwalt wird in Kürze eintreffen«, erklärte Fallersleben ruhig. »Ich denke, so lange können wir mit dem Verhör warten.«

»Dies ist kein Verhör«, erklärte Hanna. »Nur eine Befragung. Aber wenn Sie es wünschen, warten wir. Ich nehme an, Ihr Anwalt ist vertrauenswürdig?«

»Selbstverständlich«, erwiderte Fallersleben leicht irritiert. »Wieso fragen Sie?«

Hanna setzte eine betont neutrale Miene auf, während Westermann sich ruhig verhielt. Ihre Rollenverteilung funktionierte auch ohne Absprache.

»Nun, ich nehme an, er wird keinen Familienskandal ausplaudern.«

Zwei tiefe Zornesfalten bildeten sich auf Fallerslebens Stirn. »Worauf wollen Sie hinaus, Frau Petersen?«

Jetzt hatte sie ihn so weit, und sie ging zum Angriff über: »Herr von Fallersleben, haben Sie Heiner Hansen getötet, weil Ihre Frau ein Verhältnis mit ihm hatte?«

Westermann neben ihr schnappte nach Luft und legte eine Hand schützend über seine Mitte.

Der Graf schnappte ebenfalls nach Luft. Dann schwieg er. Sehr lange.

Als er endlich zum Sprechen ansetzte, war alle Wut aus ihm gewichen. Zurück blieb eine leise Niedergeschlagenheit.

»Sie täuschen sich, Frau Petersen. Ich weiß sehr wohl, dass meine Frau von Zeit zu Zeit, sagen wir mal, ein wenig Abwechslung sucht. Wir führen eine offene Ehe. Zumindest, was ihre Bedürfnisse betrifft.«

Der ist ehrlich, erklärte Hannas innere Stimme.

Hm, ja.

»Hätte ich mir im Laufe der Jahre ihre diversen Liebhaber zu Herzen genommen, säße ich längst als mehrfacher Mörder in lebenslanger Haft. Offen gestanden, war's mir das nicht wert. Ich liebe Iris, und ich lasse sie ihr Leben führen, auch wenn ich nicht immer glücklich dabei bin.«

Entspannt lehnte er sich zurück.

Auch Westermann lockerte seine Muskeln.

Hanna jedoch blieb wachsam. Für ihren Geschmack klang das zu abgeklärt. Da war ein düsterer Unterton, der in seinen Worten mitschwang.

Sie ahnte aber auch, dass sie im Augenblick da nicht weiterkommen würde. Vielleicht bei einer anderen Gelegenheit.

»Schön und gut«, sagte sie, »aber ich fürchte, Sie sind in dieser Familie nicht der Einzige, der ein Motiv hätte.«

Fallersleben stieß ein kurzes, trockenes Lachen aus. »Gräfin Iris ist eine zart besaitete Frau. Waffen sind ihr ein Gräuel. Sie schafft es nicht einmal, eine Fliegenklatsche in die Hand zu nehmen.«

Bevor Hanna etwas erwidern konnte, drückte er einen Knopf auf seinem Schreibtisch. Als der Butler erschien, bat er ihn, seine Frau zu rufen.

Hanna und Westermann erhoben sich, als die Gräfin kurz darauf das Arbeitszimmer betrat. Sie war eine kleine, sehr dünne Frau und erinnerte Hanna entfernt an Letizia von Spanien. Iris von Fallersleben war sehr blass und betupfte sich mit einem Taschentuch die Schläfen. Ihr Blick huschte nervös hin und her und blieb dann Halt suchend an ihrem Mann haften.

»Es ist alles gut, meine Liebe. Frau Petersen möchte sich nur davon überzeugen, dass du nicht als weiblicher Rambo in unserem Wald herumschießt.«

Gräfin Iris machte große Augen. »Ich fürchte, ich verstehe nicht ganz.«

Hanna beschloss, die Befragung abzukürzen, machte zwei Schritte auf die Dame des Hauses zu und reichte ihr die Hand. Iris von Fallersleben ergriff sie zögernd. Ihr Händedruck glich dem Flügelschlag eines Vögelchens. Doch er genügte Hanna.

»Ihr Mann übertreibt. Wir führen lediglich eine Zeugenbefragung durch.«

»Wer hat Heiner erschossen?«, erkundigte sich die Gräfin, plötzlich mit fester Stimme. »Er war ein sehr enger Freund von mir, und ich möchte die Wahrheit erfahren.«

»Frau Petersen weiß bereits, dass er dein Liebhaber war«, erklärte Fallersleben ruhig.

Iris errötete nur leicht. »Nun, dann werden Sie mich wohl kaum verdächtigen. Für gewöhnlich beende ich eine Affäre nicht mit einem Kopfschuss.«

Westermann stieß einen Laut aus, der ein Lachen sein konnte, aber er hielt sich schnell die Hand vor den Mund.

Hanna blieb ernst.

»Sie werden verstehen, dass wir jede Spur verfolgen müssen.«

»Gewiss.« Mit leichten Schritten ging sie zum Schreibtisch, riss von einem Block einen Zettel ab und schrieb etwas darauf. Dann kehrte sie zu Hanna zurück.

»Hier, bitte. Die Anschrift und die Telefonnummer einer Kunstgalerie in Hamburg-Blankenese. Dort war ich gestern zu einer Vernissage. Sie müssen wissen, ich teile die Jagdleidenschaft meines Mannes nicht. Wenn es mir möglich ist, gehe ich diesen Veranstaltungen aus dem Weg. Nach der Ausstellungseröffnung hab ich noch einen Spaziergang an der Elbe unternommen, bei dem ich mich ein wenig verkühlt habe. Zusammen mit einigen Künstlern übrigens, die Sie gern befragen können. Ich bin erst am Abend zurückgekehrt.«

Die lange Rede hatte sie erschöpft. Sie hustete leicht.

Fallersleben eilte an ihre Seite. »Geh nach oben und leg dich hin, Liebling. Doktor Johannsen wird später nach dir sehen.«

Hanna nickte. »Gehen Sie nur, Frau von Fallersleben. Ich habe keine Einwände.«

Gräfin Iris besaß ein wasserdichtes Alibi, und ihre Haut hatte keinerlei Schwingung ausgesandt.

Für Hanna schied sie als Verdächtige aus.

Der Graf auch, flüsterte ihre innere Stimme.

Blieb nur noch einer übrig.

Nachdem die Gräfin den Raum verlassen hatte, warf Hanna ihrem Kollegen einen eindeutigen Blick zu.

Der verkrampfte sich wieder, nahm dann aber all seinen Mut zusammen und stand auf.

»Wir müssen noch mit Ihrem Sohn sprechen.«

Alle Farbe wich aus Fallerslebens Gesicht.

16

Eine Ader pochte an seiner Schläfe, und sein Blick zuckte unruhig zwischen den beiden Polizisten hin und her.

»Mit Florian? Wozu?«

»Wir müssen alle eventuellen Zeugen befragen.« Westermanns Stimme klang neutral. Hanna nickte ihm leicht zu.

»Mein Sohn ist kein Zeuge. Er war gestern nicht mit auf der Jagd.«

»Trotzdem. Wir müssen darauf bestehen. Sie wissen schon. Routine.«

Fallersleben ballte die Fäuste. »Routine? Wie können Sie es wagen? Erst verdächtigen Sie mich, dann meine arme Frau, und jetzt etwa meinen Sohn? Wissen Sie, was ich tun werde? Ich werde Sie anzeigen! Alle beide! Wegen Verleumdung!«

Der platzt gleich, dachte Hanna.

Westermann schien dabei um einige Zentimeter zu schrumpfen.

Sie musste übernehmen.

»Warum regen Sie sich so auf? Niemand hat behauptet, dass Ihr Sohn unter Verdacht steht. Es geht, wie mein Kollege schon sagte, um reine Routine. Eine Zeugenvernehmung. Nur zwei, drei Fragen, und wir sind wieder weg.«

Die Ader an Fallerslebens Schläfe war auf das Doppelte ihrer Größe angewachsen.

»Und Sie glauben, ich falle darauf rein? Für wie dumm halten Sie mich eigentlich?«

Hm. Für ziemlich schlau, dachte Hanna.

»Herr von Fallersleben ...«, versuchte es Westermann, kam aber nicht weiter.

»Raus hier! Sofort! Verlassen Sie mein Haus!«

»Wenn Sie darauf bestehen, gehen wir«, erklärte Hanna ruhig. »Dann werden wir aber Ihren Sohn vorladen müssen. Wäre Ihnen das lieber?«

Auf einmal machte Fallersleben einen Schritt auf sie zu, und sie musste sich zwingen, nicht zurückzuweichen. Der wird jetzt nicht handgreiflich, beruhigte Hanna sich selbst. Sie dachte daran, wie Fallersleben sie schon an ihrem ersten Arbeitstag auf dem Dorfplatz bedroht hatte. Noch keine Woche war das her. An dem Morgen hatte sie sich lächerlich gemacht, weil sie instinktiv in Verteidigungsstellung gegangen war. Aber da war sie auch davon überzeugt gewesen, ihr neuer Kollege würde sich auf die Seite dieses selbst ernannten Königs der Heide schlagen.

Jetzt blieb sie ruhig stehen.

Hackfleisch, flüsterte ihre innere Stimme.

Halt die Klappe, antwortete Hanna.

Westermann stand plötzlich zwischen ihr und Fallersleben. Er war nicht weiter geschrumpft. Sein Rücken sah wieder groß und breit aus.

Danke.

»Na, na«, sagte er. »Wir wollen doch schön zivilisiert bleiben.«

Etwas geschah mit Fallersleben, das Hanna hinter Westermanns Rückfront nicht sehen konnte.

Nur hören.

Es klang, als ginge einem aufgeblasenen Ballon die Luft aus.

Sie stellte sich neben den Kollegen und sah einen Mann vor sich, der erschöpft wirkte. Und alt.

Hanna traute dieser plötzlichen Verwandlung nicht. Trotzdem wollte sie den Moment nutzen.

»Herr von Fallersleben. Selbst wenn wir im Moment nicht mit Ihrem Sohn sprechen, möchte ich Sie eines fragen: Nach wem haben Sie gestern am Tatort Ausschau gehalten?«

»Ich verstehe nicht …«

»Doch, ich denke schon. Als Sie auf die Lichtung gekommen sind, haben Sie eindeutig nach jemandem gesucht. Nach Ihrem Sohn vielleicht?«

Da war sie schon wieder, die Wut im Grafen, und die ließ den eben noch geschlagen wirkenden alten Mann erneut auffahren.

»Sie sind ja nicht ganz bei Trost!«

Hanna gab sich ungerührt, obwohl es ihr plötzlich mehr denn je denkbar erschien, dass der Graf schon vor der restlichen Jagdgesellschaft am Tatort gewesen war. Genau genommen in dem Augenblick, in dem sie selbst auf die Lichtung gestolpert war.

Westermanns Gedanken gingen wohl in eine ähnliche Richtung. Sie spürte, wie er neben ihr die Muskeln anspannte.

Ihre Stimme klang zum Glück gelassen, als sie nachhakte. »Und warum legen Sie so großen Wert darauf, den

Mord als Jagdunfall zu vertuschen? Weil Sie selbst Ihren Sohn verdächtigen? Weil Sie genau wissen, dass er sich unerlaubt Flinten aus Ihrem Waffenschrank nimmt und damit im Wald herumballert? Geben Sie es zu. Sie haben irgendwann in den letzten Tagen herausgefunden, wer der Wilderer ist. Ihr eigener Sohn nämlich. Und Sie haben daraus geschlossen, dass er womöglich auf den Banker angelegt haben kann.«

Sie musste eine Pause machen und Luft holen.

Fallersleben starrte sie an. Entsetzen lag in seinem Blick. »Das ist ungeheuerlich!«

Westermann, der wieder geschwiegen hatte, sprang Hanna bei. »Florian ist der Wilderer. Wir wissen das bereits.«

»Ach, ja? Und woher, wenn ich fragen darf?«

»Das ist unerheblich. Sagen wir mal, unsere Ermittlungen haben das ergeben.«

»Ermittlungen. Ha! Jemand diffamiert meine Familie, und Sie nehmen es für bare Münze!«

Hanna fand, das grenzte jetzt an Beamtenbeleidigung, aber sie hielt sich zurück.

Westermann machte das schon.

»Wie gesagt ist das jetzt unerheblich. Aber uns ist klar geworden, dass Sie Ihrem Sohn auf die Schliche gekommen sind. Anders lässt sich Ihr seltsames Benehmen kaum erklären.«

Fallersleben machte den Mund auf, um zu widersprechen, schloss ihn aber wieder.

Westermann ließ ihm keine Zeit zum Überlegen. »Je eher Sie zugeben, dass Sie selbst Ihren Sohn für den Täter halten, desto schneller lösen wir den Fall.«

»Indem Sie mein einziges Kind verhaften und ihm seine Jugend stehlen?«

Jetzt wird er pathetisch, dachte Hanna.

»Warum sollten wir?«, schoss Westermann zurück. »Wir wollen ihn nur befragen. Sie bringen da etwas durcheinander. Als Polizeibeamte gehen wir grundsätzlich von der Unschuldsvermutung aus.«

Gut gemacht, Kollege.

Fallersleben wurde noch blasser, falls das überhaupt möglich war.

»Glauben Sie«, fragte Westermann rasch, »Florian könnte hinter die Liebelei Ihrer Frau gekommen sein?«

Falsch, Kollege.

Übers Ziel hinausgeschossen.

Einen Moment lang fürchtete Hanna, der Graf würde vor ihren Augen ohnmächtig werden.

Dann brach er plötzlich in schallendes Gelächter aus.

»Sie sind verrückt geworden, mein lieber Fritz«, sagte er abschätzig, als er wieder Luft bekam. »Irgendetwas ist Ihnen nicht bekommen. Vielleicht ein paar von den berühmten Wacholderschnäpsen der Frau Pleschke? Oder die Nähe zu Ihrer tüchtigen Chefin? Das ist doch alles auf deren Mist gewachsen! Von selbst wären Sie auf so eine abstruse Idee nicht gekommen.«

Westermann knirschte mit den Zähnen. »Warum nicht? Ich kann auch nachdenken. Und es soll ja schon vorgekommen sein, dass ein junger Mann die Familienehre retten wollte.«

Schlagartig wurde Fallersleben wieder ernst. Hanna fand es beunruhigend, wie ein Mensch in so kurzer Zeit seine Stimmung wechseln konnte. Der Mann wurde ihr

jetzt wirklich unheimlich, und sie nahm ihm kein Wort
mehr ab.

»Raus!«, befahl er. »Sofort. Verlassen Sie mein Haus!«
Diesmal sprach er ganz leise, und Hanna wies Westermann mit einem Kopfnicken an, der Aufforderung zu folgen.

Sie waren ohnehin zu weit gegangen.

Wenn Fallersleben in Ruhe über dieses Gespräch nachdachte, konnte es später Ärger geben. Westermann hatte
schwere Beschuldigungen ausgesprochen, ohne jeglichen
Anhaltspunkt. Alles basierte allein auf ihren Spekulationen.

Nicht auszudenken, was ihnen blühen würde, wenn Fallersleben sich mit seinem Anwalt besprach. Ein Frösteln
lief ihr über den Rücken.

Anwalt?, säuselte es in ihr. Damit wärt ihr noch gut
bedient. Seid froh, wenn der euch nicht gleich über den
Haufen schießt.

Hanna straffte sich und bedachte den Grafen mit einem kühlen Blick. »Wir werden Ihren Sohn vernehmen.
Und wenn wir ihn tatsächlich vorladen müssen. Darum
wird sich die Staatsanwaltschaft kümmern. Da er minder-
jährig ist, haben Sie das Recht, anwesend zu sein. Sie hören von uns.«

Dann zog sie Westermann am Ärmel hinter sich her.

Bloß raus hier, bevor noch ein Unglück geschieht.
Zurückfahren und nachdenken.

»Den Teufel werden Sie tun!«, rief Fallersleben ihnen
nach.

»Ganz schön unfein für einen Grafen«, murmelte
Hanna.

181

»Mann, Chefin! Ich hatte ihn fast so weit.«

»Mag sein. Aber solche Verhörmethoden können ins Auge gehen.«

Westermann grinste, als sie durch die Diele zur Haustür liefen. Von Butler Andrew war keine Spur zu sehen.

»Der Karl hätte es auch so gemacht. Na ja, vielleicht nicht beim Grafen. Vor dem hatte er ein ganz klein wenig Schiss.«

Du auch, dachte Hanna, bis vor zehn Minuten.

Alle Achtung.

Aus einem Raum drang eine aufgeregte jugendliche Stimme bis zu ihnen.

Hanna blieb stehen und hielt einen Finger an die Lippen.

Das ist aber auch nicht korrekt, Chefin, erklärte ihr Westermanns Blick.

Sie hob ganz kurz die Mundwinkel und hörte dann aufmerksam zu.

»Wenn ich's dir doch sage. Wir haben die Bullen im Haus. Ich kann jetzt nicht weg.«

Hanna schaute Westermann an, der nickte. Das war Florian von Fallersleben.

»Hörst du schlecht? Ich *kann* nicht weg.«

Er schwieg, dann fügte er ruhiger hinzu. »Klar, Mann. Ich bin nicht blöd. No Stress, ich pass schon auf.«

Stille.

Das Gespräch schien beendet zu sein.

Leise gingen sie weiter und waren schon an der Haustür, als der Graf aus dem Arbeitszimmer kam.

»Sie sind ja immer noch hier!«

Westermann ballte die Fäuste, Hanna legte ihm eine Hand auf den Arm.

»Wir gehen«, erklärte sie ruhig. »Aber wir kommen wieder. Und bis dahin halten Sie sich zu unserer Verfügung.«

Fallersleben machte ein Gesicht, als wollte er vor ihnen ausspucken.

»Wollen Sie mich und meine Familie unter Hausarrest stellen? Dazu fehlen Ihnen die Mittel, Frau Kommissarin.«

Hanna unterdrückte einen Fluch. »Keineswegs. Ich teile Ihnen lediglich mit, dass wir noch weitere Fragen haben werden. Als Zeuge sind Sie verpflichtet, diese zu beantworten. Selbstverständlich kann ich Sie nicht dazu zwingen, aber ich kann auch hierbei die Staatsanwaltschaft um Unterstützung bitten.«

Sie fand, das genügte.

Westermann nicht.

»Beugehaft«, murmelte er. »Bei Wasser und Brot.« Zum Glück zu leise, als dass Fallersleben ihn hätte verstehen können.

Florian betrat die Diele. Er war ein schmächtiger Junge, kam mehr nach der Mutter als nach dem Vater. Hanna fand, er sah jünger aus als siebzehn. Unsicher schielte er zu den Beamten hinüber, dann zu seinem Vater.

»Du gehst auf dein Zimmer, Florian. Sofort. Wir sprechen uns gleich.«

Wieselflink verschwand der Junge nach oben.

Hanna schaute ihm nach.

»Lassen Sie meinen Sohn in Ruhe«, sagte Fallersleben, und es klang wie eine Drohung.

»Aber ...«, begann Westermann.

»Nein«, sagte Hanna und packte ihn wieder am Ärmel. »Nicht jetzt.«

183

Bevor noch ein weiteres Wort fallen konnte, standen sie draußen auf der Freitreppe und holten im Gleichklang tief Luft.

»Irgendwie riecht da drinnen alles verpestet«, behauptete Westermann, während sie langsam die Stufen hinunterstiegen.

»Stimmt. Nach Familienkrieg.«

»Und Heile-Welt-Getue.«

»Ja«, sagte Hanna.

»Und was haben wir da eben mit angehört?«

Sie hob die Schultern. »Werden wir herausfinden. Alles zu seiner Zeit.«

Sie liefen über den Vorplatz, und Hanna spürte die Blicke des Grafen in ihrem Rücken.

Wie Giftpfeile.

Ein Auto kam aus dem Wald angefahren und hielt direkt vor ihnen an. Johannsen stieg aus.

»Hallo, Jo«, sagte Westermann freundlich. »Auch schon wieder im Dienst?«

»Sieh an, die Herrschaften Geheimermittler«, kam es säuerlich zurück. »Und? Schon jemanden verhaftet? Ich sehe ja gar nicht den jungen Florian in Handschellen. Oder wolltet ihr euch beim Grafen nur ein bisschen lieb Kind machen? Habt ihr ihm erzählt, ich hätte seinen Sohn verpfiffen? Kann ja nicht schaden, einen mächtigen Feind zum Freund zu haben. Dafür werde ich jetzt büßen dürfen, und ihr geht währenddessen fröhlich den wahren Mörder fangen.«

»Hör auf!« Hanna stapfte mit dem Fuß auf. Es war ihr egal, wie das wirkte. »Johannsen, Schluss jetzt. Wir sind Polizeibeamte, klar? Wenn du noch böse bist, weil wir dich nicht in unsere Ermittlungen einbeziehen, so tut es mir herzlich leid. Wir haben unsere Vorschriften.«

»Na sicher. Ihr seid gesetzestreue Beamte. Und als solche deckt ihr die kleinen Verfehlungen anständiger Bürger auf, während ein Killer frei herumläuft.«

Sie wollte etwas erwidern, etwas richtig Geistreiches, das ihn beschämte. Ihr fiel bloß nichts ein. So schwieg sie lieber.

»Mensch, Jo«, sagte Westermann fast flehend. »Jetzt sei doch nicht mehr eingeschnappt. Selbstverständlich haben wir Fallersleben nicht verraten, wer uns auf Florians Spur gebracht hat. Was denkst du denn von uns? Komm schon. Wir hatten es so nett heute Nacht. Hey, weißt du was? Hanna hat vorhin Alfred gekauft. Jetzt ist sie stolze Pferdebesitzerin. Stell dir vor, der Egon wollte ihn an einen Abdecker aus Hamburg verscherbeln. Du hattest recht. Der wollte ihn einfach schlachten lassen. Dachte wohl, in der Dose fällt's nicht mehr auf, wie hässlich der ist.«

Dafür fing er sich einen Handkantenschlag von Hanna ein, der allerdings an seinen Rippen unbemerkt abprallte.

»Tatsächlich?« Einen Moment lang schien es, als hellte sich Johannsens Miene auf.

Dankbar wollte Hannas kindisches Herz einen kleinen Freudenhüpfer veranstalten. Es kam nicht dazu. Schon schaute Johannsen wieder grimmig drein.

»Schön für sie. Ihr entschuldigt. Ich muss zu meiner Patientin.«

Mit steifen Schritten ging er davon.

»Mann, ist der sauer«, fasste Westermann zusammen. Hanna schwieg.

»Nicht traurig sein, Chefin. Der kriegt sich schon wieder ein. Und wegen meinem Spruch von Alfred in der Dose tut's mir leid. Ich dachte, ich bringe den Jo zum Lachen, und dann ist alles wieder gut.«

»Wieso sollte ich traurig sein?«

Diesmal zog Westermann es vor zu schweigen, aber Hanna schien es, als wisse dieser junge ungehobelte Kollege mehr als sie selbst.

»Was machen wir jetzt?«, fragte er nach einem kurzen Schweigen.

Sie war ihm dankbar für seinen sachlichen Tonfall.

»Mittagspause. Ich bin am Verhungern. Du nicht?«

Westermann nickte eifrig.

»Lass uns nachschauen, ob Luise etwas Feines gekocht hat.«

Eine Stunde später saßen sie vor dampfenden Tellern mit goldenen Heidekartoffeln, Rührei mit Pilzen und buntem Gemüse, alles garantiert ohne Wacholderschnaps, wie Luise bei ihrem Leben geschworen hatte. Die Pilze hatte ihr Heinz-Otto gebracht, erzählte sie.

Dann war die alte Dame wieder in ihrem Keller verschwunden.

»Ich brauche noch mehr Nachschub«, hatte sie erklärt. »Heinz-Otto hat vorhin ein paar englische Ladys vorbeigebracht. Die haben meinen Schnaps probiert und fanden, das sei ein ›very lovely Gin‹. Tja, und dann haben sie fünf Literflaschen bestellt. Ich muss mich ranhalten.«

»Irgendwann fliegt ihre Hexenküche in die Luft«, murmelte Westermann und machte sich über sein Essen her.

Hanna folgte seinem Beispiel.

Zum Nachtisch gab es Buchweizenpfannkuchen mit

selbst gemachtem Apfelmus. Anschließend wäre Hanna am liebsten ins Bett gegangen, so satt und müde war sie.

Stattdessen stand sie auf. »Ich mache mich auf den Weg zur Wache, Westermann, und ich möchte ein paar Stunden allein sein.«

»Was? Wieso das denn?«

Sie erklärte ihm, dass sie manchmal Zeit für sich an ihrem Schreibtisch brauchte, um gründlich nachzudenken.

»Aha!«, sagte Westermann. »Deswegen bist du gestern vom Tatort erst mal dahin gefahren, anstatt gleich zu Fallersleben zu kommen. Hast mich im Feindesland meinem traurigen Schicksal überlassen, damit deine grauen Zellen arbeiten konnten.«

»So ungefähr.«

Er wischte sich mit einer Papierserviette den Mund ab. »Aber danke, dass du mich aufgeklärt hast. Wenn das so weitergeht, weiß ich bald alles über dich.«

Niemals, erklärte Hanna im Stillen. Ihre innere Stimme war da ganz ihrer Meinung. Männer können alles essen, aber sie müssen nicht alles wissen. Sie grinste.

»Ist was?«, fragte Westermann.

»Nö, alles okay. Wir sehen uns später. So in zwei, drei Stunden, in Ordnung?«

»Von mir aus. Dann gehe ich jetzt nach Hause und sehe mal nach, ob mein alter Herr dein hässliches Pferd gut untergebracht hat.«

Alfred. Ihr neuer dicker großer Freund. Der einzige, der ihre Liebe verdiente.

Hanna wollte auf der Stelle ihre Pläne ändern und mit zu Westermanns Hof laufen. Nein.

Die Pflicht ging vor. Sie musste noch einmal den Besuch bei Fallersleben rekapitulieren, und sie musste vor allem über den Anrufer nachdenken.

Was, um Himmels willen, hatte sie in diesen Tagen *gerochen*, das sie auf die richtige Spur bringen sollte? Unmöglich. In dem Punkt musste sie sich geirrt haben. Sie lauschte in sich hinein. Da war nur beleidigtes Schweigen.

Westermann stand auf. »Dann bis später, Chefin. Ich will mir ein paar Gedanken über unseren anonymen Anrufer machen.«

»Das habe ich mir auch gerade vorgenommen«, erklärte Hanna lächelnd.

»Astrein. Jetzt sind wir schon telepathisch verbunden. Zu dumm, dass nicht mehr draus werden kann.«

Wieso war er sich da plötzlich so sicher?

»Lass gut sein, Westermann.«

»Ist gebongt. Ich gehe jetzt grübeln. Die eine oder andere Idee hätte ich vielleicht dazu.«

Hanna hob fragend die Augenbrauen.

»Später. Muss mich erst sortieren.«

Fort war er und ließ sie nachdenklich zurück.

Schließlich machte sich Hanna zu Fuß auf den Weg zur Wache, und als sie an ihrem Schreibtisch saß, lehnte sie sich zurück, schloss die Augen und dachte intensiv an das Telefonat vom gestrigen Nachmittag.

Und dann stand er plötzlich vor ihr, der Anrufer, schüttelte den Kopf und sagte: »Darauf hätte Sie aber wirklich schon früher kommen können, Frau Kommissarin. So schwer war das doch nicht. Ich dachte, ihr Stadtleute seid so oberschlau.«

Sie sah ihn ganz genau vor sich, und auf einmal war alles ganz einfach.

»Sie haben beobachtet, wie Heiner Hansen erschossen worden ist?«

»Selbstverständlich, sonst hätte ich Sie nicht angerufen.«

»Und Sie wissen, wer es war?«

»Jawohl.«

»Aber warum haben Sie sich nicht gleich zu erkennen gegeben?«

»Ich hatte meine Gründe, Frau Kommissarin. Sehr gute Gründe. Und Sie sind nicht der Karl. Hübscher sind Sie ja, aber eben nicht der Karl.«

»Vielen herzlichen Dank. Und verraten Sie mir auch, wer der Mörder ist?«

»Aber gern. Es ist…«

Hanna wachte auf. Aber da war etwas, greifbar nahe. Sie musste sich nur ganz fest darauf konzentrieren.

17

Zwei Stunden später saß Hanna immer noch an ihrem Schreibtisch auf der Wache und war keinen Schritt weitergekommen. Sosehr sie auch grübelte, ihr Traum-Anrufer entzog sich ihr. Mal glaubte sie, ihn wieder genau vor sich zu sehen, und sie ahnte, es war … nein! Doch nicht! Sein Gesicht, im Traum so deutlich, blieb verschwommen. Und der Name, den er genannt hatte. Verdammt! Er hatte ihn doch genannt, oder nicht? Es war, ja … es war …

»Teufel auch!«, rief Hanna und schlug mit der Faust auf den Schreibtisch.

Da träumte sie schon mal etwas wirklich Wichtiges, und dann konnte sie sich nicht mehr daran erinnern. Das Leben war ungerecht!

Vorn auf dem Tresen klingelte das Telefon.

Hanna unterdrückte ein Gähnen, als sie sich meldete. In der nächsten Sekunde war sie hellwach.

Der Rechtsmediziner aus Hamburg rief an, um ihr die Ergebnisse der Autopsie mitzuteilen. Gespannt hörte Hanna zu, aber mit jedem Wort des Experten schwand ihre Hoffnung auf einen wertvollen Hinweis. Heiner Hansen hatte unter einer Fettleber und zwei verengten Herzkranzgefäßen gelitten. Alles andere als ein gesunder Mann also.

Ohne den Kopfschuss hätte er aber bei besserer Er-
nährung und sorgfältiger Vorsorge noch ein gutes Leben
haben können, erklärte der Rechtsmediziner. Zumindest
noch einige Jahre.

»Die Mordwaffe war mit hoher Wahrscheinlichkeit ein
großkalibriges Gewehr, mehr kann ich dazu nicht sagen.
Bedauere, Frau Kommissarin.«

»Das bedeutet«, fasste Hanna zusammen, »dass die
Kugel aus jeder der eingesammelten Jagdflinten abgefeuert worden sein könnte.«

»Korrekt. Oder aus einer anderen, die Sie nicht requi-
riert haben.«

»Das hilft mir nicht weiter.«

»Tut mir leid. Ich habe Ihnen ja schon gestern gesagt,
dass wir ohne die Kugel nicht sehr weit kommen werden.
Aber etwas habe ich noch für Sie.«

»Und was?«, fragte sie ohne große Hoffnung. Viel
konnte es nicht sein.

»Grob geschätzt wurde der Schuss aus fünfzehn bis
zwanzig Metern Entfernung abgefeuert. Dem Mörder ist
es also gelungen, sich sehr dicht an sein Opfer heranzu-
schleichen.«

Hannas Hoffnung schwand gänzlich. Damit konnte sie
nicht viel anfangen. War ja wohl klar, dass man in einem
Wald mit dichtem Baumbestand nicht aus großer Distanz
treffen konnte.

Sie bedankte sich und legte auf.

Eine Weile blieb Hanna an den Tresen gelehnt stehen
und überlegte, ob sie nicht doch irgendetwas Wertvolles
aus dem Gespräch ziehen könnte.

Nein. Da war nichts. Mist!

Lautes Hufgetrappel ließ sie aufschrecken.

Das klang nicht nach den müden Kleppern von Heinz-Otto, das klang außerordentlich temperamentvoll.

Geradezu wild.

Dazu schallte Westermanns Stimme durch die offene Tür der Wache herein: »He, mein Dicker, immer mit der Ruhe! Brr! Brr!«

Hanna stürmte nach draußen.

Andere Leute taten es ihr nach. Aus den Häusern, dem Gasthof *Erika*, der Apotheke, der Bäckerei Möller und dem Tante-Emma-Laden strömten die Neugierigen auf den Dorfplatz. Innerhalb von Sekunden war mindestens halb Hasellöhne versammelt und genoss das Schauspiel.

Ein Schimmel trabte um den Dorfbrunnen herum, und zwar in beängstigendem Tempo. Hoch flogen die Knie, weit spritzte der Schaum aus dem Maul, rhythmisch wogte der dicke Bauch von einer Seite zur anderen. Auf seinem Rücken hüpfte Fritz Westermann auf und ab, machte ein verzweifeltes Gesicht und zog mit aller Kraft an den Zügeln.

Ohne Erfolg. Weiter ging der wilde Trab, entgegen dem Uhrzeigersinn und so knapp an den Findlingen vorbei, dass Westermanns linkes Bein jeden Moment zerschmettert werden konnte.

»Brr, Alfred! Brr!«

Alfred? Wer sollte das sein? Verständnislose Blicke wurden getauscht, bis jemand sagte: »Das ist doch dem Egon sein Gaul. Den hat die Eva ihm dagelassen. Als Abschiedsgeschenk. Der steht jetzt bei seinen Kühen und frisst sich voll.«

»Fett ist er ja!«, sagte ein anderer.

»Aber sauberer, seit ich ihn das letzte Mal auf der Kuh-
weide gesehen hab.«

Stimmt, dachte Hanna. In der Nachmittagssonne
schimmerte Alfred strahlend weiß. Und die Löcher im
Fell fielen gar nicht mehr so auf, was aber auch an der
Geschwindigkeit liegen mochte, mit der er seine engen
Kreise zog.

Wieso hörte er bloß nicht auf zu traben? Was hatte
Westermann mit ihm angestellt?

»Den kriegt der Fritz nicht zum Stehen«, orakelte
Bäckermeister Möller. »Ich kenne mich aus. Seht ihr? Der
hat das Trensengebiss fest zwischen seinen Backenzähnen
eingeklemmt. Verbeißen nennt man so was. Da kann er
ziehen, soviel er will. Bringt nichts. Der rennt weiter.«

»Hab noch nie gesehen, wie ein Gaul durchgeht, indem
er im Kreis trabt«, meinte der alte Kutscher Heinz-Otto
und knetete seinen Filzhut. »Meine beiden sind vor zehn
Jahren auch mal durchgegangen, weil eine Touristin so
laut geschrien hat. Aber die sind dann geradeaus über die
Heide galoppiert.«

Ein mindestens ebenso alter Mann neben ihm lachte.
»Deine Klepper sind von hier. Die sind normal veran-
lagt. Der Dicke da kommt aus Tschechien. Bei Ausländern
weiß man eben nie.«

»Aber wieso sitzt Fritz da überhaupt drauf? Kann nicht
mal vernünftig leichttraben. Hoppelt da oben rum wie'n
Riesenhase auf'm offenen Feuer. Gleich fliegt er aus'm
Sattel.«

»Würde ich auch gern wissen. Der Schimmel ist eine
ganze Weile nicht geritten worden. Ist doch klar, dass den
der Hafer sticht.«

Hanna reichte es jetzt. Sie stemmte ihre Fäuste in die Hüften und rief laut über den Platz: »Kann den mal jemand stoppen?«

Die Leute schauten gesammelt zu ihr herüber und dann wieder zum Brunnen.

»Ich bin ja nicht lebensmüde«, erklärte Möller.

»Sie sind doch die Polizei!«, fügte ein junger Mann in einem dunkelblauen Overall hinzu und erntete Gelächter. »Müsste 'ne Kleinigkeit für Sie sein. Retten Sie Ihren Kollegen. Und beeilen Sie sich lieber. Der arme Fritz hat schon einen gewaltigen Drehwurm.«

Hannas Blick flog zum Brunnen. Dort war Westermann jetzt verstummt, und seine Gesichtsfarbe tendierte ins Grünliche. Die Füße, die bis weit unter Alfreds großen Bauch reichten, schlackerten unkontrolliert durch die Luft, während seine Körpermitte dem Gesetz der Schwerkraft gehorchte und nach rechts aus dem Sattel driftete, weg vom Brunnen.

Unglücklicherweise war Westermann offenbar nicht der Typ, der sich so einfach abwerfen lassen wollte. Hanna ahnte das Unheil, als sie sah, wie der große Mann mit aller Kraft versuchte gegenzusteuern. Er ließ die Zügel los, packte Alfreds Mähne und wollte mit einem kräftigen Ruck wieder in den Sattel rutschen.

Als hätte er nur darauf gewartet, blieb Alfred so plötzlich stehen, dass seine Hufeisen auf dem Kopfsteinpflaster Funken schlugen. Mit einer einzigen geschmeidigen Bewegung drehte er sich zum Brunnen und senkte seinen breiten Hals.

Westermann setzte zum Flug an.

»Scheiße!«, rief er.

Dann landete er im Wasser.

Applaus brandete auf, und selbst Hanna war trotz ihrer Angst um den Kollegen von dem rasanten Schauspiel beeindruckt.

»Achtung, Tsunami!«, rief ein Junge, als eine mächtige Welle aus dem Brunnen schwappte und einige Leute vollspritzte. So ein riesenhafter germanischer Gott verdrängte eine Menge Wasser.

Das Becken war auf einen Schlag halb leer.

Westermann war auf den Hosenboden gefallen und wirkte zwar nass, aber unverletzt. Jetzt kam er rutschend auf die Beine und schüttelte sich, wobei ein weiterer Schauer auf die Umstehenden niederging.

Alfred hob seinen krummen Kopf und blickte sich um. Stolz und zufrieden, wie es Hanna schien. Dann entdeckte er sie und setzte sich in Bewegung. Vor den Augen der Dorfbewohner kam er in gemäßigtem Tempo zu ihr.

Die Ruhe selbst. Nur seine Nüstern waren noch weit gebläht, und die Flanken pumpten kräftig.

Jemand sprach aus, was Hanna dachte: »Hätte ich das nicht eben selbst gesehen, würde ich dem fetten Gaul so eine Aktion im Leben nicht zutrauen.«

Na ja, den Ausdruck »fetter Gaul« hätte sie nicht benutzt.

Alfred war jetzt bei ihr angekommen, schaute sie aus seinen klugen Froschaugen an und setzte sich.

»Nee, ne?«, rief eine Frauenstimme. »Das glaube ich jetzt nicht. Hat mir einer was von Luises Schnaps in den Kaffee geschüttet? Seht ihr auch alle ein fettes sitzendes Pferd vor der Polizeiwache?«

»Alfred ist nicht fett!«, rief Hanna und begann ihn zu

kraulen. Zwischen den Ohren und auf der krummen Nase, wo er es gern hatte.

Der Wallach schloss hingebungsvoll die Lider. Nichts an ihm erinnerte mehr an das wild gewordene Pferd von eben.

»Ich würde mal behaupten«, sagte eine Stimme, die Hanna nur zu gut kannte, »unsere neue Kommissarin hat die Liebe ihres Lebens gefunden. Sehr romantisch, findet ihr nicht auch?«

Wieder brandete Applaus auf, begleitet von lautem Gelächter.

»Vielen Dank, Johannsen«, erwiderte Hanna. »Dass hier auch bloß keiner auf die Idee kommt, mir einen gewissen Respekt entgegenzubringen.«

»Nur nicht gleich eingeschnappt sein«, gab der Arzt prompt zurück. In seinen Augen lag ein Glitzern, und sie schaute schnell weg.

»He, Doc!«, rief der junge Mann im Overall. »Kommen Sie mal ganz schnell zu unserem Hilfssheriff. Der sieht gar nicht gut aus.«

Hanna linste an Alfreds breitem Hinterteil vorbei und sah, wie Westermann auf halbem Weg zu ihr wieder auf den Hosenboden plumpste.

Er griff sich an den Kopf und starrte vor sich hin. »Scheiße! Das ganze verdammte Dorf dreht sich. Da! Jetzt kommt schon wieder die Apotheke vorbei!«

Johannsen war schon bei ihm. »Nur die Ruhe, Fritz. Das geht gleich vorbei. Dir ist nur schwindelig nach dem wilden Ritt im Kreis herum.«

»Ich glaub, ich muss kotzen.«

Einige Leute sprangen zurück.

Hanna schimpfte leise mit Alfred. »Bist aber nicht nett gewesen, mein Großer.«

Der stupste sie nur mit dem Maul an. Weiterkraulen, sollte das heißen.

Sie sah wieder zu Westermann. Johannsen war neben ihm in die Hocke gegangen und drückte ihm gerade eine kalte Kompresse in den Nacken und eine zweite auf die Stirn. Bäckermeister Möller hatte offenbar zwei Tischdecken geopfert und im Brunnen nass gemacht.

»Super«, brummte Westermann. »Die einzigen Stellen, an denen ich noch trocken war.«

»Halt den Mund und atme tief durch.«

»Nee, wenn ich still bin, muss ich ans Kotzen denken. Besser sabbeln. Hey, ein Gutes hat der Scheiß ja.«

»Was denn?«, erkundigte sich Johannsen.

»Endlich weiß ich, wie man sich fühlt, wenn man sternhagelvoll ist. So wie du gestern Nacht, Jo.«

Ein Raunen ging durch die Menge. Skandal!

Vor allem die Frauen im Publikum schauten böse. Die eigenen Männer soffen sich schon mal das Hirn weg, das kannte man ja. Und man selbst war auch nicht immer abgeneigt. Aber der Herr Doktor? Nee, das konnte doch nicht angehen. Der hatte ein Vorbild zu sein und immer schön nüchtern für den Fall, dass einen mal das eine oder andere Zipperlein plagte. Na, er war ja gestern auch bei Luise gewesen, aber eigentlich hatte keiner mitgekriegt, dass er auch was getrunken hatte.

»Herr Doktor, Herr Doktor!« Birthe Möller drohte Johannsen spielerisch mit dem Zeigefinger. »Dass mir so etwas aber nicht noch mal vorkommt. Wir brauchen unseren Doktor! Und zwar immer schön nüchtern.«

Hanna beobachtete genau Johannsens Mienenspiel, und sie ahnte, was gleich passieren würde.

Westermann auch. Der zog den Arzt am Ärmel. »Muss doch nicht jetzt sein. Mir geht's echt schlecht.«

Johannsen beachtete ihn nicht, sondern stand auf und drehte sich langsam einmal im Kreis.

»Jetzt reicht es mir!«, rief er, und Hanna hörte seinen ganzen angestauten Frust heraus.

Birthe Möller versteckte sich hinter ihrem Mann, die anderen tauschten verständnislose Blicke. Hanna bemerkte Heinz-Otto, der seinen Hut wieder auf dem Kopf trug und tief über die Stirn gezogen hatte. Er schaute zu ihr herüber. Oder zu Alfred. War schwer zu unterscheiden. Vielleicht überlegte er ja, ob er den Schimmel als Kutschpferd gebrauchen konnte.

Auch Alfred schien etwas zu spüren. Er rutschte unruhig auf seinem Hinterteil hin und her. Oder er stellte einfach nur fest, dass Kopfsteinpflaster nicht so weich wie eine Weide war.

Als Hanna erneut zu dem Kutscher schaute, war er in der Menge verschwunden. Komisch.

Alle anderen starrten jetzt Johannsen an. Der war zum Brunnen gegangen, schwang sich auf dessen Rand und von dort auf die Spitze eines Findlings.

Ganz schön sportlich, fand Hanna.

Hier und da erklangen anerkennende Pfiffe, aber mit einem langen Blick in die Runde brachte er alle zum Schweigen.

»Leute, ich muss euch etwas sagen.«

Keine gute Idee, dachte Hanna.

»Tu's nicht«, flehte Westermann und machte Anstalten aufzustehen. »Wir haben gerade schon genug Stress. Denk an die Leiche. Und überhaupt.«

Das mit dem Aufstehen klappte noch nicht. Er blieb hilflos sitzen und hielt sich weiter die zusammengefalteten Tischdecken an den Kopf. Dabei stöhnte er leise vor sich hin.

Alfred erhob sich mit einem Ächzen und stellte sich dicht neben Hanna. Als ob er ebenfalls genau zuhören und gleichzeitig seine neue Freundin vor allem Unbill beschützen wollte.

Verrückt, dachte sie, lehnte sich aber dankbar an seine starke Schulter.

»Ich bin kein Doktor!«

»Wat?«

»Spinnt der?«

»Wat isser dann? Ein Schauspieler? So wie der Landarzt aus der Serie?«

»Der will uns nur veräppeln.«

»Jetzt hört ihm doch erst mal zu!«, befahl Bäckermeister Möller.

Aber das Gerede ging weiter, während Johannsen mit hochrotem Gesicht auf dem Findling mühsam das Gleichgewicht hielt.

Hanna fürchtete schon, er würde auch gleich im Brunnen landen. Westermanns Gedanken gingen anscheinend in die gleiche Richtung. Er rappelte sich endlich auf, kroch auf allen vieren zum Findling und zog sich langsam daran hoch. Dann blieb er so stehen, dass er Johannsen zur Not halten konnte.

»Alle Mann den Mund halten!«, schrie er.

Das wirkte. Die Dorfgemeinschaft verstummte.

»Ich bin Arzt«, erklärte Johannsen mit fester Stimme, »aber ich habe keinen Doktortitel.«

»Kapier ich nicht«, sagte jemand. »Mein gebrochenes Schienbein haste letzten Winter astrein wieder hingekriegt.«

»Und mein Olaf hustet nicht mehr«, warf eine Frau ein. »Und wie Sie mir die Dornen aus dem Hintern gepickt haben, als ich neulich in meinem Rosengarten hingefallen bin! Das war erstklassig.«

Johannsen sah aus, als wollte er sich gleich freiwillig im flach gewordenen Brunnen ertränken. Er setzte noch einmal an. »Ich habe mein Medizinstudium absolviert. Ich bin also ausgebildeter Allgemeinmediziner. Nur meine Doktorarbeit habe ich nicht abgeschlossen.«

»Na, dann ist doch alles gut«, sagte Birthe Möller. »Was interessiert uns so'n blöder Titel? Ist doch bloß 'n Stück Papier.«

Allgemeines zustimmendes Gemurmel setzte ein. Einige Leute applaudierten.

»Hättest uns das gar nicht sagen müssen, Jo«, rief jemand.

»Genau! Sie sind unser Arzt. Ob mit oder ohne den Doktor davor, ist uns wurscht.«

Johannsen schien verwirrt. So leicht hatte er sich das offenbar nicht vorgestellt. Dankbar nickte er den Hasellöhnern zu.

»Nur, damit ihr es alle wisst. Ich hatte schon längst vor, euch die Wahrheit zu sagen. Aber unsere neue Kommissarin hat mein Geheimnis aufgedeckt, und da dachte ich mir, ich verkünde es lieber persönlich.«

Hanna knirschte mit den Zähnen. Übersetzt hieß das,

weil sie eine blöde Petze war, die nichts Wichtigeres zu tun hatte, als ihn bei der Bevölkerung anzuschwärzen.

Mistkerl!

Dort, wo sonst ihre innere Stimme gern einen Kommentar abgab, herrschte jetzt Schweigen. Der fiel auch nichts dazu ein.

Alfred spürte Hannas Anspannung und schnaubte ihr kräftig auf den Kopf. Nur die Ruhe, sollte das heißen. Das wird schon.

Mit Westermanns Hilfe stieg Johannsen vom Findling. »Wenn jemand sich von mir nicht mehr behandeln lassen möchte, kann ich das verstehen«, erklärte er noch.

Wie auf Kommando wandte sich ein halbes Dutzend Leute zur Apotheke und betrat den Nebeneingang, der nach oben zur Praxis führte. Auch der Rest der Menge verstreute sich nach und nach. Manche lachten noch, andere schauten kopfschüttelnd von dem tropfnassen Westermann zu dem verrückten Pferd, wieder andere streiften Hanna mit einem unfreundlichen Blick und nickten dann ihrem Doktor aufmunternd zu.

»Na, siehste«, sagte Westermann zu Johannsen. »War doch halb so wild.«

Der hob die Schultern und vermied jeglichen Augenkontakt mit Hanna.

»Geht's wieder?«, fragte er Westermann.

»Alles bestens. Die Häuser haben angehalten, und mir ist nicht mehr schlecht.«

»Gut.« Er machte sich auf den Weg zur Praxis. Schien es eilig zu haben.

Westermann kam zu Hanna. Alfred schnaubte. Es klang ärgerlich.

»Ist ja gut, Dicker. Du kannst nichts dafür. Hast dich wohl erschreckt, was? Dabei wollte ich Hanna eine Freude machen.«

»Eine Freude?«, fragte sie ungläubig. »Indem du dein Leben aufs Spiel setzt? Und das von Alfred gleich dazu? Spinnst du?«

»War ja nicht so geplant«, murmelte Westermann und wischte sich ein paar Wassertropfen vom Gesicht. »Ich wollte dir nur vorführen, wie hübsch dein potthässlicher Gaul aussehen kann. Eine kurze Runde um den Brunnen und dann wieder nach Hause. Das hätte dir gefallen, oder nicht?«

»Na ja«, murmelte Hanna.

»Nur blöd, dass Alfred was dagegen hatte. Da setze ich mich nie wieder drauf. Großes Ehrenwort.«

»Und jetzt?«, fragte Hanna.

Westermann griff nach den Zügeln. »Ich führe ihn nach Hause, ziehe mich um und bin schnell wieder da. Kommst du mit, Alfred?«

Hanna schlug ihm aufmunternd auf die Kruppe, und der Wallach setzte sich brav in Bewegung. Für heute schien er genug Abenteuer erlebt zu haben.

Einen Moment lang schaute Hanna dem dicken Pferd und dem nassen Mann hinterher, dann kehrte sie in ihr Büro zurück und zwang sich, Johannsen aus ihren Gedanken zu verbannen. War nicht ganz einfach.

18

Als Westermann eine halbe Stunde später zurückkehrte, teilte Hanna ihm die Neuigkeiten aus der Gerichtsmedizin mit.

»Ich finde die kurze Schussdistanz doch wichtig«, erklärte er, nachdem sie geendet hatte. »Ein bisschen kann es die Suche eingrenzen, meinst du nicht?«

Hanna blickte zweifelnd zu ihm auf. »Inwiefern?«

»Na ja, wer sich bis auf zwanzig oder sogar fünfzehn Meter ungesehen an sein Opfer heranschleichen kann, muss schon ein erfahrener Jäger sein.«

»Oder ein Indianer.«

»Chefin, jetzt veräppelst du mich.«

»Nicht doch, Westermann. Ich will dir bloß klarmachen, dass wir allein mit den Ergebnissen aus Hamburg nicht weiterkommen. Wir müssen uns auf unsere eigenen Ermittlungen verlassen.«

Westermann drängte sich an ihr vorbei, wobei sein mächtiger Brustkorb ihre Schulter berührte. Ihre Nase nahm einen Hauch Aftershave, vermischt mit dem brackigen Geruch von Brunnenwasser, auf. Roch eigentlich ganz gut.

Dann quetschte er sich auf seinen Stuhl und verschränkte die Hände hinter dem Kopf.

»Hab schon verstanden. Und nu wirst du staunen, Chefin. Bevor ich nämlich mit Alfred unser kleines Rodeo veranstaltet habe, ist mir was eingefallen.«

»Ach ja? Und was?«

»Es geht um deinen anonymen Anrufer.«

»Lass hören«, sagte Hanna gespannt. Sie blieb an den Tresen gelehnt stehen und überlegte kurz, ob sie Westermann von ihrem Traum berichten sollte.

Lieber nicht, entschied sie schnell. War ja nichts dabei rausgekommen. Stattdessen schwieg sie und wartete ab, was ihr Kollege zu erzählen hatte.

Westermann ließ sich Zeit. Er verlagerte sein Gewicht erst auf die eine, dann auf die andere Pobacke und verzog dabei den Mund. »Schätze, ich habe mir das Steißbein geprellt. Als Verletzung im Dienst kann das wohl nicht durchgehen, was?«

Sie feixte und schüttelte den Kopf.

Er grinste zurück. »Schade. Könnte ein paar Krankentage gebrauchen.« Er fing ihren Blick auf und fuhr schnell fort: »Also, meiner Meinung nach kommen gar nicht so viele Leute für den Anruf in Frage.«

Westermann stand auf und lehnte sich ebenfalls an den Tresen. »Sitzen ist im Moment doch nicht so gut für mein zweitbestes Körperteil.«

Ihre Nackenmuskeln protestierten, als sie zu ihm hochsah. »Red weiter. Die ersten vierundzwanzig Stunden sind bei einer Mordermittlung die wichtigsten. Und die sind bereits um.«

»Weiß ich selber, Chefin. Aber damit du nicht gleich behauptest, ich hätte nicht vernünftig überlegt, erzähle ich dir erst, wie ich darauf gekommen bin.«

Hanna seufzte. In der Heide tickten die Uhren anders als in Hamburg. Wenn sie Pech hatte, würde sie noch in der Nacht hier stehen und Westermanns Vortrag lauschen.

»Ich habe Alfred geputzt. Das war vielleicht eine Arbeit! Der bestand ja nur noch aus Dreck. Da musste ich zu allererst mit Wasser und Pferdeshampoo ran.«

Sie musterte ihn scharf. War sein Sturz schwerer ausgefallen als gedacht? Hatte er sich doch den Kopf gestoßen?

»Was hat das jetzt mit unserem Anrufer zu tun?«

»Na, du hast gesagt, du kannst am besten nachdenken, wenn du an deinem Schreibtisch sitzt. Bei mir ist das anders. Ich muss was zu tun haben, und da hat sich Alfred geradezu angeboten. Mein alter Herr hat gesagt, so ein dreckiges Pferd kommt ihm nicht in seinen schönen Stall. Fand ich ein bisschen übertrieben. Aber ihm reichte es, dass er schon wieder den Hänger mit dem Gartenschlauch ausspritzen musste. Hatte er gerade erst nach dem Besoffenentransport von letzter Nacht erledigt. Jedenfalls stand Alfred in unserem kleinen Auslauf, aber da war er nicht glücklich. Nur Heidesand unter seinen Hufen. Kein einziger Grashalm. Der sah richtig unglücklich aus. Im Stall wartete frisches Stroh auf ihn und ein Ballen Heu. Ach ja, und Gesellschaft war da auch. Unser Zwergpony Sieglinde. Ist eigentlich eine Kartoffelsorte, aber als wir es angeschafft haben, fanden wir alle, das Pony sieht so knuffig und knollig aus, und da drängte sich der Name geradezu auf.«

»*Westermann! Komm zur Sache!*«

Er warf ihr einen unschuldigen Blick zu. »Bin dabei, Chefin. Während ich also eingetrocknete Kuhfladen und wer weiß was noch alles aus Alfreds Fell herausgekratzt und gewaschen habe, bin ich alle Möglichkeiten durchgegangen. Wer kommt als Augenzeuge für den Mord in Frage? Ein Teilnehmer der Jagd eher nicht. Der Banker hat sich ja weit von uns allen entfernt, um diesen verdammten Hirschbock zu erwischen.«

»Möglich wäre es trotzdem«, unterbrach ihn Hanna. »Eine Jagdgesellschaft verteilt sich doch im Wald, oder nicht?«

»Schon.«

»Also kann ein beliebiger Jäger sich ebenfalls abgesetzt und dann den Mord beobachtet haben.«

»Beziehungsweise den Hansen erschossen haben.«

»Stopp, Westermann. Im Moment suchen wir den Augenzeugen, nicht den Mörder. Mal abgesehen davon, dass der junge Graf Florian immer noch unser Hauptverdächtiger ist.«

Während der Kollege gesprochen hatte, war sie in Gedanken selbst wieder ein Stückchen weitergekommen. Fast, ja, fast hatte sie die Lösung.

Ihr Nacken schmerzte. Wie früher, wenn sie im Kino nur noch Platz in der ersten Reihe gefunden hatte. Dennoch hielt sie den Augenkontakt und trat auch keinen Schritt zurück.

Die Spannung war beinahe mit Händen greifbar. Hanna spürte, dass sie kurz vor einem entscheidenden Durchbruch standen.

»Ja, also, einen Jäger hatte ich eigentlich ausgeschlossen, und ich habe geputzt und geputzt. Dann musste ich an die Frauen aus Hasellöhne denken. Einige von denen haben ihre Männer ja zur Jagd gefahren und sind dann wieder heim. Vielleicht nicht sofort? Vielleicht war eine noch Pilze suchen.«

»Westermann«, brummte Hanna. »Es war eine Männerstimme.«

»Genau. Deswegen habe ich die Frauen auch gleich wieder ausgeschlossen. Also habe ich weiter geputzt und geputzt. Ich glaube, Alfred ist die Hälfte seines Fells losgeworden. Na, dann hatte ich eine Erleuchtung.«

Hanna schwieg und starrte nach oben.

»Harry Vierßen!«

Verdammt, dachte sie.

»Ich habe angefangen, Alfreds verfilzte Mähne zu entwirren und dabei über den Schäfer nachgedacht. Harry muss mit seiner Herde ganz in der Nähe des Tatortes gewesen sein, sonst wäre ja sein Bock nicht aus Versehen erschossen worden.«

Verdammt, dachte Hanna wieder. Das ging jetzt in eine ganz andere Richtung, als sie gehofft hatte.

»Also habe ich gegrübelt und gegrübelt. Nachdem Alfreds halbe Mähne weg war, habe ich mir den Schweif vorgenommen. Der sah noch schlimmer aus. Sorry, Chefin, aber einen Teil musste ich abschneiden. Ging nicht anders. Harry, ja, Harry.«

Er stieß einen kleinen Rülpser aus. Der Geruch nach Brunnenwasser verstärkte sich. Ein bisschen was musste er vorhin geschluckt haben.

Hanna wartete. Sie war enttäuscht, wollte sich aber nichts anmerken lassen. Möglicherweise hatte sie seine Fähigkeiten doch überschätzt.

Plötzlich grinste Westermann. »Ich war mit dem Schweif schon fast durch. Jetzt fehlten nur noch die Hufe. Auskratzen, entscheiden, ob der Schmied kommen muss, einfetten. Danach wäre ich fertig gewesen, blöderweise ohne endgültiges Ergebnis. Na ja, zur Not hätte ich Alfred mit Dreck bewerfen und von vorn beginnen können.«

»*Westermann, dich bring ich um!*«

Hanna erschrak. Das hatte sie bisher nur für sich gedacht oder gemurmelt, niemals laut gesagt, schon gar nicht ihm ins Gesicht geschrien.

Der Kollege nahm's locker. »Warte noch 'n büschen damit. Vielleicht brauchst du mich ja noch. Tja, also Harry. Der kann's nicht gewesen sein. Wäre jedenfalls höchst unwahrscheinlich.«

»Wieso?«, fragte sie mit neu aufkeimender Hoffnung.

»Harry wohnt gar nicht hier, sondern in Undeloh.«

»In Undeloh?«

»Genau. Und weißt du, was das bedeutet, Chefin?«

»Er hat von dir keine SMS mit meiner Handynummer und auch keinen Handzettel bekommen.«

»Mann! Da bist du jetzt aber schnell drauf gekommen! Ich habe Alfreds ganzen Schweif lang dafür gebraucht. Na, ich weiß schon, warum du Oberkommissarin bist und ich bloß Polizeikommissar.«

Hanna lächelte geschmeichelt. »Und weiter?«

»Dann ist mir jemand eingefallen. Wenn ich ehrlich sein soll, hat mir Alfred dabei geholfen.«

Mir auch, dachte sie. Erst vor einer halben Stunde. Es war das letzte Mosaiksteinchen, das ich noch brauchte.

Westermann holte tief Luft. »Unser alter Kutscher Heinz-Otto.«

»Bingo!«, rief Hanna.

»Was? Du wusstest das schon?« Er zog die Mundwinkel tief nach unten. »Und ich dachte, ich kann mal richtig was zum Fall beitragen.«

Begütigend legte sie ihm eine Hand auf den Arm. »Das tust du, Westermann. Und wie! Ich bin mir bis vorhin überhaupt nicht sicher gewesen. Es gab nur einige Hinweise, die sich nach und nach zu einem Bild zusammengefügt haben. Wenn du jetzt zu demselben Schluss gekommen bist, dann sind wir auf der richtigen Spur.«

Westermann schien nicht besänftigt. »Mir ist einfach eingefallen, dass Heinz-Otto wenigstens einen oder auch mehrere Hamburger Jagdgäste zum Wald kutschiert hat. Und bei der Gelegenheit hat er vielleicht geguckt, ob er ein paar Pilze findet. Ist nämlich seine Leidenschaft, das Pilzesammeln, und wir hatten heute Mittag bei Luise seine Pfifferlinge im Rührei. Das war mein Hinweis Nummer zwei.«

»Ausgezeichnet«, sagte Hanna. »Auf die Pilze wäre ich nicht gekommen. Mir sind andere Dinge aufgefallen.«

»Nämlich?«

»Als ich gestern bei den geparkten Autos vorbeikam, bin ich neben einem Mercedes beinahe in einen Haufen Pferdeäpfel getreten. Obwohl ich so angespannt war, fand ich das lustig. Der Mercedes oder ein BMW, der danebenstand, kamen für diese Hinterlassenschaft kaum in Frage.«

»Nee.« Westermann grinste. »Das muss einer von Heinz-Ottos Kleppern gewesen sein.«

»Mein Geruchssinn hat sich das gemerkt.«

Und ich hab's dir gesagt, meldete sich ihre innere Stimme. Das wollen wir doch mal festhalten.

Ist ja schon gut.

»Außerdem habe ich am Tatort kurz an den abgebrannten Schafstall gedacht. Auch da gab es eine noch unbewusste Verbindung zu Heinz-Otto als Anrufer.«

Westermann hob seine beiden kerzendicken Daumen. »Clever, Chefin.«

»Und draußen hat er mich vorhin eine Weile angestarrt. Ich dachte, er meinte Alfred.«

»Der will uns was sagen«, kombinierte Westermann. »Aber er traut sich nicht.«

»Möchte wissen, warum«, murmelte Hanna. Westermann ging nicht darauf ein. Er wich auf einmal ihrem Blick aus.

Merkwürdig.

»Wie kommt überhaupt ein so alter Mann zu einem Handy?«, fragte sie.

Westermann entspannte sich. Schien froh über den Themenwechsel zu sein. »Du unterschätzt mal wieder die Heidjer, Chefin. Heinz-Otto ist Geschäftsmann. Der muss erreichbar sein. Er hat so ein Gerät für Senioren, mit Riesentasten.«

Hanna nickte. »Dann ruf ihn gleich mal an und bestell ihn her. Ich glaube, er weiß, wer unser Mörder ist.«

»Da wäre ich mir nicht so sicher.«

Hab ich aber geträumt, hätte sie fast erwidert, konnte sich jedoch gerade noch rechtzeitig auf die Lippen beißen.

»Wieso nicht?«, fragte sie Westermann.

»So'n Dusel können selbst wir nicht haben, Chefin. Den anonymen Anrufer finden und gleich den Fall lösen. Kann ich mir nicht vorstellen. Heinz-Otto spaziert hier rein und erklärt, er hat gesehen, wie der junge Graf den Banker abgeknallt hat? Also, ich weiß nicht. Das fühlt sich komisch an.« Er rieb mit einer Hand über seinen Hintern, als wäre sein Steißbein an diesem Gefühl beteiligt.

»Ich glaube auch nicht, dass es so einfach wird«, gab

Hanna zu. »Trotzdem sind wir einen großen Schritt weiter, und der Kutscher kann uns einen wertvollen Hinweis geben. Wie heißt er eigentlich mit Nachnamen?«

»Lüttjens, aber niemand hier nennt ihn Herr Lüttjens. Für uns ist er Heinz-Otto.«

»Und wie alt ist er?«

»Sechsundneunzig, und er hat fest vor, der erste Hundertjährige von Haselöhne zu werden. Bisher hat's noch keinen gegeben.«

»Passt«, sagte Hanna. »Viel jünger habe ich ihn bei unserer ersten Begegnung auch nicht geschätzt.«

»Der hält sich aber gut in Form. Trinkt jeden Morgen einen von Luises Schnäpsen und reibt sich jeden Abend vor dem Schlafengehen damit ein.«

»Aha.«

Sie dachte an den Schafstall-Fall zurück. Da war Heinz-Otto kein sehr zuverlässiger Zeuge gewesen.

»Wie gut kann er eigentlich noch gucken?«

»Wie ein Adler.«

»Du erzählst mir jetzt aber nicht, dass er sich Schnaps in die Augen träufelt?«

»Quatsch, Chefin. Das würde ganz schön brennen.« Er grinste. »Ich ruf ihn gleich mal an und bestell ihn her. Dann werden wir ja hören, ob er uns weiterhelfen kann.«

»Und ich möchte gern wissen, warum er mich anonym angerufen hat«, sagte Hanna.

Westermann ging nicht weiter darauf ein, holte nur sein Smartphone aus der Hosentasche, wischte und drückte und hielt es sich dann ans Ohr.

»Merkwürdig«, sagte er. »Geht nicht ran. Ist gar nicht seine Art.«

»Ich denke, er ist immer erreichbar?«

»Normalerweise schon.«

Hanna runzelte die Stirn. »Und jetzt?«

»Ich gehe mich mal umschauen und frage ein paar Leute. Vielleicht hat er noch eine Kutschfahrt angenommen und steckt irgendwo in einem Funkloch.«

»So spät? Es wird bald dunkel.«

Westermann hob die Schultern. »Find's ja auch seltsam. Und Funklöcher sind in der Lüneburger Heide auch nicht gerade weit verbreitet.«

»Also gut«, erklärte Hanna. »Aber ich komme mit.«

Westermann schien darüber alles andere als erfreut zu sein, und sie fragte sich, was wohl in ihm vorging. Irgendetwas verschwieg er ihr, und das hatte eindeutig mit dem alten Kutscher zu tun.

Der Abend war bereits hereingebrochen, als sie unverrichteter Dinge zur Wache zurückkehrten. Sie hatten es zuerst bei Heinz-Otto zu Hause versucht. Seine Tochter Renate, die ihm den Haushalt führte, war genauso ratlos wie sie gewesen. »Die Pferde stehen im Stall. Papa ist vorhin nach Hause gekommen und hat von deinem wilden Ritt erzählt, Fritz. Dann hat er gesagt, er muss noch mal weg. Keine Ahnung, wohin. Hab's schon zig Mal auf dem Handy versucht.«

Danach hatten sie ganz Hasellöhne abgesucht. Ohne Erfolg. Niemand wusste etwas über den Verbleib des alten Kutschers. Es wurden ein paar Witze über Fritz und das dicke Pferd gerissen, und man fing ein Gespräch über den Doktor an, der keiner war. Daraufhin zogen die Polizisten schnell weiter.

»Wenn dem bloß nichts passiert ist«, brummte Westermann jetzt. »Am Ende wird er doch keine hundert mehr und kratzt genau heute ab. Kurz bevor wir ihn vernehmen können.«

»Das ist nicht lustig, Westermann.«

»Nee, aber möglich. Kann ja sein, dass die ganze Aufregung zu viel für ihn war.«

19

Westermann lehnte sich schwer gegen den Tresen. Das billige Holz knirschte unter seinem Gewicht. »Und was machen wir jetzt, Chefin?«

»Bericht schreiben«, erwiderte Hanna und unterdrückte ein Gähnen. »Dafür ist es allerhöchste Zeit. Ich habe die Polizeidirektion vorerst nur in Stichworten auf dem Laufenden gehalten.«

Westermann tat, als müsse er sich schütteln. »Grauenvoll. Ich kann so was gar nicht gut, und der Karl hatte mit dem Bürokram auch so seine Schwierigkeiten. Du machst das bestimmt am besten.«

Ein Kompliment war das nicht, fand Hanna. Eher eine faule Ausrede.

»Weißt du was?«, fuhr der Polizeihauptmeister schnell fort. »Ich besorge dir ein paar belegte Brötchen von Luise, und dann suche ich allein noch ein bisschen weiter.«

Er wartete ihr Einverständnis nicht ab, sondern verließ mit großen Schritten die Wache.

»Ohne Heidschnuckenfleisch!«, konnte Hanna ihm gerade noch nachrufen.

Den bring ich um, dachte sie. Mich einfach mit der Büroarbeit allein lassen. Das wir ein Nachspiel haben, mein lieber germanischer Gott.

Seufzend fuhr sie den Computer hoch und begann ihren Bericht zu schreiben.

Als sie eine gute Stunde später damit fertig war, stand sie auf und streckte die Glieder. Wo Westermann bloß blieb? Ihr Magen knurrte vernehmlich. Offenbar hatte ihr Kollege sein Versprechen vergessen.

Hanna beschloss heimzugehen. In Luises gut gefülltem Kühlschrank würde sie schon fündig werden. Mit etwas Glück konnte sie danach ein bisschen schlafen. Die vergangene Nacht saß ihr immer noch schwer in den Gliedern. Viel Hoffnung auf Ruhe machte sie sich allerdings nicht.

Als Hanna draußen auf dem Dorfplatz stand, überlegte sie es sich plötzlich anders. Schräg gegenüber war der Gasthof *Erika* hell erleuchtet.

Warum nicht?, sagte sich Hanna. Sie konnte eine warme Mahlzeit einnehmen und dabei hoffentlich ein Stückchen von dem Eis brechen, das sich zwischen ihr und den Dorfbewohnern so dick aufgebaut hatte. Vielleicht würde sie nebenbei sogar etwas über den Verbleib des Kutschers erfahren.

Keine gute Idee, wisperte ihre innere Stimme. Lass uns nach Hause gehen.

Selbstverständlich hörte Hanna nicht hin. Sie überquerte den Dorfplatz, betrat das liebevoll restaurierte Fachwerkhaus und lauschte in der Diele dem bunten Stimmengewirr aus dem Gastraum. Der Duft nach deftigen Pfannengerichten mit viel Speck und Zwiebeln erreichte ihre Sinne.

Hunger!, rief ihr Magen.

Raus hier!, wurde dagegengehalten.

Hanna nahm sich vor, Johannsen bei Gelegenheit über multiple Persönlichkeiten auszufragen. Falls er je wieder mit ihr reden sollte.

Während sie noch an ihn dachte, öffnete sie die Tür zum Gastraum, trat ein und sah ihn. Er saß an einem großen runden Eichentisch, offenbar dem Stammtisch von Hasellöhne, und war mit einem knappen Dutzend Männern in ein angeregtes Gespräch vertieft.

Ihr Herz hüpfte fröhlich auf und ab.

Na ja, so fühlte es sich wenigstens an.

Jemand entdeckte Hanna und stieß Johannsen einen Ellenbogen in die Seite.

Er drehte sich um.

Sie kreuzten die Blicke wie Klingen. Hanna besaß mehr Übung im Anstarren, und so war es Johannsen, der zuerst wegschaute. Im Gastraum herrschte inzwischen gespenstische Stille. Alle Augenpaare waren auf Hanna gerichtet.

Das waren nun doch einige zu viel. Sie senkte den Blick.

Das Eis brechen. Von wegen!

Ein neuer Gletscher schob sich zwischen die Kommissarin und die anwesenden Dorfbewohner.

Ihr Magen vergaß seinen Hunger. Ihr Herz hörte mit dem blöden Herumgehüpfe auf.

Hier und da erhob sich Getuschel.

»Von der lassen wir uns unseren Doktor nicht madig machen.«

»Und zum Mörder stempelt die auch keinen von uns.«

»Aber das dicke Pferd ist lustig.«

Letzteres klang nicht ganz so böse, und Hanna dankte im Geiste Alfred dafür, dass es ihn gab.

Sie schaute immer noch auf den Boden und rührte sich nicht vom Fleck.

Plötzlich stand Johannsen neben ihr. Hanna hatte ihn nicht kommen sehen. Sie schrak ein ganz klein wenig zusammen, dann spannte sie die Muskeln an. Wenn er sie jetzt noch mehr fertigmachen sollte, dann würde sie ihm einfach eine reinhauen. Irgendwann musste mal gut sein. Nicht sie, Hanna, war es, die ein ganzes Dorf zum Narren gehalten hatte, sondern er. Früher oder später hätte es jemand anderes herausgefunden. Er sollte lieber froh sein, dass sein Versteckspiel vorbei war. Immerhin hatten ihm seine Patienten auf der Stelle verziehen.

Ja, genau! Johannsen sollte ihr gefälligst dankbar sein.

Träum weiter, erklärte ihre innere Stimme mit einem kaum unterdrückten Kichern. Der Mann hasst dich. Alle Welt hasst dich! Leb damit. Mach deinen Job hier zu Ende, und dann nichts wie weg aus Hasellöhne.

Jemand schluchzte leise auf. Zu ihrem Entsetzen merkte Hanna, dass sie es selbst war.

Mist. Wie peinlich!

Johannsen legte ihr einen Arm um die Schultern. Bei Westermann sackte sie unter dieser Geste fast in die Knie, bei Johannsen fühlte sie sich auf einmal seltsam leicht.

»Geh nach Hause und schlaf dich aus, Hanna«, sagte er leise. »Du brauchst Ruhe.«

Die Sanftheit seiner Stimme ließ sie um ihre Selbstbeherrschung kämpfen.

Verdammt!

Er hasste sie doch. Zumindest bis vor einer halben Minute! Erst vor ein paar Stunden hatte er sie auf dem Dorfplatz vor allen Leuten angefeindet.

Wieso war er jetzt plötzlich so nett?

Sie linste zum Stammtisch. Dort standen einige leere Schnapsgläser, aber Johannsen hatte keine Fahne. Er roch nach einem fruchtigeren Rasierwasser als Westermann und ganz leicht nach Desinfektionsmittel. Hanna beschloss, es roch besser als Brunnenwasser.

»Nicht weinen«, murmelte er.

Das Getuschel um sie herum wurde lauter. Hanna hörte nicht hin. Sie fand schon wieder alles peinlich.

»Ich weine nicht«, erklärte sie leise. »Mir tränen bloß die Augen von dem scharfen Zwiebelgeruch, und ich habe Hunger.«

»Da komme ich ja genau richtig«, erklang hinter ihr eine Stimme.

Luise!

In den Tagen seit ihrer Ankunft war Hanna noch nicht ein einziges Mal so froh gewesen wie jetzt, ihre Vermieterin zu sehen. Sie löste sich von Johannsen, der plötzlich wie verloren dastand.

Merkwürdig.

Darüber würde sie später nachdenken.

Oder lieber nicht.

Luise grüßte in die Runde. »Leute, was macht ihr für miesepetrige Gesichter? Ist der Schnaps in dieser ollen Kneipe wirklich so schlecht?«

Die Spannung löste sich in lautem Gelächter, nur der Wirt hinter der Theke schaute noch finsterer drein. Hanna glaubte, einen deftigen Fluch zu hören.

»Heute klaust du mir nicht meine Gäste, Luise!«, rief er über die Köpfe und das Lachen hinweg. »Sonst kriegst du es mit mir zu tun.«

»Plustere dich man nicht so auf, Hänschen. Mit dir bin ich schon fertiggeworden, als du noch ein kleiner Steppke warst und mir die Äpfel vom Baum klauen wolltest. Du kannst jederzeit gern wieder von mir eins auf den Hosenboden kriegen. Außerdem ist Sonntag dein Ruhetag, und ich bin mir ziemlich sicher, dass ich dich gestern auch in meinem Haus gesehen habe.«

»Nee«, rief jemand. »Der Hans hat's nur bis in den Vorgarten geschafft.«

Erneut brandete Gelächter auf, und diesmal stimmte der Wirt mit ein.

»Komm, Schätzchen«, sagte Luise und zog Hanna am Ärmel. »Ich habe dir zu Hause ein paar Stullen geschmiert und Tee gekocht. Mit engstirnigen Leuten musst du dich heute nicht länger abgeben.«

»Das will ich überhört haben, Luise«, rief jemand.

»Bei dir trinken wir keinen Schluck mehr«, fügte ein anderer hinzu.

Luise kicherte. »Da bin ich aber gespannt, wie lange ihr das durchhaltet.«

Erleichtert folgte Hanna ihr nach draußen. Sie war herzlich froh, hier wegzukommen.

Schweigend überquerten die junge und die alte Frau den Dorfplatz. Hanna fröstelte. Im Vergleich zur vergangenen Nacht schien die Temperatur noch um einige Grade gesunken zu sein. Luise trug ein gehäkeltes Umschlagtuch, das sie jetzt fest um ihre Schultern wickelte.

»Diese Kälte ist nichts für meine alten Knochen«, erklärte sie. »Nachher werde ich mich schön mit meinem Schnaps einreiben.«

Hanna lächelte, obwohl Luise es im schwachen Licht

der Kutscherlaternen nicht sehen konnte. »Danke, dass du mich da rausgeholt hast.«

»War ja wohl nötig, Schätzchen. Ein paar Leute sahen so aus, als wollten sie dich am höchsten Baum der Umgebung aufhängen.«

Hanna fror noch ein bisschen mehr.

»Aber der Jo, der hat dich gern.«

Hm. So kalt war's eigentlich doch nicht.

»Quatsch«, erwiderte Hanna trotzdem. »Der hasst mich. Ich habe sein Geheimnis aufgedeckt.«

Luise kicherte. »Ich weiß. Das hat sich herumgesprochen. Aber hassen tut der dich nicht. Du musst noch viel lernen über die Männer, Schätzchen.«

Sie bogen in die Hauptstraße ein und hatten schon fast Luises Haus erreicht, da stimmte Hans Albers das Lied von der Reeperbahn an. Als er ihr vorschlug, bis morgen früh um neune seine kleine Liebste zu sein, begriff Hanna, dass Westermann irgendwann im Laufe des Tages an ihr Smartphone gekommen sein musste.

»Ach«, murmelte Luise und schickte einen langen Seufzer in die Nachtluft. »Die Reeperbahn! Das waren noch Zeiten!« Sie versank in Erinnerungen, während Hanna sich wütend meldete.

»Petersen!«

»Fallersleben haut ab«, raunte eine Männerstimme. »Der Mercedes wird gerade vollgepackt. Kommen Sie her! Beeilen Sie sich!«

Ganz kurz war Hanna wie erstarrt. Aber sofort fing sie sich, und die Polizistin in ihr übernahm das Kommando.

»Herr Lüttjens!«, rief sie. »Sie sind doch Herr Lüttjens, richtig? Wo sind Sie? Ist mein Kollege bei Ihnen? Was geht da vor?«

Der Anruf war längst unterbrochen.

Luise hob fragend die Augenbrauen. »Herr Lüttjens? Du meinst den Heinz-Otto?«

Hanna nickte nur, während sie hektisch Westermanns Nummer wählte. Mailbox.

Verdammt!

»Was ist denn los, Schätzchen?«

Hannas Auto war vor Luises Haus geparkt. Sie setzte sich rasch in Bewegung.

»Fallersleben will flüchten«, sagte sie über die Schulter. Im Moment waren ihr die Ermittlungsgeheimnisse egal. Vielleicht konnte sie von Luise etwas Wertvolles erfahren.

»Und der Heinz-Otto hat dir das gesteckt?« Die alte Frau gab sich alle Mühe, mit Hanna Schritt zu halten.

»Ganz genau. Er hat mich auch gestern angerufen und den Mord gemeldet.«

Luise fiel ein Stück zurück und keuchte. »Das wundert mich gar nicht«, erklärte sie.

Hanna blieb stehen. »Und warum?«

Luise holte Luft. »Zwischen den beiden herrscht seit ungefähr vierzig Jahren offener Krieg. Fallersleben hat Heinz-Otto verboten, durch seinen Wald zu fahren, weil er mit seiner Kutsche das Wild aufschreckt. Aber der tut es trotzdem. Ich glaube, Heinz-Otto hat sich schon mit Fallerslebens Vater darüber gestritten.«

»Interessant«, sagte Hanna und spurtete wieder los. Immerhin wusste sie jetzt, warum Heinz-Otto den Grafen bei der Polizei verpfiff. Aber wieso er anonym bleiben wollte, war ihr ein Rätsel. Andererseits – wer legte sich in

Hasellöhne schon offen mit dem Grafen an? Niemand. Mochte sein, dass es noch einen weiteren Grund gab. Einen, den Westermann kannte und Hanna nicht. Sie würde es schon noch herausfinden. Jetzt galt es zu handeln, bevor der Graf ihren Hauptverdächtigen fortschaffte.

Seinen eigenen Sohn.

»Danke, Luise! Bitte versuch, Westermann zu erreichen! Sag ihm, er soll zum Herrenhaus kommen. Ich brauche ihn!«

Sie war bei ihrem Golf angekommen, sprang hinein und fuhr los.

Als sie kurz darauf durch den Wald in Richtung Herrenhaus fuhr, fühlte sich Hanna in einem Déjà-vu gefangen. Ziemlich genau vierundzwanzig Stunden war es her, dass sie hier entlanggefahren war, um die Mitglieder der Jagdgesellschaft zu vernehmen.

Hansdieter war noch richtig programmiert und leitete sie über die Schotterstraßen. Am Mittag war Westermann ihr persönliches Navi gewesen, aber jetzt im Dunkeln hätte Hanna sich ohne elektronische Hilfe verfahren. Ihr Smartphone lag auf dem Beifahrersitz, und sie versuchte es mit der Wahlwiederholung beim Polizeihauptmeister.

Immer noch die Mailbox.

»Teufel auch!«, fluchte Hanna laut. »Westermann, wo steckst du bloß?«

Sie war allein.

Jemand hätte bei ihr sein sollen. Ein Kollege, ein Freund oder … ja, oder Johannsen. Sie fühlte wieder seinen Arm auf ihrer Schulter liegen. Fest und leicht zugleich.

Mist!

»Konzentrier dich, Hanna Petersen!«

Da, die Abzweigung. Hansdieter forderte sie auf, rechts abzubiegen.

Gleichzeitig meldete sich Hans Albers wieder musikalisch zu Wort. Hanna bremste.

»Endlich!«, rief sie. »Wo bist du?«

»In Hamburg«, erwiderte Hendrik. »Wo sonst?«

»Scheiße!«

»Liebling, was sind das für Ausdrücke? Die rustikalen Heidjer färben ganz schön auf dich ab.«

»Ich habe jetzt keine Zeit«, sagte sie schnell und wollte das Gespräch wegdrücken.

»Moment!«, rief Hendrik. »Ich muss dir etwas sehr Wichtiges sagen.«

Hanna unterdrückte einen neuerlichen Fluch. »Hat das nicht Zeit? Ich weiß, dass du mich noch liebst. Oder wenigstens glaubst du das. Aber ich kann jetzt wirklich nicht. Ich bin mitten in einem Einsatz und …«

»Stopp!«, rief Hendrik. »Halt mal die Luft an. Du bist immer nur im Einsatz da in deinem Kaff. Hab schon verstanden. Aber ich rufe dich aus einem anderen Grund an.«

Hanna beschloss, dass es auf ein oder zwei Minuten nicht ankam. Hendrik hatte sie belogen und betrogen, aber ihr Herz weinte nicht mehr um ihn. Das hatte derzeit ganz neue Gefühle zu verarbeiten. Also konnte sie auch Hendrik zuhören.

Während sie den Motor im Leerlauf tuckern ließ, behielt sie die Abzweigung im Auge.

Der Graf konnte hier noch nicht vorbeigekommen sein. Seit Heinz-Ottos Anruf waren nur zehn Minuten vergangen, und zu dem Zeitpunkt wurden noch Koffer im Mercedes verstaut. Nur diese eine Straße verband das Herrenhaus mit dem Rest der Welt, und Hanna baute jetzt darauf, dass sie den Wagen rechtzeitig entdecken würde.

Und dann?, erkundigte sich ihre innere Stimme. Stellst du dich dem Mercedes mit gezückter Waffe in den Weg? Du bist nicht John Wayne, Hanna, und der hat es auch nur höchstens mit Männern zu Pferd aufgenommen. Nicht mit Luxuskarossen.

Mir fällt schon was ein, beschloss Hanna und hörte zu, was Hendrik ihr zu sagen hatte.

»Einer unserer besten Kunden hat heute Nachmittag im Geschäft etwas erzählt, das dich interessieren könnte«, begann er. »Es geht um einen Mann, der gestern an der Jagd bei deinem Grafen teilgenommen hat.«

»Er ist nicht *mein* Graf«, murmelte Hanna automatisch.

»Einerlei. Während unser Kunde einen Wolltrenchcoat von Burberry anprobiert hat, kamen wir auf den Mord an Heiner Hansen zu sprechen. Der ist in Hamburg übrigens Tagesgespräch. Wusstest du das?«

»Nein.« Hanna behielt weiterhin die Abzweigung im Auge. Gleichzeitig kurbelte sie das Fenster ein Stück herunter. Kalte Nachtluft drang in das Wageninnere, aber sie würde vielleicht hören können, wenn sich ein Auto näherte.

»Nun, der Banker war ein bekannter Mann in der Stadt, und einige Tageszeitungen haben groß damit aufgemacht.«

»Hoffentlich ohne Fotos vom Tatort«, sagte sie und dachte mit Grausen an die Jagdgesellschaft mit den gezückten Handys. Die Nachricht war verbreitet worden, aber auch Bilder?

»Es wurden nur Porträts und einige Aufnahmen von gesellschaftlichen Anlässen, bei denen er zugegen war, abgedruckt.«

»Gott sei Dank.«

Sie fragte sich, wann die Reportermeute in Hasellöhne einfallen würde. Spätestens morgen. Oder hatte sie nicht schon vorhin auf dem Dorfplatz eine Reihe unbekannter Gesichter gesehen? Hanna war da unsicher. Sie würde Westermann danach fragen und ihm gleichzeitig einen Maulkorb verpassen. Sofern der irgendwann wieder auftauchen würde.

»Also«, fuhr Hendrik fort. »Du weißt, ich bin kein Freund von Tratsch und Klatsch, aber ich finde, diese Informationen muss ich an dich weitergeben.«

»Ich höre«, erwiderte Hanna ungeduldig.

Als er fortfuhr, schüttelte sie zunächst ungläubig den Kopf, dann musste sie mehrmals schlucken.

Wenige Augenblicke später hörte sie das Geräusch eines Wagens. Es kam aus Richtung Herrenhaus und wurde schnell lauter.

Hanna reagierte instinktiv.

Sie ließ das Handy fallen, legte den ersten Gang ein und gab Gas. Sie erreichte die Abzweigung genau in der Sekunde, als der große silberfarbene Mercedes darauf zuschoss.

20

Schotter spritzte auf, Reifen quietschten, jemand schrie. Alles geschah in Sekundenbruchteilen. Der Golf wurde direkt über dem rechten Hinterreifen erwischt und drehte sich um die eigene Achse. Hannas Kopf flog nach rechts, bevor er gegen die Fahrertür knallte. Ihr Schrei verstummte. Der Mercedes schlitterte noch ein paar Meter weiter, kam dann von der Straße ab und bohrte sich mit seiner breiten Vorderfront in einen Baum. Airbags entfalteten sich mit einem Knall, die Insassen verschwanden dahinter.

In Hannas Kopf rief eine Stimme: »Was ist passiert? Bist du noch dran?«

Nein, es war Hendrik.

Das Smartphone war vom Sitz gefallen.

»Alles okay«, antwortete sie schwach, löste ihren Sicherheitsgurt und tastete mit der rechten Hand den Fußraum ab.

Endlich. Da war es.

Sie hielt es ans Ohr und ignorierte den pochenden Schmerz in ihrer Schläfe. Aus dem Smartphone drang ein merkwürdiger Piepton. Möglich, dass es bei den Aufprall beschädigt worden war. Hanna redete schnell: »Es geht mir gut, Hendrik. Nur ein kleiner Auffahrunfall. Ich muss jetzt Schluss machen.«

»Pass auf dich auf«, konnte er noch sagen, dann unterbrach sie die Verbindung.

Der Piepton war weiterhin zu hören, wurde aber schwächer.

Hanna schaute zum Mercedes. Jemand öffnete gerade die Fahrertür. Rasch wählte sie noch einmal Westermanns Nummer.

Vergebens.

Sie war allein.

Ob sie es wenigstens bei Luise versuchte? Vielleicht hatte sie ja etwas erfahren. Schon gab Hanna die Nummer ein, aber alles, was sie hörte, war erneut dieses Piepen, das schließlich verstummte. Das Display erlosch.

Ihr Smartphone war nicht mehr betriebsfähig. Hanna legte es mit einem Seufzen auf den Beifahrersitz. Sie musste eben ohne die moderne Technik auskommen.

Während ihr Kopf noch versuchte, Hendriks Informationen zu sortieren, stieg sie langsam aus und kämpfte dabei ein Schwindelgefühl nieder. Mochte ja sein, dass sie ein Schleudertrauma erlitten hatte, aber jetzt war keine Zeit, daran zu denken.

Auch ihre linke Seite schmerzte, dort, wo sich ihre Waffe in ihre Achselhöhle gebohrt hatte.

Hanna wartete, bis sie fest auf beiden Beinen stand, dann zog sie ihre Waffe und ging mit kleinen Schritten um den Golf herum, bis sie fünf Meter vor dem ebenfalls ausgestiegenen Richard von Fallersleben stand. Die Scheinwerfer des Mercedes funktionierten noch und warfen ein gespenstisches Licht in den Wald und auf die Straße.

Fallersleben schien unverletzt. Er wirkte noch nicht

einmal besonders erschrocken. Unwillkürlich zollte sie ihm dafür Respekt. Jetzt hob er die Arme und starrte sie halb spöttisch, halb wütend an.

»Verehrte Frau Kommissarin. Sie müssen sich schon entscheiden. Wollen Sie mich mit einem Autounfall umbringen oder doch lieber erschießen?«

Hinter ihm tauchte sein Sohn Florian auf. Er war sehr blass und zitterte. Mit einem schnellen Blick stellte Hanna fest, dass sonst niemand im Wagen saß. Die Gräfin war offenbar zu Hause geblieben.

Kluge Frau.

»Wo soll es denn so eilig hingehen, Herr von Fallersleben?«

Ihre Stimme klang fest und sicher. Gut so.

Der Graf senkte die Arme und biss sich auf die Unterlippe.

»Das ist meine Privatangelegenheit.«

»Keineswegs. Sie und Ihr Sohn sind wichtige Zeugen in einem Mordfall. Und ich habe Sie heute Mittag aufgefordert, uns für eine weitere Befragung zur Verfügung zu stehen.«

Hanna hielt ihre Waffe weiterhin locker in der Hand. Sie bemerkte, wie Florian darauf stierte. Dann huschte sein Blick zum Vater.

»Also?«, hakte sie nach.

Fallersleben schwieg.

Hendriks Informationen rutschten endlich an die richtige Stelle, gleichzeitig ließ der Schmerz in ihrer Schläfe ein wenig nach. Auch der Schwindel war weg. Sie atmete tief durch.

»Herr von Fallersleben …« Weiter kam sie nicht.

Der Graf hob eine Hand. »Stecken Sie erst Ihre Waffe weg, sonst rede ich nicht mit Ihnen.«

Hanna zögerte, folgte dann aber der Aufforderung und setzte erneut zum Sprechen an.

Wieder ließ Fallersleben sie nicht zu Wort kommen. Er zückte sein Handy und sah Hanna streng an. »Ich rufe jetzt meine Frau an, damit sie Florian abholt und nach Hause bringt. Der Junge hat einen Schock, ist Ihnen das klar?«

Sie hob nur die Schultern.

»Anschließend«, fuhr er fort, »können wir beide uns in Ruhe unterhalten, und ich erkläre Ihnen alles.«

Da bin ich aber gespannt, dachte Hanna.

Ich nicht!, erklärte ihre innere Stimme. Ich will nicht mit dem Grafen allein im Wald bleiben. Vor dem habe ich Angst. Der wechselt alle paar Minuten seine Stimmung. Das ist gruselig. *Ich will hier weg!*

Gar nicht so dumm.

»Ich schlage vor, wir fahren alle gemeinsam mit der Gräfin zum Haus zurück«, erklärte Hanna fest.

»Meine Frau fährt einen Zweisitzer. Wir beide können zu Fuß gehen. Oder sind Sie verletzt?«

»Nein.«

»Gut. Es sind ja nur ein paar Hundert Meter. Die Zeit können wir nutzen, um uns auszusprechen, wie man so schön sagt. Zu Hause bestelle ich dann zwei Abschleppwagen. Unsere beiden Autos sehen mir nicht mehr fahrtüchtig aus.«

Hanna schaute kurz zum Mercedes und dann zu ihrem Golf. Die Luxuskarosse dampfte heftig aus der Kühlerhaube, bei ihrem eigenen Wagen war der rechte Hinterreifen vom Blech eingedrückt worden und sah vollkommen platt aus.

Fallersleben war ihrem Blick gefolgt.

»Da will ich mal großzügig sein und Sie nicht wegen des Unfalls anzeigen, den eindeutig *Sie* verursacht haben. Wir wollen ja kein unnötiges böses Blut.«

»Ich habe einen Fluchtversuch verhindert«, erwiderte Hanna und ärgerte sich, weil das viel zu sehr nach Rechtfertigung klang.

Fallersleben antwortete nicht sofort, sondern tätigte zunächst den Anruf bei seiner Frau.

Hanna konnte hören, wie Gräfin Iris entsetzt aufschrie, aber er schaffte es, sie zu beruhigen, indem er mehrmals erklärte, niemandem sei etwas passiert.

Dann widmete er sich wieder Hanna. »Irrtum, Frau Petersen. Ich wollte keineswegs flüchten. Florian wird morgen früh in seinem Internat in Genf erwartet. Aufgrund der unglücklichen Ereignisse hat sich unsere Abreise um beinahe einen Tag verschoben. Wir hätten die Nacht durchfahren müssen und wären trotzdem zu spät gekommen.«

Wer's glaubt, dachte Hanna.

Ich nicht!, rief es in ihr.

Andererseits – mit den Informationen, die sie seit wenigen Minuten besaß, wurde auch die Familie Fallersleben in ein anderes Licht gerückt.

Erneut wollte sie etwas sagen, erneut kam sie nicht zu Wort.

Fallersleben wies seinen Sohn an, das Gepäck aus dem Kofferraum zu holen.

»Ein bisschen dalli!«

Florian musste sich anstrengen, um zwei schwere Koffer herauszuwuchten und an den Straßenrand zu stellen. Er wirkte erleichtert, weil sich die Abreise ins verhasste Internat erneut verzögert hatte.

»Die passen aber nicht in Mamas Auto«, erklärte er.

»Lass die Koffer dort stehen. Ich rufe Andrew an. Er wird den Transport organisieren.«

Fallersleben wandte sich ab und tippte erneut eine Nummer in sein Handy.

Hannas Schläfe schmerzte jetzt wieder stärker. Sie befühlte vorsichtig die Stelle. Das würde eine dicke Beule geben.

Dennoch erkannte sie die Chance, die sich ihr bot, und handelte. Während der Graf telefonierte, näherte sie sich mit kurzen Schritten seinem Sohn.

Der wich erst vor ihr zurück, setzte dann aber eine trotzige Miene auf, rammte die Hacken in den Boden und kreuzte die Arme vor der Brust.

Hanna setzte ihr freundlichstes Lächeln auf.

»Hallo, wir haben uns noch gar nicht richtig kennengelernt. Ich bin Hanna Petersen.«

Sie hielt ihm die Rechte hin.

Fallersleben war abgelenkt. Er sprach mit dem Butler und bellte einige Anweisungen ins Handy.

Florian zögerte, löste dann aber die verknoteten Arme und ergriff ihre Hand.

»Guten Abend«, sagte er artig.

Hanna fühlte, was zu fühlen war.

Jetzt war sie ganz sicher.

Fallersleben wirbelte herum. »Fassen Sie meinen Sohn nicht an!«

Er machte Anstalten, sich auf Hanna zu stürzen.

»Immer mit der Ruhe. Ich habe mich nur mit ihm bekannt gemacht.«

Florian fand die Vorstellung seines Vaters offenbar witzig. Er grinste breit. »Hey, Papa, bloß keinen Stress. Hier, siehst du? Ich habe gar keine Handschellen um. Der Henker muss warten.«

»Spar dir die dummen Witze für deine asozialen Freunde auf!«

Florians Grinsen erlosch, die Mundwinkel wanderten nach unten.

Hanna zog sich zwei Meter zurück und verhielt sich still. Für einen Moment vergaßen Vater und Sohn ihre Anwesenheit. Perfekt.

»Du bist so gemein!« Florian klang auf einmal wie ein Kind. »Manni und Tom sind die besten Kumpels der Welt!«

»Sicher«, erwiderte Fallersleben. Hanna sah, wie er um seine Selbstbeherrschung kämpfte. »Sie sind ein paar wunderbar erzogene Jungs, die dir heute Abend schnell noch Marihuana vorbeibringen wollten.«

Florians Blässe bekam etwas Wächsernes.

»Woher...«

»Wer in meinem Haus telefoniert, sollte immer daran denken, dass jemand anderes vom Zweitanschluss aus mithören kann.«

Beziehungsweise vom Flur aus, so wie Westermann und ich, dachte Hanna.

Florian schrumpfte um ein paar Zentimeter. »Du hast mein Handy eingezogen, und dann belauschst du meine Privatgespräche? Das sind Nazimethoden.«

Fallersleben war jetzt ganz ruhig.

»Die Nazis kannten noch keine Handys.«

Hanna schluckte schnell ein Kichern hinunter.

»Das bisschen Gras sollte mir den Einstieg im Internat erleichtern«, nuschelte der Junge.

»Florian!« Der Graf schrie jetzt. »Du solltest ein Kilo Marihuana in die Schweiz einschmuggeln! Das ist wohl etwas mehr als ein bisschen!«

Oha!, dachte Hanna.

»Was glaubst du wohl, was passiert wäre, wenn man das Zeug an der Grenze in meinem Wagen gefunden hätte?«

Er bekam nur ein Schulterzucken zur Antwort.

»Reicht es nicht, was du bisher schon angestellt hast?« In seiner Stimme lag Verzweiflung. Kein Wunder, überlegte Hanna. Wer glaubt, der eigene Sohn sei nicht nur ein Mörder, sondern auch noch ein Rauschgiftdealer, der muss ja allen Mut verlieren.

Fast, aber nur fast, hätte Fallersleben ihr leidgetan.

Florian reagierte auf die Frage des Vaters nur mit derselben verstockten Geste.

Hanna fand, es war Zeit einzugreifen. »Wo befindet sich jetzt das Rauschgift? Wie heißen diese beiden Freunde mit vollem Vor- und Zunamen?«

Fallersleben erstarrte. Vielleicht hatte er trotz Airbag auch einen Schlag an den Kopf bekommen. Er schien tatsächlich vergessen zu haben, dass sie da war. Jetzt wurde er genauso blass wie sein Sohn.

Florian hingegen verdrehte die Augen und sackte in sich zusammen. Sein Kopf fiel gezielt weich auf den Grasstreifen am Straßenrand.

Im selben Moment erreichte ein weißer Smart die

Unfallstelle. Gräfin Iris sprang heraus und war mit einem Satz bei ihrem Sohn. »Florian, Liebling, was ist passiert? Komm, mach die Augen auf! Richard, hilf mir! Warum lässt du unseren Jungen hier so liegen?«

Fallersleben beugte sich herab, nahm seinen Sohn scheinbar mühelos auf die Arme und trug ihn zum Wagen. Dabei redete er beruhigend auf seine Frau ein. »Eben ist es ihm noch gut gegangen. Er hat sich bei dem kleinen Blechunfall nichts getan. Gerade als du angekommen bist, hat er sich ein wenig schwach gefühlt. Aber ihm fehlt bestimmt nichts, meine Liebe. Wenn es dich beruhigt, rufe ich gleich den Doktor an.«

Hanna sah, wie Florian ein Auge halb öffnete und zu ihr zurücklinste.

Gute Show, Kumpel, dachte sie.

Dann kam er offiziell wieder zu sich und ließ sich von seinem Vater ins Auto helfen. »Zu Hause gehst du direkt ins Bett, Junge«, sagte er in weichem Tonfall. »Und du auch, Iris. Nicht, dass du dich wieder verkühlst. Doktor Johannsen wird sich um euch kümmern.«

»Aber wie kommst du nach Hause?«, fragte die Gräfin und stieg ein. »Soll ich noch einmal zurückkommen?«

»Nicht nötig. Frau Petersen und ich machen einen kleinen Spaziergang. Nach dem Schreck eben wird es uns guttun, ein wenig die Beine zu vertreten. Nicht wahr?«

»Sicher«, erwiderte Hanna.

Du spinnst, wisperte es in ihr.

Die Gräfin nickte, wendete dann ihren Smart und fuhr langsam in Richtung Herrenhaus zurück.

Erneut zückte Fallersleben sein Handy und wählte eine Nummer.

Ohne ihr eigenes Smartphone fühlte sich Hanna seltsam wehrlos. Trotz der Waffe in ihrem Schulterhalfter. Sie hätte jetzt einfach gern jemanden angerufen. Johannsen zum Beispiel. Mit dem sprach gerade Fallersleben.

»Ich bedauere außerordentlich, aber ich muss Sie schon zum zweiten Mal um einen Hausbesuch bitten, Herr Doktor.«

Hanna lächelte ein müdes Lächeln. Die Sache mit dem fehlenden Doktortitel war noch nicht bis zu Fallersleben gedrungen. Andernfalls hätte er nicht so ehrerbietig gesprochen.

Sie hörte zu, wie er fortfuhr. »Nein, meiner Frau geht es ein wenig besser. Sie hat auch kein Fieber mehr. Aber es gab einen kleinen Unfall. Mir ist nichts passiert, aber Florian war kurz ohnmächtig. Ins Krankenhaus? Nun, er hat sich gleich wieder erholt. Vielleicht schauen Sie ihn sich erst einmal an und entscheiden dann? Ich wäre Ihnen sehr verbunden. Der Unfall? Nein, sonst ist niemand zu Schaden gekommen. Ein bisschen verbeultes Blech. Keine große Sache. Sie werden es sehen, wenn Sie an der Abzweigung zu meinem Haus vorbeikommen. Wie bitte? Aber nein. Ja, herzlichen Dank.«

Hallo?, dachte Hanna. Sonst ist niemand zu Schaden gekommen? Und meine Beule? Und meine schmerzende Seite? Und überhaupt?

Sie musste sich zwingen, nicht auf Fallersleben zuzustürzen und ihm das Handy zu entreißen.

Ganz laut zu schreien: »Johannsen! Ich bin verletzt!«, war auch keine gute Idee.

Hätte nicht nach tougher Kommissarin geklungen. Eher nach kleinem verängstigten Mädchen allein im Wald.

Ja, wisperte es, und der böse Wolf ist schon da.

Fallersleben beendete sein Gespräch und schaute Hanna an. Da war er wieder, dieser Blick eines Insektenforschers, der ihr seit ihrer ersten Begegnung so unangenehm war.

»Nun, Frau Petersen, wollen wir?«

»Ja.«

Kurz erwog sie die Möglichkeit, ihn ganz offen um das Handy zu bitten. Ihr eigenes sei beschädigt, und sie müsse ihren Kollegen benachrichtigen.

Hanna entschied sich dagegen. Höchstwahrscheinlich war Westermann immer noch nicht zu erreichen, und sie selbst hätte sich nur eine Blöße gegeben.

Sie hörte Fallersleben schon spöttisch fragen, ob sie etwa die Kavallerie herbeirufen musste.

Nein, ich schaffe das allein, entschied sie. Und auf dem kurzen Spaziergang würde sie hoffentlich dazu kommen, mit dem Grafen ernsthaft über seinen Sohn zu reden.

Er sollte erfahren, was sie wusste.

»Hier entlang«, sagte Fallersleben und schlug sich plötzlich in die Büsche.

Was?

»Halt! Wo wollen Sie hin?«

Er kam zurück. »Keine Sorge, ich habe nicht die Absicht, im Wald über Sie herzufallen. Dort ist ein Trampelpfad, sehen Sie? Das ist eine Abkürzung zum Haus.«

Hanna kniff die Augen zusammen. Die Scheinwerfer des Mercedes leuchteten nur noch schwach. Trotzdem. Hanna schaute genau hin. Ja, da schien es einen schmalen Pfad zu geben.

»Ich würde lieber auf der Straße bleiben«, erwiderte sie.

Fallersleben lacht laut heraus. »Nanu, Frau Kommissarin. Sie haben doch wohl keine Angst vor einem alten Mann?«

Ich schon!, schrie es in ihr.

»Selbstverständlich nicht. Gehen wir.«

Der Graf neigte den Kopf und machte eine einladende Handbewegung. »Bitte sehr, nach Ihnen. Der Pfad wird gleich breiter. Sie können ihn gut erkennen.«

Bleib stehen, Hanna!

Sie ging los.

Tatsächlich war der Weg nach wenigen Metern gut als solcher zu erkennen. Hanna fühlte sich schon sicherer, obwohl es ihr unangenehm war, den Grafen so nah hinter sich zu wissen. Fast glaubte sie, seinen Atem in ihrem Nacken zu spüren.

Und Johannsen fährt an der Abzweigung vorbei, ohne dich zu sehen, flüsterte es erschöpft.

Hm.

Daran hatte sie nicht gedacht.

Rein theoretisch bin ich ja dazu da, dich an so was zu erinnern. Wenn du denn mal auf mich hören würdest, du dumme Nuss!

»Herr von Fallersleben, ich möchte mit Ihnen über Ihren Sohn sprechen.«

»Ganz wie Sie wünschen, Frau Petersen. Warten Sie nur noch einen Moment. Gleich da vorn können wir nebeneinander gehen. Dann redet es sich besser.«

»In Ordnung.«

Hanna entspannte sich. Das beklemmende Gefühl, er sei zu dicht hinter ihr, verflüchtigte sich. Da war auch kein Atem mehr in ihrem Nacken, und seine Schritte klangen sehr leise.

Weil er ein erfahrener Jäger ist, sagte sie sich.

Nein! Weil er weg ist!

Hanna ging vorsichtig weiter, während sie lauschte.

Was ein Fehler war.

Ihr rechter Fuß trat ins Leere.

Und sie stürzte.

21

Sie fiel nicht senkrecht in die Tiefe, sondern rutschte an einem steilen Hang mehrere Meter abwärts. Wurzelwerk bremste ihren Körper, und einmal bekam sie etwas zu fassen – einen Strauch oder eine Wurzel –, das ihre Rutschpartie eine halbe Sekunde lang weiter abbremste. Trotzdem knallte Hanna unten mit dem Hinterkopf auf und war einen Moment lang benommen.

Dümmer als die Polizei erlaubt, erklärte eine Stimme, die sie jetzt nicht hören wollte.

Vorsichtig bewegte sie ihre Gliedmaßen.

Alles noch heil.

Ihr Kopf wurde langsam wieder klar, und sie schaute in der Dunkelheit nach oben.

Fallerslebens Silhouette ragte etwa zehn Meter über ihr auf.

»Um Gottes willen, Frau Petersen! Geht es Ihnen gut? Sind Sie verletzt?«

»Ich glaube, es ist nichts passiert«, erwiderte sie mit schwacher Stimme.

War seine Bestürzung echt oder gespielt? Hanna vermochte es nicht zu unterscheiden.

»Ich hätte Sie warnen müssen! Aber ich war kurz abgelenkt, weil sich meine Jacke in einem Busch verheddert hatte. Hier, sehen Sie? An der großen Birke führt der Weg rechtsherum. Da hätten Sie abbiegen müssen.«

»Teufel auch!«, schrie Hanna. Ihre Lebensgeister kehrten schlagartig zurück. »Ich sehe gar nichts. Ich stecke in einem Graben fest. Oder in einer Erdspalte. Was immer das ist. Holen Sie mich hier raus!«

Es tat gut zu schreien.

»Ganz genau, Frau Petersen«, erwiderte Fallersleben. »Das ist eine Erdspalte. Wir wissen nicht genau, wie sie entstanden ist. Vielleicht wurde in dieser Gegend im Mittelalter Salz abgebaut. Es ist aber nicht bekannt, ob es außer dem Salzstock in Lüneburg noch einen weiteren gab. Möglicherweise ist es auch einfach eine uralte Verwerfung. Meine Frau hat mal gemeint, es könnte auch eine Kultstätte unserer Vorfahren sein.«

»Ein Hügelgrab kann es wohl kaum sein«, brummte Hanna, während sie ihren Hinterkopf untersuchte.

Toll. Die nächste Beule.

Wenn es mit den Unfällen in dieser Nacht so weiterging, würde sie am Morgen aussehen wie ein Noppenball.

Zu ihrer eigenen Überraschung verspürte sie nach dem ersten Schrecken keinerlei Furcht.

Während Fallersleben jetzt in ein kurzes Schweigen verfallen war, tastete Hanna die steile Böschung ab, die sie eben heruntergerutscht war. Sie fand keinen Halt. Nichts, woran sie sich aus eigener Kraft hätte hochziehen können.

»Herr von Fallersleben!«, rief sie. »Helfen Sie mir! Allein schaffe ich es nicht.«

»Wissen Sie«, fuhr er fort, als habe er sie nicht gehört. »Ich glaube, ich stehe unter Schock. Für einen alten

Mann wie mich ist das alles zu viel. Bis gestern habe ich ein gutes und ruhiges Leben geführt. Was ist nur geschehen?«

»Halten Sie keine Vorträge! Tun Sie etwas!«

»Ja, das muss ich wohl. Mir ist nur so seltsam zu Mute ...«

Hanna sah, wie die Silhouette erst in die Knie sackte und dann zur Seite kippte.

»Fallersleben!«, schrie sie. »Nein! Nicht ohnmächtig werden! Das ist ein ganz schlechter Zeitpunkt!«

Ohnmächtig? Hoffen wir mal, dass es nur das ist, zischte die Stimme.

Hanna legte die Hände wie einen Trichter an den Mund und rief so laut sie konnte: »Sie sind jetzt nicht tot! Ist das klar?«

Keine Antwort. Nur seltsame raschelnde Geräusche. Waldtiere? Wildschweine? Fraßen Wildschweine ohnmächtige Grafen?

Stopp, Hanna! Nicht durchdrehen!

Okay, okay.

Ruhig werden. Nachdenken. Welche Optionen hatte sie? Keine. Wie konnte sie Hilfe herbeiholen? Ohne Handy? Blöde Frage. Alles, was ihr blieb, war ihre Waffe. Das Geraschel über ihr wurde lauter. Hanna zog ihre Waffe, zielte in die vor dem Sternenhimmel dunkel aufragenden Baumkronen und gab einen Schuss ab.

Das Geraschel verstummte.

Fallersleben wachte davon nicht auf.

Mannomann! Der war aber weggetreten.

Hanna dachte angestrengt nach. Sollte sie alle Schüsse, die sie hatte, nacheinander abfeuern in der Hoffnung, jemand würde sie hören? Nein, besser in regelmäßigen Zeitabständen. Alle zehn Minuten vielleicht.

Sie schaute auf das Leuchtzifferblatt ihrer Uhr. Es war, abgesehen von den fernen Sternen, ihre einzige winzige Lichtquelle. Mitternacht vorüber.

Hier würde niemand zufällig vorbeikommen. Nicht um diese Zeit. Nur Johannsen im Auto.

Aber man würde doch nach ihnen suchen, oder? Wenn der Graf nicht heimkehrte, würde die Gräfin sofort einen Suchtrupp losschicken. Es sei denn, sie fühlte sich wieder so schwach, dass ihr die Abwesenheit ihres Gatten gar nicht auffiel.

Und der Sohn? Der würde den Schnabel halten und froh sein, wenn sein despotischer Vater wegblieb.

Spekulationen.

Hanna starrte auf den Minutenzeiger. Er rührte sich wenig. Sie zitterte plötzlich.

Das ist nur der Schock, sagte sie sich.

Beziehungsweise die Grabeskälte, wurde ihr geantwortet.

Ein Wort mit *Grab* darin war jetzt kein gutes Wort.

»Fallersleben!«, rief sie wieder so laut sie konnte. »Wachen Sie auf!«

Plötzlich erklang in der Ferne ein Motorengeräusch. Johannsen. Ganz sicher Johannsen.

Sie konnte sogar hören, wie der Wagen langsamer wurde. Bestimmt hatte er die Abzweigung erreicht. Er schien anzuhalten, aber so genau hätte sie das nicht zu sagen vermocht. Rasch feuerte Hanna den nächsten Schuss ab. Ein paar Minuten lang tat sich nichts, dann entfernte sich das Motorengeräusch.

Verdammt!

Johannsen musste den Knall doch gehört haben! Und er musste nicht nur den Mercedes, sondern auch ihren Golf entdeckt haben. Was dachte der sich bloß? Fuhr einfach weiter!

Mistkerl! Wieso kam er nicht, um sie zu retten?

Hörte er etwa so laut Musik, dass ihm der Schuss nicht aufgefallen war? Oder ging er davon aus, dass im gräflichen Wald zu jeder Tages- und Nachtzeit fleißig rumgeballert wurde?

Hanna bemerkte, dass sie weinte. Er hasste sie, und deshalb machte er sich gar nicht erst die Mühe, nach ihr zu suchen.

Im nächsten Moment wischte sie sich die Tränen ab und zwang sich selbst zur Vernunft. Johannsen konnte im Leben nicht auf die Idee kommen, dass sie keine vierzig Meter von ihm entfernt in einer Erdspalte festsaß. Vielleicht machte er sich sogar Sorgen um sie, nahm aber an, er würde sie ebenfalls im Herrenhaus antreffen. Und deshalb fuhr er jetzt auch so schnell weiter. So und nicht anders musste es sein.

»Fallersleben!«, rief sie wieder.

Keine Antwort.

Keine Regung.

Grabesstille.

Super, danke. Noch so ein schönes Wort.

Etwas klapperte. Ziemlich laut. Ihre Zähne. Hanna schloss fest den Mund.

Ohne ihr Zutun hob sich ihr Arm, ihr Finger krümmte sich, der nächste Schuss hallte durch den Wald.

Das mit den zehn Minuten war sowieso eine blöde Idee gewesen.

In der Stille nach dem Schuss lauschte Hanna angespannt.

Da! Hufgetrappel! Nicht laut klappernd auf Kopfsteinpflaster, sondern dumpf auf Waldboden. Hatte sie einen Hirsch aufgeschreckt? Womöglich den kapitalen Bock, auf den es gestern Heiner Hansen abgesehen hatte? Wenn das Tier in Panik jetzt zu ihr in die Grube stürzte, dann ...

O Gott!

Hanna presste sich platt gegen die Böschung, schon halbwegs darauf gefasst, gleich zu Tode gequetscht zu werden.

Aufgespießt vom Geweih wäre auch eine Variante, erklärte ihre innere Stimme.

Hanna zielte wieder nach oben. Egal, was da kam, sie würde versuchen, das Biest so zu erschießen, dass es nicht zu ihr herunterfiel.

»Scheiße!«, rief Westermann. »Brr! Alfred, Brr!«

Westermann? Alfred?

Lieber, lieber Gott, bitte nicht! – Ich meine, danke, dass du sie geschickt hast, aber lass sie rechtzeitig bremsen!

»Stopp! Brr!«

Alfred wieherte laut.

Ein paar Steinchen und etwas Erde rieselten auf Hanna herab. Sie machte sich ganz klein und hob instinktiv die Arme über den Kopf.

Wird auch nix helfen, bekam sie erklärt.

Sie linste nach oben. Eine Sekunde lang glaubte sie, etwas Großes, Weißes zu sehen. Dann wieder nur Baumkronen und Sterne.

Nein, da flog jemand.

Über die Erdspalte hinweg auf die andere Seite.

Es gab einen lauten Plumps. Jetzt regneten kleine Äste und Laub auf Hanna nieder.

»Autsch! Schon wieder das Steißbein!«

Wäre ihre Angst nicht so groß gewesen, hätte sie lachen können. So aber war sie nur froh, dass Westermann noch am Leben war.

Alfreds großer Kopf erschien über Hanna, und sie glaubte, seine Froschaugen zu erkennen, die klug zu ihr herunterschauten.

»Hallo, mein großer Freund. Schön, dass du da bist.«

Alfred schnaubte leise.

Auf der anderen Seite schob sich jetzt ein wohlbekannter Blondschopf in ihr Blickfeld, dann ein schmerzverzerrtes Gesicht. Westermann leuchtete sich selbst mit einer Taschenlampe an, bevor er den Lichtstrahl nach unten wandern ließ.

»Bitte nicht wieder schießen. Ich bin sowieso halb tot. Mein Steißbein ist jetzt bestimmt gebrochen. Oder geht so was gar nicht?«

»Verdammt! Woher soll ich das wissen?«

»Jetzt mal 'n büschen netter, Chefin. Wie wär's mit: ›Hallo, mein anderer großer Freund. Schön, dass du auch da bist‹? Wäre ja wohl das Mindeste.«

Sie wollte ihm einen bösen Blick zuwerfen, wurde aber geblendet und musste blinzeln. »Westermann, wieso warst du nicht zu erreichen?«

»Sorry, Chefin. Mein Akku war leer. Habe ich leider erst gemerkt, als ich dich vorhin anrufen wollte. Heinz-Otto ist nämlich wie vom Erdboden verschluckt. Na ja, ungefähr wie du. Das wollte ich dir durchgeben. Ging bloß nicht.«

»Ist jetzt egal. Da oben liegt Fallersleben.«

»Wo?«

Der Strahl der Taschenlampe sprang aus der Grube.

»Oh, Scheiße!«, rief Westermann aus. »Hast du ihn erschossen, Chefin?«

»Nein, er ist ohnmächtig geworden.«

»Und wie soll ich jetzt dahin kommen? Noch mal fliegen is' nich'. Mir fehlt das dicke Katapult.«

Alfred schnaubte wieder.

Hanna zwang sich zur Ruhe. »Leuchte von dir aus erst nach rechts und dann nach links, Westermann.«

Sie sah, wie er ihrem Befehl folgte.

»Kannst du erkennen, wo die Erdspalte schmaler wird?«

»Nein ... oder doch. Ich glaube, da drüben. Ich versuch's mal. Warte hier, Chefin.«

»Eigentlich hatte ich vor, einen kleinen Spaziergang zu machen«, erwiderte sie.

»Chefin, du bist ja schon wieder witzig.«

»Westermann, geh jetzt!«

»Ist ja schon gut. Bin unterwegs. Es tut nur verdammt weh. Muss langsam machen. Schon der Ritt bis hierher war kein Vergnügen. Kannst du mir glauben.«

Seine Stimme wurde etwas leiser. Plötzlich fürchtete Hanna, ihn zu verlieren. Wenigstens hören musste sie ihn.

»Wieso bist du überhaupt hier?«

»Luise«, bekam sie zur Antwort, zusammen mit einem nur halb unterdrückten Schmerzenslaut. »Ich wollte nach Hause, um mein Handy aufzuladen, und da hat sie mich abgefangen. Hat gesagt, der Graf will flüchten und du willst ihn aufhalten.«

Hanna konnte ihn kaum noch hören, zumal er auf seinem Weg durchs Unterholz verflixt viel Krach machte.

»Tja, und dann wollte ich dir sofort hinterher. Es gab
nur ein kleines Problem.«

»Welches?«

»Mein alter Herr war mit dem Auto unterwegs, und
unser Trecker wollte nicht anspringen. Da blieb nur noch
Alfred.«

»Jemand hätte dich fahren können«, gab Hanna zurück. Täuschte sie sich, oder wurde die Stimme jetzt wieder ein klein wenig lauter?

»Luise meinte, ich solle keine Zeit verlieren. Es könnte
vielleicht dauern, bis ich jemanden finde, der bereit ist, zu
deiner Rettung zu eilen.«

Ja, klar, dachte Hanna. Die neue Kommissarin kann ja
ruhig abkratzen. Problem gelöst.

»Ich habe Alfred erklärt, du bist in Gefahr, und der hat
mich verstanden. Ist ganz brav und flott mit mir losgetrabt, immer schön die Straße entlang, bis wir die Abzweigung erreicht haben.«

Hanna achtete mehr auf die Lautstärke seiner Stimme
als auf den Inhalt seiner Worte. Doch, es klang, als sei
Westermann wieder näher gekommen.

»Übrigens habe ich da noch die Rücklichter von einem
Auto gesehen. Habe ja schon vorher gedacht, da fährt einer weit vor uns her, war mir aber nicht sicher. Ich dachte,
du bist das. Aber das konnte ja nicht angehen. Du bist
mindestens zwanzig Minuten vor mir losgefahren, und so
schnell kann Alfred bestimmt nicht traben.«

Sie hörte ihm wieder zu. »Das muss Johannsen gewesen sein. Fallersleben hat ihn nach dem Unfall angerufen.

Er soll im Herrenhaus nach Florian schauen. Dem fehlt aber nichts.«

»Muss ich das jetzt alles verstehen?«

»Nein. Johannsen hat eine Weile an der Abzweigung angehalten. Deshalb hättest du ihn fast eingeholt.«

»Und wieso ist der einfach weitergefahren?«

»Weiß ich das? Der ist eben nicht auf die Idee gekommen, dass ich Hilfe brauchen könnte.«

»Nicht aufregen, Chefin. Verrate mir jetzt bitte, warum du mit Fallersleben allein in den Wald gegangen bist.«

»Weil ich doof bin«, murmelte Hanna. Sie erhielt vollste Zustimmung aus ihrem Innern.

»Was? Ich hab dich nicht gehört.«

Hanna hob die Stimme. »Ich habe mir bei dem Unfall den Kopf gestoßen. Wahrscheinlich war ich davon ein bisschen benebelt. Außerdem bin ich im Besitz von neuen Informationen, die ich Fallersleben mitteilen wollte.«

Nach einer glaubhaften Erklärung klang das nicht, fand sie, aber ihrem Kollegen schien es zu reichen.

»Und was sind das für Infos?«

»Darüber reden wir später.« Sollte Fallersleben gerade zu sich kommen, wollte sie nicht, dass er hörte, was sie von Hendrik erfahren hatte.

Nicht auf diese Art.

Womöglich kippte der dann gleich noch mal um.

Wieder stieß Westermann einen kleinen Schmerzensschrei aus, bevor er weitersprach. »Alfred muss dich irgendwie gewittert haben. Ist ein ziemlich kluges Pferd. Aber vorhin dachte ich, jetzt spinnt er total. Plötzlich hat er eine halbe Drehung gemacht und ist mit mir in den

Wald getrabt. Genau in die Richtung, aus der die Schüsse kamen. Ich habe echt gedacht, der Gaul ist lebensmüde. Mann, Chefin, das hättest du erleben müssen! Jeden Moment hätte ich von einem tief hängenden Ast aus dem Sattel gewischt werden können. Aber Alfred ist einfach weiter vorwärtsgestürmt, bis er dann stehen blieb. Das ist die reinste Zirkusnummer bei ihm, und seine Glupschaugen müssen echt gut funktionieren. Ich habe nix gesehen, bin nur losgeflogen.«

Der Strahl der Taschenlampe fiel wieder in die Grube, und Westermann fügte hinzu: »Da bin ich. War ganz einfach. Keine zehn Meter weiter ist das Loch zu Ende. Hast echt Pech gehabt, Chefin.«

»Was ist mit Fallersleben?«

Das Licht verschwand.

»Er lebt«, bekam sie zur Antwort. »Ist nur ziemlich weggetreten. Warte mal. Doch, die Pupillen reagieren. Oh, hallo, Herr Graf, schön, Sie zu sehen. Geht es Ihnen wieder gut? Darf ich Ihnen aufhelfen?«

»Fritz, wie zum Kuckuck kommen Sie hierher?«

»Mit dem da.«

Hanna hörte Alfred schnauben.

»Was um Gottes willen ist das?«

»Ein Pferd, Herr von Fallersleben. Es gehört Frau Petersen.«

»Fritz, sagen Sie mir, dass ich träume.«

»Nein. Es ist wirklich ein Pferd. Nur ein bisschen dick und hässlich. Es heißt Alfred.«

Hanna reichte es jetzt.

»Kann mich mal endlich jemand hier rausholen?!«

»Moment noch!«, rief Westermann. »So, Herr Graf.

Schön langsam aufstehen. Halten Sie sich an Alfreds Mähne fest.«

Das Schnauben bekam in Hannas Ohren etwas Feindseliges. Guter Junge, dachte sie. Niemand darf dich beleidigen, nicht Westermann und schon gar nicht Fallersleben.

»Fritz, helfen Sie mir zu dem Baumstumpf dort. Ich bleibe lieber eine Weile sitzen. Mir ist immer noch sehr schwindelig.«

»Wie Sie wünschen.«

Hanna hörte einiges Geschlurfe und Gestöhne, dann schickte Westermann endlich wieder Licht zu ihr in die Grube.

»Chefin, ich hole jetzt ein Abschleppseil aus einem der Autos. Dann ziehe ich dich hoch. Schön ruhig bleiben. Kann ein paar Minuten dauern. Reiten geht nicht mehr, und Laufen ist auch ein bisschen schwierig.«

Hanna unterdrückte einen Fluch. »Beeile dich!«

Langsame Schritte entfernten sich.

»Ich kann auch die Feuerwehr anrufen«, bot Fallersleben an.

»Nicht nötig!«, rief sie schnell.

Die neue Kommissarin, die aus einer Grube im Wald gerettet werden musste? Auf diesen neuesten Dorftratsch konnte sie gern verzichten.

»Es reicht, wenn Sie Johannsen herbestellen. Er soll bis zur Abzweigung kommen und dort auf uns warten.«

»Wie Sie wünschen.«

Sie hörte, wie er kurz mit dem Arzt sprach. Fallersleben gab keine lange Erklärung ab, sagte nur, er selbst, Frau Petersen und Fritz Westermann bräuchten eine Fahrgelegenheit. Das Pferd könne wohl selbst für sich sorgen.

Johannsens Antwort konnte sie nicht mitbekommen, aber sie stellte sich vor, wie er ungläubig den Kopf schüttelte.

»Er macht sich gleich auf den Weg«, rief Fallersleben ihr zu.

»Gut. Werden Sie es schaffen, bis zur Straße zu gehen?«, fragte sie.

»Ich denke schon. Mir geht es ein wenig besser.«

»Sonst helfen wir Ihnen auf Alfreds Rücken.«

»Besten Dank, Frau Petersen. Das wird nicht nötig sein – geh weg! Pfui!«

Letzteres galt offenbar Alfred.

»Können Sie Ihrem Pferd bitte ausrichten, es soll nicht an meinen Haaren knabbern? Ich habe nicht mehr so viele.«

Hanna kicherte, dann lachte sie laut los. Ihre ganze Anspannung entlud sich in diesem Lachen.

Als sie sich wieder beruhigt hatte, herrschte über ihr offenbar Frieden zwischen Alfred und dem Grafen. Oder zumindest Waffenstillstand.

»Sind Sie noch hysterisch, Frau Petersen?«, fragte Fallersleben nach einer Weile.

»Man wird ja wohl mal lachen dürfen.«

»Gewiss.«

»Wir müssen immer noch über Ihren Sohn reden, Herr von Fallersleben.«

Keine Antwort.

Bevor sie nachhaken konnte, war Westermann zurück.

»Achtung, Hanna, hier kommt das Seil. Binde es dir fest um, dann ziehe ich dich hoch. Alfred kann mir dabei helfen.«

Als würde ich Tonnen wiegen, dachte sie grimmig.

»Es kann losgehen!«, rief sie. Halb ließ sie sich ziehen, halb kletterte sie nach oben.

Unendliche Erleichterung erfüllte sie, als sie wieder auf ebener Erde war. Erst jetzt wurde ihr so richtig bewusst, in welcher Gefahr sie geschwebt hatte. Wäre Fallersleben nicht wieder zu sich gekommen und Westermann auf Alfred ihr nicht zu Hilfe geeilt – sie hätte dort unten sterben können.

Und die Nager des Waldes hätten deine Knochen schön sauber abgeputzt.

Ja, danke.

Alfred stupste sie sanft an. Um seinen breiten Hals hing noch das andere Ende des Seils. Der Karabinerhaken hing schwer vor seiner Brust.

»Danke, mein Großer«, flüsterte sie in seine Mähne.

Westermann stand gebückt vor ihr und löste den Knoten.

»Und dir auch danke«, sagte sie schnell.

»Jederzeit, Chefin.«

Das Licht der Taschenlampe war schwächer geworden, aber sie hätte schwören können, dass er breit grinste.

Fallersleben erhob sich mit einem Ächzen, kam zu ihr und legte Hanna eine Hand auf die Schulter.

»Bitte verzeihen Sie einem törichten alten Mann. Es war nicht meine Absicht, Ihnen ein Leid anzutun.«

Wer's glaubt, flüsterte ihre innere Stimme.

Zwei Fingerspitzen berührten ihre Haut, dort, wo ihre Jacke beim Hochklettern verrutscht war.

Hanna erschauerte.

Und sie fühlte.

22

Mit einem Ruck machte Hanna sich frei.

»Pardon«, murmelte Fallersleben, zog die Hand weg und trat schnell zwei Schritte zur Seite.

Westermann, der damit beschäftigt war, auch Alfred vom Abschleppseil zu befreien, erklärte in ungewohnt scharfem Ton: »Dass mir ja keiner wieder in die Grube fällt. Ich stehe heute Nacht für Rettungsaktionen nicht mehr zur Verfügung.«

Er rollte das Seil auf, warf es sich über die Schulter und rieb sich dann seine schmerzende Rückseite. »Der Jo muss mir eine Spritze gegen die Schmerzen geben, und dann will ich irgendwo so lange auf dem Bauch liegen, bis mein Steißbein wieder gesund ist.«

»Stell dich nicht so an«, erwiderte Hanna gereizt.

Westermann würdigte sie keiner Antwort, sondern packte Alfreds Zügel und zog ihn hinter sich her. Dessen weißes Hinterteil leuchtete Hanna und Fallersleben den Weg.

Diesmal blieb sie hinter dem Grafen. Lieber auf Nummer sicher gehen, dachte sie. Bei dem Mann konnte man nie wissen.

»Wenn Sie sich schwach fühlen, können Sie Alfreds Schweif nehmen und sich ziehen lassen«, sagte sie noch zu ihm. »Er ist ein ganz liebes Pferd und wird bestimmt nicht austreten.«

»Ich werde mich hüten«, gab Fallersleben zurück. »Sie sollten wissen, Frau Petersen, dass ich kein Pferdefreund bin.«

»Darauf wäre ich jetzt nicht gekommen.«

Ihm entging ihr ironischer Unterton.

»Nicht wahr? In einem Pferdeland wie Niedersachsen sollte man meinen, dass der Landadel von früh bis spät im Sattel sitzt, seinen Besitz abreitet und die Knechte mit der neunschwänzigen Katze auspeitscht.«

»Hm, so ungefähr.«

Sie starrte angestrengt geradeaus. Fallersleben ging sehr langsam. Weiter vorn wieherte Alfred leise.

»Jetzt kommt schon!«, rief Westermann. »Ich höre einen Wagen. Nein, ich glaube, es sind zwei.«

Der Graf ließ sich nicht aus der Ruhe bringen.

»Nun, mein Vater hat edle Hannoveraner gezüchtet, bei ihm stimmte noch das Klischee. Aber ich bin als kleiner Junge schwer von meinem Pony gestürzt. Als ich meinen Vater beerbt habe, da habe ich als Erstes sämtliche Pferde verkauft.«

»Warum erzählen Sie mir das alles? Erwarten Sie von mir Mitleid, weil Sie als Kind mal ins Gras geplumpst sind?«

»Gewiss nicht«, kam es zurück. »Ich möchte Sie nur bitten, dieses hässliche Tier nicht zum Haus mitzubringen. Es weckt unschöne Erinnerungen.«

»Ich kann Alfred ja wohl kaum hier im Wald aussetzen, nachdem er uns gerettet hat.«

Bevor Fallersleben etwas entgegnen konnte, erreichten sie die Straße.

Hanna entdeckte einen Pferdehänger und davor einen Opel älteren Baujahrs, dessen hell erleuchtete Scheinwerfer sie endlich aus der Dunkelheit erlösten. Dann sah sie, wie ein Mann die breite Klappe des Hängers herunterließ.

»Komm, Fritz, hilf mir mal.«

Hanna ging auf ihn zu.

»Herr Westermann?«

Er drehte sich um, ein großer, kräftiger Landwirt mit weißen Haaren und hell blitzenden Augen. »Na, endlich sehe ich Sie mal, Frau Kommissarin.«

Ihre Hand verschwand in seiner Pranke.

Ein guter Mann.

»Sie kommen genau im richtigen Moment. Alfred braucht eine Transportgelegenheit.«

Westermann senior nickte. »Die gute Luise hat mich angerufen. Sie sagte, mien Jung wäre losgetrabt, um Ihnen bei einem wichtigen Einsatz zu helfen. Da hab ich mich schnell mit dem Hänger auf den Weg gemacht. Dachte mir, dass der Dicke ja wieder nach Hause muss.«

Er tätschelte Alfreds Kruppe. Die beiden verstanden sich. Schon schritt der Schimmel auf den Hänger und schickte ein kleines Wiehern zum Abschied durch die Nacht.

Die Klappe wurde wieder geschlossen.

»Besonders dreckig hat er sich nicht gemacht«, erklärte der Sohn seinem Vater. »Kannst ihn wieder in den Stall lassen.«

Westermann senior grinste, setzte sich dann in seinen Wagen und fuhr langsam an.

Erst als er fort war, entdeckte Hanna das zweite Auto. Es war vom Hänger verdeckt gewesen.

Johannsen.

Er stieg aus und sah kurz dem Hänger nach.

Jetzt mal in Ohnmacht fallen, dachte sie. In seinen Armen landen und für ein paar kostbare Augenblicke alles vergessen.

Zu dumm, dass sie dafür nicht der Typ war. Das konnte Fallersleben besser. Und sein Sohn war gut darin, einen Schwächeanfall vorzutäuschen.

Johannsen kam direkt auf sie zu. In seinen Augen lag Sorge.

Und noch etwas?

Zärtlichkeit?

Ein klitzekleiner Seufzer stahl sich aus ihrem Mund. Sie schaute ihm entgegen.

Er ließ sie stehen und wandte sich an Fallersleben.

Toll. Danke.

»Was ist passiert? Geht es Ihnen gut? Sie sehen sehr blass aus. Kommen Sie zu meinem Wagen und setzen Sie sich auf den Beifahrersitz. Wir fahren sofort zum Haus. Dort kann ich Sie gründlich untersuchen.«

Fallersleben machte eine abwehrende Handbewegung. »Mit mir ist alles wieder in Ordnung, Herr Doktor. Mir war vorhin nur ein wenig unwohl.«

»Ich bestehe darauf«, erwiderte Johannsen.

»Hey, Jo«, sagte Westermann. »Ich bin schwer verletzt, und Hanna ist zweimal auf den Kopf geknallt. Der Graf war nur mal kurz weggetreten. Vielleicht kümmerst du dich lieber um uns?«

»Ihr beide seht aber ganz frisch aus«, gab Johannsen ungerührt zurück. »Also bitte, die Herrschaften. Fahren wir.«

Nett klang anders, entschied Hanna und folgte den anderen müde zum Wagen.

In Johannsens Kombi nahm Westermann den Großteil der Rückbank ein, indem er auf allen vieren hineinkroch und in dieser hockenden Stellung verharrte. Hanna quetschte sich mit Mühe und Not neben ihn und hörte zu, wie er Johannsen einen kurzen Abriss der Ereignisse lieferte. Er selbst war natürlich der tapfere Held, der sich in stockfinsterer Nacht todesmutig auf einen Höllenritt begab, um seine Holde zu retten.

Fallersleben schwieg dazu, und auch Hanna blieb still. Sie war noch damit beschäftigt, über sich selbst entsetzt zu sein.

Warum war sie so enttäuscht gewesen, als Johannsen sie eben ignoriert hatte? Was war denn plötzlich los mit ihr? Verwirrt rieb sie sich über die Stirn, ertastete die Beule an der Schläfe, dann die schmerzende Stelle am Hinterkopf.

Verdammt! Sie hatte nicht vor, sich zu verlieben. Vor allem nicht in Johannsen.

Ist das klar, Herz?

»Was?«, fragte Westermann.

Hanna presste die Lippen zusammen. Hatte sie etwa laut gesprochen?

Ihr Kollege grinste. »Ich weiß ja, dass dein Herz für alle Zeiten mir allein gehört, aber können wir das auf später verschieben? Wenn ich mich wieder wie ein Mann bewegen kann?«

»Halt den Schnabel, Westermann.«

Sie wollte noch etwas hinzufügen, aber da kam das hell erleuchtete Herrenhaus in Sicht. Johannsen half Fallersleben beim Aussteigen und bestand darauf, ihn in sein

Zimmer zu begleiten. Er holte nur rasch seine Arzttasche aus dem Kofferraum und blieb dann dicht an seiner Seite.

Hanna und Westermann waren sich selbst überlassen.

Sie hörten noch, wie Johannsen dem Grafen erklärte, seiner Familie gehe es gut. Die Gräfin habe von ihm ein Beruhigungsmittel bekommen und schlafe bereits. Florian sei vollkommen in Ordnung und warte in seinem Zimmer.

»Ich fand, er sah sehr verängstigt aus, aber das hatte meiner Meinung nach nichts mit dem Unfall zu tun. Sicherlich geht es um eine Familienangelegenheit.«

Fallerslebens Antwort war nicht mehr zu verstehen.

Unendlich müde stieg Hanna neben Westermann die Freitreppe hoch. Ihr Kopf schmerzte jetzt stark, ihr Magen erinnerte sie daran, dass er immer noch nichts zu essen bekommen hatte, und ihr Herz schlug seltsam langsam. Westermann neben ihr schleppte sich breitbeinig und steif nach oben.

»Ein tolles Paar geben wir ab«, sagte er grinsend.

Sie lächelte müde und schaute an sich hinab. Ihre Jeans waren verdreckt und an zwei Stellen eingerissen. Pulli und Jacke sahen nicht viel besser aus. Ihr Haar hing verfilzt auf die Schultern, und sieben Fingernägel waren abgebrochen. Westermann machte keinen viel besseren Eindruck.

Ihr Retter in der Not war Butler Andrew. Er brachte Hanna zunächst zu einem Gästebad, wo sie sich einigermaßen säubern konnte. Anschließend war ihr Kollege dran. Dann ließ Andrew die beiden Polizisten in den Salon eintreten. Der Raum entsprach vollkommen Hannas Erwartungen von einem hochherrschaftlichen Ambiente. Alte Meister an den Wänden, antike Möbel aus edlen Hölzern sorgsam verteilt, dicke Teppiche auf Eichenparkett und ein großer, aus Feldsteinen gemauerter Kamin mit einer prunkvollen goldenen Uhr auf dem Sims. Westermann legte sich bäuchlings auf ein überdimensionales Sofa, Hanna sank in einen bequemen Ohrensessel. Andrew ließ sie kurz allein, kehrte aber bald mit einem Servierwagen zurück, auf dem sich Schnittchen in allen Variationen türmten. Dazu gab es zwei Kannen Kaffee, eine große Obstschale und einen Teller mit aufgeschnittenem Butterkuchen.

Trotz seiner unbequemen Lage schaffte es Westermann, Unmengen an Essen in sich reinzuschaufeln und literweise Kaffee hinterherzukippen.

Hanna dagegen bekam plötzlich kaum etwas runter. Ein halbes Tomatenbrot, ein Apfel, zwei Tassen Kaffee.

»Wenn du so weitermachst, fällst du mir noch vom Fleisch«, erklärte Westermann. »Ich mag aber keine Hungerhaken, Chefin.«

»Hör schon auf. Du hast mich gerettet, und ich bin dir dankbar. Aber das gibt dir noch lange kein Recht ...«

»Stopp, mein Herzblatt! Brauchst dich jetzt nicht zu echauffieren. Ich mach doch nur Spaß. Weiß doch längst, dass der Jo ...«

»Stopp!«, fiel Hanna ihm ihrerseits ins Wort. »Kein Ton mehr, Westermann.«

Er schob sich ein großes Stück Butterkuchen in den Mund und kaute andächtig.

»Wenn ich mich bloß umdrehen könnte«, sagte er dann. »Mein Magen kann nicht richtig arbeiten, wenn er so eingequetscht ist. Ich fürchte, gleich passt nichts mehr rein.«

»Dann hör auf, bevor dir schlecht wird. Wir haben noch eine lange Nacht vor uns.«

»Was? Nee, geht gar nicht, Chefin. Ich bin ein Invalide. Jo soll mir eine Spritze geben, und dann will ich nur noch pennen.«

Sie sah ihn streng an. »Kommt nicht in Frage. Wir sind im Dienst.«

Ein herzzerreißendes Stöhnen erfüllte den Salon. »Wie war mein Leben doch schön und beschaulich, bevor du in Haselohne aufgetaucht bist.«

Hanna grinste schwach. »Für den Mord kann ich aber nichts. Das war Zufall.«

»Wer weiß, wer weiß. Manche Menschen ziehen das Unheil an wie das Licht die Motten. Hat meine Oma immer gesagt.«

Sie wollte ihm einen Vogel zeigen, erwischte dabei die verletzte Schläfe und zuckte zusammen.

»Du solltest auch nur noch ein Schmerzmittel einwerfen und dann schlafen gehen«, meinte Westermann. »Siehst nicht besonders gut aus, Chefin.«

»Schmerzmittel ja, schlafen nein«, entgegnete sie mit fester Stimme. Sobald Johannsen kommt, lassen wir uns etwas geben, aber jetzt musst du wissen, was ich vorhin erfahren habe.«

»Von wem eigentlich?«

»Ist jetzt unwichtig.«

»Finde ich nicht.«

»Es kommt auf die Informationen an, nicht auf den Informanten.«

»Da bin ich anderer Meinung.«

Hanna knirschte mit den Zähnen. »Du bist ein verdammt hartnäckiger Heidjer, Westermann.«

»Ja, und darauf bin ich auch stolz.«

Sie gab es auf. Gegen Westermanns Sturkopf kam sie nicht an. »Hendrik März.«

»Hä? Deine Liebesleiche? Ist jetzt nicht wahr, oder? Will er sich etwa bei dir einschmeicheln, indem er den Sherlock Holmes gibt?«

Genau wegen dieser Reaktion hätte sie Westermann den Namen ihres Informanten gern verschwiegen.

»Hat er behauptet, er hat den Banker erschossen, damit du jetzt ganz viel Zeit mit ihm verbringen musst?«

»Sei nicht albern.«

»Chefin, ich mache mir nur Sorgen um dich.«

Hanna wollte ihm gerade eine gepfefferte Antwort geben, da ging die Tür zum Salon auf, und Johannsen trat ein.

Schlechtes Timing, überlegte sie.

Westermann war da offenbar anderer Ansicht. »Endlich, Jo! Ich komme um vor Schmerzen. Aber kümmere dich lieber erst um Hanna. Ich glaube, sie hat eine Gehirnerschütterung. Mindestens.«

Johannsen hob die Augenbrauen.

»Hör nicht auf ihn«, sagte Hanna schnell. »Mir geht es gut. Aber ich könnte ein Schmerzmittel gebrauchen.«

»Ist dir übel? Warst du bewusstlos? Ist dir schwindelig?«

»Nein, nein und nein.«

Er kam zu ihr und begann, behutsam ihren Kopf abzutasten. Seine Finger bewegten sich sanft, sein Atem strich über ihr Haar.

Ein bisschen schwindelig war ihr jetzt doch.

Schließlich nickte er und holte ein Röhrchen mit Tabletten aus seiner Arzttasche. Er ließ zwei weiße Pillen in ihre Handfläche gleiten und reichte ihr dazu ein Glas Wasser.

»Damit wird es dir gleich besser gehen. Die machen ein bisschen müde, aber du musst sowieso schlafen.«

»Danke«, murmelte Hanna und warf sich die Pillen in den Mund. Als Johannsen sich zu Westermann umdrehte, spuckte sie sie schnell wieder aus.

Lieber Schmerzen als nicht mehr funktionieren können, entschied sie.

»Autsch! Scheiße!«, rief Westermann.

»Ist ja gut, Fritz. Bin schon fertig.« Johannsens Körper verwehrte Hanna den Blick auf Westermanns teilweise entblößten unteren Rücken.

Schade eigentlich, murmelte es in ihr. Aha. Ihre innere Stimme war auch noch wach.

»Scheint nichts gebrochen zu sein.«

»Und wenn doch? Kriege ich dann etwa den Arsch in Gips?«

Johannsen schüttelte den Kopf. »Unsinn. Zur Sicherheit schicke ich dich morgen früh zum Röntgen. So oder so muss das Steißbein von selbst heilen. Das braucht seine Zeit.«

»Na, toll. Gibt's jetzt endlich 'ne Spritze? Hättest du mir nämlich schon geben können, bevor du da unten rumgefummelt hast. Du bist eben ein Sadist, Jo. Und du, Chefin, starrst gefälligst woandershin.«

Gehorsam drehte Hanna sich weg und lächelte, als Westermann erneut fluchte.

»Wegen so einem kleinen Piekser«, sagte Johannsen. »Da ist jedes Kleinkind bei einer Impfung tapferer als du.«

Westermann erwiderte etwas Unverständliches, und Johannsen lachte laut.

Hanna fühlte sich auf eine schwer fassbare Art und Weise ausgeschlossen. Sie dachte an die vergangene Nacht, als sie drei noch so etwas wie eine Einheit gebildet hatten. Wenigstens für kurze Zeit.

Seitdem war viel passiert. Wenig Gutes.

»Kannst wieder gucken, Chefin«, sagte Westermann. »Und ich kann gleich wieder sitzen, hat Jo versprochen. Wenn ich zwei feste Kissen rechts und links unter die Pobacken schiebe, müsste es gehen. Aber vielleicht warte ich noch ein bisschen.«

»Morgen besorge ich dir ein Ringkissen«, versprach Johannsen. »Damit wird es einfacher sein.«

Er schloss seine Arzttasche und sagte, er wolle noch einmal nach Fallersleben schauen.

»Wir müssen dringend mit ihm reden«, erwiderte Hanna schnell. »Bitte gib ihm kein Beruhigungsmittel.«

»Das hat er ohnehin abgelehnt. Seine Herzfrequenz und der Blutdruck sind so weit in Ordnung. Er wollte duschen und sich umziehen.«

Dabei schaute er Hanna an, als wollte er sagen: Hättest du auch dringend nötig.

Weiß ich selber, danke.

Nachdem er gegangen war, herrschte kurz Stille, bis Westermann fragte: »Sind die Schmerzen besser?«

»Ich habe die Tabletten nicht genommen«, gestand Hanna. »Ich darf jetzt nicht müde werden. Vielleicht kann Andrew für mich Aspirin auftreiben.«

»Hm«, murmelte Westermann. »Warst mal wieder klüger als ich, Chefin. Ich werde gerade sehr, sehr müde.«

263

Als erneut die Tür geöffnet wurde und der Butler erschien, schlief der Polizeihauptmeister schon halb.

»Andrew, mein Bester. Wir brauchen mehr Kaffee für mich und Aspirin für die Kommissarin.«

Der Butler nickte. »Ich kümmere mich gleich darum. Aber hier ist jemand, der mit Ihnen sprechen möchte.«

Hanna fand die Formulierung merkwürdig, denn Andrew hätte doch einfach sagen können, ob der Graf oder sein Sohn jetzt zum Gespräch bereit waren.

Dann sah sie, wer hinter dem Butler den Salon betrat, und vergaß schlagartig ihr Kopfweh.

Westermann wirkte mit einem Mal kein bisschen müde mehr.

»Du?«, rief er. »Wo kommst du denn her?«

23

In Wahrheit sah der Besucher nicht so aus, als sei er scharf drauf, mit der Polizei zu sprechen. Sein Gesicht war finster, und er musste von Andrew mit sanfter Gewalt in den Salon geschoben werden.

»Der Herr ist draußen herumgeschlichen«, erklärte der Butler. »Ich habe ihn entdeckt, als ich die Koffer des jungen Herrn Grafen hereintragen wollte.«

»Was heißt hier herumgeschlichen?«, gab der Mann zurück. »Ich habe mich nur ein bisschen umgesehen.«

»Dies ist Privatbesitz.«

»Pah!«

Hanna griff ein, bevor ein handfester Streit ausbrechen konnte. »Vielen Dank«, sagte sie zum Butler und entließ ihn mit einem Nicken.

Sie bemerkte, wie Westermann dem Besucher einen warnenden Blick zuwarf, den dieser jedoch ignorierte.

Er wandte sich an Hanna. »Nur, damit Sie's gleich wissen, Frau Kommissarin: Ich habe nichts Böses getan.«

»Das weiß ich, Herr Lüttjens.«

In den Augen des alten Kutschers blitzte etwas auf. Erleichterung? Vielleicht.

»Aber es wäre nicht nötig gewesen, mich *anonym* anzurufen. Weder gestern Nachmittag noch heute Abend.«

Heinz-Otto kratzte sich seinen fast kahlen Schädel. Den Filzhut hatte er schon beim Eintreten abgenommen.

»War es doch.«

»Aber nein.«

»Doch.«

»Nein.«

»Doch, doch, doch!«

Hanna schwieg und starrte ihn an. Wieso benahm der sich wie ein Dreijähriger? Wurden alle alten Männer so? Ihr eigener Vater war mit knapp sechzig bei einem Schiffsunglück ums Leben gekommen. Auch sonst hatte sie keine Vergleichsmöglichkeiten.

»Sie haben gesagt, dass ich schwerhörig bin, und Sie denken bestimmt, ich bin nicht mehr ganz richtig im Kopf!«

»Wie bitte?«

Jetzt starrte sie Westermann an. Der schaute betreten zu Boden.

Hanna verstand.

Der Schafstall-Fall! Sie hatte am Mittwoch den Verdacht geäußert, der alte Kutscher könnte vielleicht nicht mehr so gut hören, weil er Englisch mit Plattdeutsch verwechselt hatte. Und Westermann, der Idiot, hatte sie bei dem alten Mann verpetzen müssen.

»Da hast du ja was angerichtet«, sagte sie zu ihm.

»Mann, Chefin! Ist mir halt so rausgerutscht. Letzte Woche bist du mir noch ganz schön auf die Ei... äh... Nerven gegangen.«

Sie hörte gar nicht richtig hin. Deshalb also hatte Westermann sich am Abend lieber allein auf die Suche machen wollen. Nachdem sie herausgefunden hatten, dass es sich bei dem anonymen Anrufer um Heinz-Otto handelte, wollte er ihm unbedingt noch eintrichtern, den Mund zu halten.

Tja, dumm gelaufen.

Sie legte sich schon die Worte zurecht, mit denen sie Westermann runterputzen würde, als sie plötzlich innehielt.

Wozu?, erkundigte sich ihre innere Stimme. Was bringt das jetzt?

Nichts.

Ganz genau. Sieh lieber zu, dass der olle Kutscher dir wertvolle Hinweise geben kann, die Hendriks Informationen untermauern.

Gute Idee.

Und tot ist er auch nicht.

Äh, nein.

»Bist ja gesund und munter«, sagte Westermann zu Heinz-Otto, offenbar bemüht, Hanna abzulenken. »Wir haben dich den ganzen Abend lang gesucht. Ich dachte schon, dir wäre was passiert.«

»Nee, wieso? Hab hier nur ein bisschen aufgepasst. Der Graf ist 'n ganz linker Hund. Der hat was auf'm Kerbholz. Die ganze Mischpoke taugt nichts.«

»Und wieso war dein Handy nicht an?«

Heinz-Otto zwinkerte ihm zu. »Machen die Detektive im Fernsehen auch so. Beim Einsatz das Telefon aus, damit es nicht klingelt und deine Position verrät.«

»Wie bist du überhaupt hergekommen? Deine Pferde stehen im Stall.«

»Mit meinem Moped.«

Westermann richtete sich halb auf und drohte dem

Kutscher mit dem Zeigefinger. »Heinz-Otto, das alte Ding ist seit zwanzig Jahren abgemeldet. Du weißt genau, dass du damit nicht mehr fahren darfst.«

»Läuft aber noch astrein.«

Hanna fand, es reichte jetzt. »Herr Lüttjens, kommen wir lieber zu dem, was Sie gestern beobachtet haben.«

Sie hörte, wie Westermann erleichtert aufseufzte, blieb aber ganz auf den möglichen Augenzeugen konzentriert.

»Wie, beobachtet? Ich hab nix gesehen.«

Da hab ich aber was anderes geträumt, dachte Hanna.

Träume sind Schäume, erklärte eine leise Stimme.

Komm mir jetzt nicht mit Plattitüden.

Beleidigtes Schweigen in ihrem Innern.

»Keine falsche Scheu, Heinz-Otto«, sagte Westermann eifrig. »Du musst doch …«

Wieder hob Hanna die Hand. »Ich führe die Vernehmung.«

Nicht, dass Westermann dem Kutscher noch was in den Mund legte, bloß, weil er seinen Fehler wiedergutmachen wollte.

Heinz-Otto blickte von einem zum anderen. »Eigentlich will ich nur mit dem Karl reden.«

O Gott!

Nicht der schon wieder!

Hanna unterdrückte einen Fluch. Der alte Mann war nicht mehr zurechnungsfähig. Oder er gab sich bewusst dumm. War schwer zu unterscheiden.

Betont langsam fragte sie: »Herr Lüttjens, Sie haben einen oder auch mehrere Jagdgäste zum Sammelpunkt kutschiert, richtig?«

»Wieso sagt die ständig Herr Lüttjens zu mir?«, wandte Heinz-Otto sich an Westermann.

»Weil du so heißt«, gab der zurück.

»So nennt mich aber nie einer.«

»Och, klingt doch ganz vornehm.«

»Können wir bitte beim Thema bleiben?«, fragte Hanna und legte mehr Strenge in ihre Stimme.

Sie erhielt ein schwaches Nicken zur Antwort.

»Also, wer waren die Jagdgäste?«

»War bloß einer.«

»Ja, und?«

»Weiß ich nicht. Der hat sich mir nicht vorgestellt. Bin ja bloß ein alter Kutscher aus der Heide, und der war ein dicker Herr Wichtig aus der Weltstadt Hamburg. Auf der Seite, wo er gesessen hat, hing meine Kutsche tiefer. Hat auf der Fahrt mächtig in sein Telefon geschrien.«

»Was hat er gesagt?«

Er zuckte mit den Schultern. »Weiß nicht. Es ging um Geld, glaube ich. War ziemlich wütend.«

»Können Sie den Mann genauer beschreiben?«

»Nee.«

Trotzdem, dachte Hanna, es könnte passen.

Unaufgefordert sprach Heinz-Otto weiter. »Na, der ist dann in den Wald zu den anderen.«

»Und dann?«

»Was dann?«

»Sind Sie vielleicht auch in den Wald gegangen.«

Er knetete den Filzhut, bis der nur noch eine unkenntliche Stoffmasse war.

»Und wenn? Darf ein unschuldiger alter Mann nicht mal 'n paar Pilze sammeln?«

Westermann sog scharf die Luft ein.

Hanna blieb ruhig. »Es ist lebensgefährlich, sich während einer Jagd im Wald aufzuhalten. Das müssten Sie wissen.«

»Ich kann schon auf mich aufpassen. Mich erschießt so leicht keiner.«

Sie ließ seine Antwort unkommentiert und stellte die alles entscheidende Frage: »Haben Sie den Mord an Heiner Hansen beobachtet?«

»An wem? Kenne ich nicht.«

»So heißt der Mann, der gestern erschossen worden ist. Sie haben mich daraufhin angerufen. Haben Sie beobachtet, wer es war?«

»Nee.«

»Herr Lüttjens. Versuchen Sie sich zu erinnern!«

»Ich … nee. Und Sie würden mir sowieso nicht glauben. Sie denken ja, ich bin senil. Und wenn ich sage, Fallersleben steckt da mit drin? Hä? Was machen Sie dann? Verhaften Sie den? Nee.«

Jetzt ist mal gut, entschied Hanna. Mit einer einzigen fließenden Bewegung schnellte sie aus ihrem Sessel hoch, trat auf den Mann zu und legte eine Hand auf seine knotigen Finger.

Lügner, dachte sie. Du willst dem Grafen bloß was anhängen, weil ihr alte Feinde seid. Wenn ich wollte, könnte ich dich wegen einer Falschaussage drankriegen. Lohnt sich bloß nicht.

»He! Hilfe! Fritz, die Kommissarin will mir was tun!«

»Chefin?«, fragte Westermann verwirrt. »Was soll das werden?«

Sie nahm die Hand weg, ohne dem Kollegen etwas zu

erklären. Wie auch? Sie konnte nicht aussprechen, dass sie eine ganz leichte Schwingung aufgenommen hatte. Höchstwahrscheinlich würde er sich dann auch Karl Överbeck zurückwünschen, und ihre ganze gute Teamarbeit war vergessen.

Na ja. Mehr oder weniger gute Teamarbeit. Aber sie standen kurz davor, den Fall aufzuklären.

Westermann wusste es bloß noch nicht.

Er starrte sie noch ein paar Sekunden lang an, dann wandte er sich an den Kutscher. »Mensch, Heinz-Otto, nun mach schon. Raus mit der Sprache. Brauchst keine Angst zu haben. Florian ist sowieso unser Hauptverdächtiger.«

»Westermann!«, sagte Hanna scharf. »Kein Wort mehr!«

Heinz-Otto wirkte jetzt vollkommen verwirrt. »Der Junge? Der junge Herr Graf? Ich sage nix mehr. Ich will einen Anwalt.«

Kein Zweifel, das hatte er auch aus dem Fernsehen.

Hanna drehte sich um und tötete ihren Kollegen mit Blicken. Der machte sich so klein, wie es ihm nur möglich war.

»Das war die Spritze«, murmelte er. »Bin nicht ganz klar im Kopf.«

»Ich muss jetzt los«, erklärte Heinz-Otto. »Und Sie müssen Fallersleben verhaften. Der wollte nämlich flüchten. Aber der Jo hat ihn vorhin zurückgebracht. Ja, der is 'n guter Polizist und 'n guter Arzt. So einen brauchen wir.«

Sprach's, setzte sich das auf den Kopf, was von seinem Hut noch übrig war, und verschwand.

»Uff«, machte Westermann. »Ich glaube, der ist nicht

271

mehr ganz dicht. Und richtig gut gucken kann er wahrscheinlich doch nicht mehr. Dass zwischendurch die Gräfin ihren Sohn nach Hause gebracht hat, ist ihm wohl entgangen.«

Hanna schwieg.

Sie musste dem Kollegen dringend berichten, was sie von Hendrik erfahren hatte, bevor er noch mehr Chaos in die Ermittlung bringen würde.

Sie kam bloß nicht dazu.

Kaum war Heinz-Otto weg, erschien Richard von Fallersleben im Salon.

Im Gegensatz zu Hanna und Westermann wirkte er frisch und ausgeruht.

»Habe ich eben den alten Kutscher durch meine Diele schleichen sehen?«, erkundigte er sich mit pikiertem Gesichtsausdruck.

Hanna nickte.

»Dass er es wagt, mein Haus zu betreten! Haben Sie ihn herbestellt?«

»Hm«, machte sie unbestimmt.

»Das geht entschieden zu weit«, erklärte der Graf. »Ich will diesen Mann hier nicht haben. Der macht nur Ärger. Und er wird nie wieder einen Auftrag von mir bekommen. Wenn meine Gäste in Zukunft unbedingt eine zünftige Kutschfahrt durch meinen Wald unternehmen wollen, stelle ich jemand anderes ein.«

»Das ist jetzt nicht wichtig«, erklärte Hanna.

»Genau!« Westermann quälte sich aus seiner liegenden Position und setzte sich in extremer Schieflage hin, wobei er umständlich mit zwei Kissen hantierte. »Wir haben einen Mordfall zu lösen. Und da kommen Sie ins Spiel.«

Es schien Hanna, als habe er jegliche Angst vor Fallersleben verloren. Wer zweimal von Alfreds Rücken geflogen war und überlebt hatte, fühlte sich offenbar unverwundbar.

Schlechtes Timing, Kollege! Ich hätte dir was sagen müssen.

Der Graf wirkte schon weniger frisch. Auf einmal war er aschfahl im Gesicht.

Hanna ging einen Schritt auf ihn zu. Nur für den Fall, dass er wieder umkippen wollte.

Er streckte einen Arm aus. Erst dachte sie, er wolle sich gegen sie verteidigen, dann entdeckte sie ein zusammengefaltetes Blatt Papier in seiner Hand.

»Hier, bitte. Die Namen und Adressen von Florians sogenannten Freunden. Ich hoffe, ich kann der Polizei damit dienlich sein.« Dazu setzte er eine Miene auf, als könne er auf diese Weise sich selbst und seine Familie von jeglicher Schuld reinwaschen.

»Danke«, erwiderte Hanna. »Das Rauschgiftdezernat wird sich darum kümmern.«

Sie tat, als wollte sie ihm nur das Blatt Papier abnehmen, legte aber fest ihre Hand auf seine.

Fallersleben sah sie leicht amüsiert an. Ein Hauch von seiner alten Sicherheit kehrte zurück, die Wangen wiesen einen gesünderen, rosigen Ton auf. »Möchten Sie mit mir anbändeln, Frau Petersen? Ich fürchte, da muss ich Sie enttäuschen. Ich liebe meine Frau. Trotz ihrer kleinen Schwächen.«

»Das hat sie beim Heinz-Otto eben auch gemacht«, erklärte Westermann vom Sofa aus. »Also, entweder ist sie jetzt plemplem – wäre ja auch kein Wunder, wo sie sich zweimal den Kopf gestoßen hat –, oder … äh … das ist ihre neue Art, freundlich zu sein.«

Irgendwo draußen knatterte ein Moped davon.

Hanna holte tief Luft. Sie war auf einmal nicht mehr sicher gewesen. Vorhin im Wald, als Fallersleben sie berührt hatte, da hatte sie vielleicht noch unter dem Schock ihres Sturzes gestanden. Nun jedoch, in der ruhigen Atmosphäre des Salons, wusste sie endgültig Bescheid. Es war an der Zeit, die richtigen Fragen zu stellen.

Rasch nahm sie das Blatt Papier, warf einen kurzen Blick darauf und steckte es dann in die Innentasche ihrer Jacke. »Setzen wir uns.«

Während sie selbst wieder im Sessel Platz nahm, wählte Fallersleben einen Stuhl, auf dem er höher als die beiden Polizisten saß.

Typisch.

Wenn er sich dadurch einen Vorteil erhoffte, irrte er sich.

»Herr von Fallersleben«, begann Hanna im Plauderton, »haben Sie sich von Ihrem Schwächeanfall erholt?«

»Das sehen Sie doch. Mir geht es gut.«

»Prima.« Sie legte Schärfe in ihre Stimme. »Dann sind Sie ja vernehmungsfähig. Geben Sie zu, dass Sie Ihren Sohn Florian für den Mörder von Heiner Hansen halten?«

Erneut wich alle Farbe aus seinem Gesicht, während Westermann einen seltsam tiefen Ton ausstieß. Ob aus Triumph oder vor Freude war nicht auszumachen.

»Ich verbitte mir …«, begann Fallersleben, hielt inne, starrte Hanna an, knickte ein. Seine Schultern sackten herab, in den Augenwinkeln sammelten sich Tränen, sein Blick war der eines alten geschlagenen Mannes.

Sie schauderte. Schon wieder so ein plötzlicher Stimmungswandel. Aber sie war auf dem richtigen Weg und ließ nicht locker.

»Ich höre.«

»Ja.« Kaum mehr ein Flüstern. »Ja, ich fürchte, er könnte es gewesen sein.«

Sie nickte. Genau das hatte sie vorhin im Wald und jetzt wieder im Salon gespürt. Eine schwache Schwingung, zu leicht für einen Verbrecher, aber stark genug für einen Menschen, der mit seinem Gewissen nicht mehr im Reinen war.

Westermann war ganz still, knackte nur mit den Fingerknöcheln. Es klang wie Gewehrschüsse.

Fallersleben fuhr zusammen; Hanna ließ ihn nicht aus den Augen. »Warum?«

Ein hilfloses Schulterzucken. »Ganz ehrlich, Frau Petersen, der Gedanke erschien mir selbst ungeheuerlich. Aber Florian – er ist nicht mehr derselbe, seit er in diese schlechte Gesellschaft geraten ist. Er raucht Marihuana, und vielleicht nimmt er schon härtere Drogen.«

»Seit wann genau?«

Fallersleben räusperte sich umständlich. »Das geht seit einem Jahr so. Damals hat er herausgefunden, dass Iris nicht die brave Ehefrau und Mutter ist, für die er sie immer gehalten hat. Sie müssen wissen, er war immer ein Mama-Kind. Er hat seine Mutter vergöttert. Eines Abends hat er uns belauscht. Ich bat Iris, nicht so oft zu ihrem Liebhaber nach Hamburg zu fahren. Der Junge könnte darunter leiden. Als ich auf den Flur trat, sah ich ihn in seinem Zimmer verschwinden. Damals hat er sich einen – Knacks weggeholt.«

»Dieser Liebhaber«, hakte Hanna ein, »war das Heiner Hansen?«

»Nein, sein Vorgänger. Oder noch einer davor. So genau weiß ich das nicht mehr. Meine Frau ist in dieser Beziehung ... sagen wir mal, sehr rege.«

Sie ließ die Antwort unkommentiert und fragte weiter: »Aber Ihr Sohn wusste auch von Heiner Hansen?«

»Das glaube ich, ja. Er spioniert seiner Mutter hinterher.«

Hanna schoss die nächste Frage auf ihn ab. »Wann haben Sie entdeckt, dass Florian der Wilderer in Ihrem Wald ist?«

»Samstag. Am Abend vor der Jagd. Es war reiner Zufall. Der Junge hatte Blutspritzer am Hemd, und als ich ihn darauf ansprach, hat er mir mit einem frechen Lachen erzählt, was er so treibt. Normalerweise ist er ja eher schüchtern. Ich schätze, dass er an diesem Abend irgendetwas genommen hat, was ihn mutig werden ließ. Ich war fassungslos. Mein eigener Sohn hält mich zum Narren, indem er in meinem Wald beliebig Wild tötet. Und ich erstatte auch noch Anzeige gegen unbekannt wegen Wilderei. Das macht mich zum Gespött der Leute.«

Keine Sorge, dachte Hanna. Die haben genug über mich zu lachen.

»Und dann?«

Fallersleben antwortete nicht sofort. Er stand auf, ging zu einem hohen Rosenholzschrank und öffnete die Doppeltür. Zum Vorschein kam eine reich gefüllte Hausbar. Sorgsam wählte er eine Flasche Cognac aus und goss sich einen großzügigen Drink ein. Dann setzte er sich wieder und ließ den edlen Tropfen in seinem Cognacschwenker kreisen, bevor er einen tiefen Schluck nahm. Den Polizisten bot er nichts zu trinken an.

Hanna hätte ohnehin abgelehnt.

Westermann, der wieder auf dem Bauch lag, ebenfalls.

Oder auch nicht. Er schaute sehnsuchtsvoll auf das Glas, bis Hannas strenger Blick ihn den Kopf senken ließ.

»Ich habe ihm eine Ohrfeige verpasst«, fuhr der Graf fort, »und ihn auf sein Zimmer geschickt. Für den Rest des Wochenendes bekam er Hausarrest. Sein Handy habe ich auch eingezogen, und ich war auf der Hut. Später am Abend habe ich dann vom Zweitanschluss mit angehört, wie er sich bei einem seiner Freunde beklagt hat. Er werde eingesperrt wie ein kleines Kind, sagte er, damit seine Mutter in Ruhe ihren Liebhaber empfangen könne. So etwas in der Art. Und seine Familie solle sich nicht wundern, wenn er da mal durchgreifen würde. Er sei nämlich der einzige wirkliche Mann im Haus.«

Fallersleben machte eine kurze Pause, um einen weiteren Schluck Cognac zu trinken.

»Offenbar kannte er die Liste meiner Jagdgäste«, fuhr er dann fort. »Aber er wusste nicht, dass Iris zu dieser Vernissage nach Hamburg fahren wollte.«

Hanna ließ all diese Informationen sacken. Sie verstand jetzt, warum ein Vater auf einen derart ungeheuerlichen Gedanken kommen konnte.

»Und gestern am Tatort haben Sie nach ihm gesucht.«

»Ja.«

»Waren Sie auch schon vorher dort? Als ich den Toten gefunden habe? Sind Sie da auf mich zugekommen, Herr von Fallersleben?«

»Möchte ich auch wissen«, mischte sich Westermann ein.

Warum konnte der nicht mal länger als ein paar Minuten den Mund halten?

»Ich schätze meine Kollegin nämlich außerordentlich und würde es Ihnen persönlich übel nehmen, wenn herauskäme, dass Sie gestern versucht haben, sie zu killen. Von der Nummer mit der Erdspalte vorhin mal ganz zu schweigen. Die war auch nicht ganz astrein, finde ich.«

Verdammt!, dachte Hanna. Diese Spritze von Johannsen hatte es wirklich in sich.

Der Graf schaute Westermann mit hochgezogenen Brauen an. Jetzt schien er wieder amüsiert zu sein. »Mein lieber Fritz, kann es sein, dass Sie sich auch am Kopf verletzt haben? Wie kommen Sie auf den Gedanken, ich könnte einer Kommissarin etwas antun wollen?«

»Na, um Ihren Sohn zu schützen, zum Beispiel. Um eine Zeugin zu beseitigen. Sie hätten ja auch denken können, Hanna hat Florian bei der Tat beobachtet.«

»Das ist doch alles Unsinn!«

Höchste Zeit, wieder einzugreifen. Mit einer Geste wies Hanna Westermann an zu schweigen.

»Beantworten Sie meine Frage«, forderte sie dann den Grafen auf. »Sind Sie am Tatort auf mich zugekommen, bevor die übrige Jagdgesellschaft eingetroffen ist?«

»Nein«, erwiderte er fest. »Definitiv nein. Zu dem Zeitpunkt wusste ich noch gar nicht, dass Heiner Hansen tot war. Als er nicht zum Halali erschienen ist, haben sich alle Männer auf die Suche nach ihm gemacht. Ich musste zunächst noch die Hunde in den Zwinger bringen, deshalb bin ich ja auch erst später hinzugestoßen. Einer der

Jäger hat mich per Handy informiert, dass Hansen tot war. Er hat mir auch den genauen Fundort durchgegeben. So konnte ich die Lichtung schnell finden. Auf dem Weg dorthin ist mir auf einmal der schreckliche Gedanke gekommen, Florian könnte etwas mit Hansens Tod zu tun haben. Nach alldem, was ich am Samstagabend mit angehört hatte, habe ich schrecklich Angst bekommen. Aber ich schwöre, ich bin als Letzter auf der Lichtung eingetroffen.«

»In Ordnung«, sagte Hanna.

Westermann wollte auffahren, erinnerte sich rechtzeitig an sein geprelltes Steißbein und blieb hocken. »Was? Du glaubst das einfach?«

»Ja«, gab sie ruhig zurück.

Fallersleben schaute sie überrascht an. Auch er hatte offenbar nicht damit gerechnet.

»Danke«, murmelte er schlicht.

Sie nickte. Und sagte dann, was endlich zu sagen war: »Florian von Fallersleben ist nicht der Mörder von Heiner Hansen.«

Der Graf sprang auf und stieß einen Schrei aus.

Westermanns Kinnlade klappte herunter.

24

Im Salon des Grafen herrschte eine ebenso plötzliche wie fassungslose Stille. Wie nach einem Bombenanschlag. Hanna war versucht, sich nach einer Rauchsäule umzusehen, aber sie hielt den Blick fest auf Fallersleben gerichtet.

Der rieb sich über die Stirn, zupfte an seinen grauen Haaren, schüttelte mehrmals den Kopf. Erst als Hannas Worte in ihrer ganzen Bedeutung zu ihm durchdrangen, hellte sich seine Miene auf.

»Frau Petersen, ist das wirklich wahr? Es ist kein Trick von Ihnen?«

Hannas Mund war trocken, und sie sehnte sich nach einem Glas Wasser. Später. Zunächst galt es, dieses Gespräch zu Ende zu bringen.

»Kein Trick. Wir können inzwischen davon ausgehen, dass Ihr Sohn unschuldig ist.«

»Wir?«, krächzte eine Stimme aus Richtung Sofa, die sie kaum wiedererkannte.

Westermann stand unter Schock.

Verständlich.

Aber was konnte sie dafür, wenn sie nicht dazu gekommen war, ihn einzuweihen? Zumindest in den realen Teil der Ermittlungen, der auch für ihn begreifbar war?

Den anderen Teil ließ sie lieber weg. Dass sie kurz nach

dem Unfall Florian angefasst hatte, musste er nicht wissen. Ganz ähnlich wie eben bei seinem Vater hatte sie die leichte Schwingung eines mächtig schlechten Gewissens aufgenommen – nicht die eines Mörders.

Aha, flüsterte ihre innere Stimme. Und seit wann können wir so genau unterscheiden?

Gute Frage.

Für Hanna war das auch neu. Vielleicht entwickelte sich ihre Gabe ja noch.

Dann will ich mal lieber nicht darüber nachdenken, wo uns diese Hexerei noch hinführen soll.

Abgemacht.

Fallersleben war mit der Antwort nicht zufrieden.

»Woher wollen Sie das so genau wissen? Sie haben Florian ja nicht einmal vernommen.«

»Unsere Ermittlungen haben uns zu einem anderen dringenden Tatverdächtigen geführt«, erwiderte Hanna vage.

»Unsere?«, kam es krächzend vom Sofa.

Sie schaute lieber nicht in die Richtung.

Fallersleben schon. »Was ist, Fritz? Sind Sie anderer Meinung als die Kommissarin?«

»Ich? Nee, Hanna und ich sind uns vollkommen einig.«

Danke, Westermann. Du darfst dafür mit nach Hamburg. Jetzt gleich.

»Und wer ist dieser Tatverdächtige?«, erkundigte sich Fallersleben.

Diesmal kam kein Ton vom Sofa, nur ein Blick, der sie durchbohrte und lautlos schrie: Das will ich auch wissen!

»Bedaure, dazu kann ich nichts sagen.«

»Verstehe.«

»Bevor wir aufbrechen, möchte ich noch mit Ihrem Sohn sprechen.«

Das alte Misstrauen kehrte in Fallerslebens Augen zurück.

»Wozu?«

»Nun, Sie haben eben selbst gesagt, dass ich ihn noch nicht vernommen habe. Ich hole es nach.«

»Ich habe das Recht, anwesend zu sein.«

»Selbstverständlich.«

Florian wurde gerufen und betrat wenige Minuten später mit zögerlichen Schritten den Raum.

»Komm her, mein Junge. Setz dich.« Fallersleben stellte einen Stuhl dicht neben seinen. Florian rückte ihn zunächst wieder ein Stück ab, bevor er Platz nahm und mit angstvollem Blick von seinem Vater zu den Polizisten schaute.

Die goldene Kaminuhr schlug die zweite Morgenstunde an.

Auf einmal glaubte Hanna, nicht mehr viel Zeit zu haben. Am besten, sie kam gleich zur Sache.

Sie wandte sich an Florian. »Hattest du einen Anschlag auf Heiner Hansen geplant?«

Seine Augen weiteten sich, sein Mund formte ein lautloses großes O.

»He!«, rief Westermann.

Fallersleben lief hochrot an. »Frau Petersen! Was soll diese Frage? Eben haben Sie selbst gesagt, dass mein Sohn unschuldig ist.«

Florians Augen huschten angstvoll von einem zum anderen.

Westermann schaltete erstaunlich schnell. Er wandte den Kopf zum Grafen, soweit es ihm seine Körperstellung erlaubte. »Sie selbst haben uns berichtet, was Sie Samstagabend am Telefon mit angehört haben. Dem müssen wir nachgehen.«

»Richtig«, sagte Hanna. »Nun, Florian?«

Der junge Graf zupfte an seinem Haar, ganz ähnlich wie eben sein Vater, und nuschelte dabei ein paar Worte, die Hanna nicht verstehen konnte.

»Wie bitte? Etwas lauter, bitte.«

»Ich wollte den doch nicht erschießen«, flüsterte er.

»Sondern?«

»Ein paar Pillen, nichts weiter. Wollte sie ihm ins Jagdessen mischen. Sind ... äh ... gut für die Verdauung.«

Hanna ahnte Westermanns breites Grinsen, ohne hinzuschauen.

»Aber dann ist er plötzlich tot gewesen. Ehrlich, Frau Kommissarin, ich war's nicht. So gut kann ich gar nicht schießen. Fragen Sie meinen Vater.«

»Das stimmt«, warf der Graf schnell ein. »Ich habe mir heute die Tiere angeschaut, die er gewildert und dann im Wald vergraben hat. Das war keine saubere Arbeit.«

Florian schaute ihn mit einer Mischung aus Scham und Erleichterung an.

Hanna nickte. »Gut. Ich habe keine weiteren Fragen.«

Fallersleben erhob sich.

»Dann ziehen wir uns jetzt zurück, Frau Petersen. Mein Sohn und ich müssen uns miteinander unterhalten.«

Florian zögerte kurz, dann sprang er auf. Die Aussicht auf ein väterliches Donnerwetter war ihm augenscheinlich lieber als eine Mordanklage.

Hanna nickte erneut. »Wir werden in Kürze aufbrechen.«

Fallersleben sparte sich einen Abschiedsgruß. Obwohl sein Sohn entlastet war, würde er bestimmt niemals ein guter Freund werden.

Kaum hatte sich die Tür hinter den beiden geschlossen, knurrte Westermann: »Wenn ich nicht so schwer verletzt wäre, würde ich dir jetzt den Hals umdrehen, Chefin.«

»Hm.«

»Also wirklich. Du wirfst hier mit angeblichen Fakten um dich, von denen ich keine Ahnung habe, und ich stehe da wie ein Volltrottel.«

»Du stehst nicht, du liegst.«

»Werde jetzt bitte nicht witzig.«

Sie schwieg.

»Vielleicht kann ich endlich mal erfahren, was los ist? Anscheinend hast du ja den Mörder gefunden.«

»Mit großer Wahrscheinlichkeit.«

»Super. Und wo ist er?«

»In Hamburg.«

»Chefin, jetzt mach mich nicht wahnsinnig. Erzähl der Reihe nach.«

»Gern. Das habe ich schon den ganzen Abend vor. Bin bloß noch nicht dazu gekommen.«

Westermann rutschte ein wenig auf dem Bauch hin und her. Das Sofa unter ihm knarrte.

Hanna holte tief Luft. »Hendrik hat ein paar außerordentlich wichtige Informationen an mich weitergegeben. Ich glaube, unser Mann heißt Reiner Vogt.«

»Sagt mir nichts«, warf Westermann ein.

»Ich konnte mit dem Namen auch nichts anfangen, aber dann hat Hendrik ihn mir beschrieben. Er ist vierundvierzig, korpulent, hat schütteres dunkelblondes Haar und hellblaue Augen.«

Westermann runzelte die Stirn.

»Moment mal!«, rief er dann. »So hast du doch diesen einen Zeugen beschrieben, der die Gräfin verpfiffen hat.«

»Ganz genau.« Sie war stolz auf ihn wie eine Lehrerin auf ihren besten Schüler.

»Ha! Der dachte wohl, er kann uns Dorfbullen verar... pardon... veräppeln, indem er die gräfliche Familie bei uns anschwärzt.«

»Ja. Er wollte den Verdacht von seiner Person ablenken. Dabei hatte ich gestern Nacht noch gar nichts gegen ihn in der Hand.«

»Aber jetzt schon.«

»So ist es. Reiner Vogt ist der Erbe eines Gewürzimperiums. Sein Großvater hatte es einst aufgebaut. In den besten Zeiten fuhr eine große Handelsflotte für die Familie über die Meere, um feinste Gewürze aus Südamerika und Indien nach Hamburg zu bringen. Vogts Vater hat die Firma weiter ausgebaut, und erst seit ungefähr zehn Jahren gibt es Probleme. Reiner Vogt hat eine junge Frau aus bestem Hause geheiratet, eine gewisse Juliane von Wichern. Diese Juliane liebt den Luxus, und Vogt hat ein paar Mal zu oft in die Firmenkasse gegriffen, um sie glücklich zu machen.«

»Ich ahne schon was«, murmelte Westermann. »Da kam der Banker zum Zuge.«

»Richtig. Hansen hat Vogt zu einigen hochriskanten Spekulationen an der Börse überredet. Mit etwas Glück hätte er seine Verluste wettmachen können.«

»Und mit etwas Pech ist er ruiniert.«

Hanna nickte. »So sieht es aus. Und die feine Juliane hat ihn letzte Woche verlassen.«

»Das sind schon zwei gute Gründe, um einen Mann zu erschießen, finde ich. Mir hätte einer gereicht. Wenn ich kein gesetzestreuer Polizeibeamter wäre, versteht sich. Trotzdem, Chefin – das ist alles spekulativ und basiert auf Hörensagen.«

Hanna nickte. »Deswegen fahren wir jetzt auch nach Hamburg. Wir müssen den Mann überrumpeln, und zwar vor Sonnenaufgang. Ist die beste Zeit für so eine Aktion. Die Leute werden aus dem Tiefschlaf gerissen und sind kurz orientierungslos. Dann kriegen wir mit etwas Glück ein Geständnis.«

Und ich muss ihn anfassen, dachte sie.

»Wobei wir schön brav von der Unschuldsvermutung ausgehen.«

»Selbstverständlich«, gab Hanna zurück. »Wir werden aber behaupten, dass es einen Augenzeugen für seine Tat gibt. Heinz-Otto Lüttjens.«

Westermann kratzte sich am Kopf. »Der das so nicht gesagt hat. Er hat nur was von einem dicken Fahrgast erzählt.«

»Jetzt sei mal nicht so negativ. Ich bin sicher, der Kutscher hat Reiner Vogt dabei beobachtet, wie er Hansen erschossen hat. Wenn wir heute Nacht kein Geständnis bekommen, dann müssen wir Heinz-Otto eben noch dazu bringen, eine Aussage zu machen.«

»Aber nur, wenn wir ihm den heiligen Karl zurückbringen«, unkte Westermann. »Soll ich eine Exhumierung veranlassen? Selbst wenn er schon ein bisschen vermodert ist – dem erzählt Heinz-Otto alles, was wir wissen wollen.«

Hanna verzog das Gesicht. »Hoffentlich lässt die Wirkung dieser Spritze bald mal nach.«

»Hoffentlich nicht. Wie soll ich sonst lebend Hamburg erreichen? Apropos – wie kommen wir da jetzt hin? Du willst ja anscheinend keine Zeit verlieren.«

»Ganz genau.«

»Aber dein Auto ist Schrott.«

Mist. Daran hatte sie gar nicht mehr gedacht.

Westermann stöhnte ein bisschen vor sich hin. »Einen Dienstwagen haben wir auch nicht. Davon mal abgesehen, dass ich sowieso nicht fahren könnte. Und du mit deinen Beulen solltest das auch sein lassen. So einigermaßen erträglich fand ich es vorhin nur auf Jos Rückbank.«

Sie starrten einander an, hatten beide denselben Gedanken.

»Das macht der nie«, erklärte Hanna.

»Im Leben nicht«, bestätigte Westermann. »Wir brauchen ihn gar nicht erst zu fragen.«

»Ja, vollkommen sinnlos. Der schickt uns dahin, wo der Pfeffer wächst.«

»Oder Schlimmeres.«

»Er setzt uns im Moor aus.«

»Gibt's hier in der Gegend nicht, Chefin. Aber er könnte uns mitten in der Heide einem grauenvollen Schicksal überlassen.«

»Lass gut sein, Westermann.«

»Wo wir von wilden Heidschnucken zertrampelt werden.«

»Schluss jetzt. Ich frage ihn.«

»Tu's nicht, Chefin. Wer weiß, wozu er fähig ist!«

Jemand räusperte sich.

Hanna fuhr herum, Westermann drehte vorsichtig den Kopf.

Vor ihnen stand Johannsen.

»Redet ihr zufällig von mir?«

»Wie bist du reingekommen?«, fragte Westermann.

»Durch die Tür. Noch so eine intelligente Frage?«

»Von Anklopfen hältst du wohl nicht viel?«

Johannsen hob nur die Schultern. »Ich wollte kurz nach meinen Patienten sehen, bevor ich heimfahre. Also nach euch. Aber ihr wart so sehr in euer merkwürdiges Gespräch vertieft, dass ihr mich nicht bemerkt habt.«

Hanna und Westermann verfielen in betretenes Schweigen.

Johannsen lächelte schmal.

»Nun, da heute Nacht offenbar niemand scharf auf Feierabend ist, könnt ihr mich ja mal fragen, wohin die Fahrt gehen soll. Ausnahmsweise bin ich gnädig gestimmt.«

»Wieso?«, fragte Westermann misstrauisch.

»Weil ihr immerhin klug genug gewesen seid, den jungen Grafen als Verdächtigen auszuschließen. Jetzt muss ich mich nicht mehr schuldig fühlen, weil ich euch von seiner neuen Jagdleidenschaft erzählt habe. Das verdient eine Belohnung, und meinen Wagen habt ihr sowieso schon verschmutzt. Auf ein paar Dreckklumpen mehr oder weniger kommt es nicht mehr an.«

Westermann grinste, während Hanna rot anlief und an einem besonders großen dunklen Fleck auf ihrer Jeans herumrieb.

Sinnlos. Der ganze Dreck war schon gut eingetrocknet.

»Wir haben keine Zeit, um zu Hause zu duschen und uns umzuziehen«, gestand sie.

»Interessant. Ich werd's ertragen. Also wohin fahren wir?«

»Nach Hamburg«, riefen Hanna und Westermann im Chor.

»Na, dann mal los«, sagte Johannsen.

25

Hanna nahm auf dem Beifahrersitz Platz, Westermann
kletterte unter lautem Stöhnen wieder auf die Rückbank.
Als sie die Abzweigung erreichten, standen die beiden
Unfallwagen noch dort. Der Abschleppdienst hatte es
offenbar nicht für nötig befunden, mitten in der Nacht
zu arbeiten.

»Kannst du bitte kurz halten?«, bat Hanna. »Ich muss
etwas aus meinem Auto mitnehmen.«

Sie brauchte nur eine Minute dafür, dann konnte es wei-
tergehen, über dunkle Landstraßen und durch schlafende
Dörfer bis zur Autobahnauffahrt Egestorf und schließlich
auf der A 7 in Richtung Norden.

Bis sie das Horster Dreieck passiert hatten, herrschte
eine wohltuende Stille im Auto. Hin und wieder drang ein
leiser Schmerzenslaut von der Rückbank nach vorn. Dann
tauschten Johannsen und Hanna einen kurzen amüsierten
Blick, bevor beide wieder nach vorn schauten.

Und weiter ging die Reise. Auf der Autobahn herrschte
zu dieser Nachtstunde kaum Verkehr. Sie überholten
einige Lkws mit Obst und Gemüse für den Hamburger
Großmarkt und ließen ein paar frühe eilige Pendler vor-
beiziehen.

Westermann verlor bei dem eher gemächlichen Tempo

schließlich die Geduld. »Mach hinne, Jo. Sonst geht uns der Pfeffersack noch durch die Lappen.«

»Wer?«

»Nicht so wichtig. Fahr einfach zu!«

»Ich habe auch wenig geschlafen«, rechtfertigte sich Johannsen. »Wenn ich hier mit zweihundert Sachen langrase, kommen wir in den Himmel. Oder in die Hölle. Je nachdem. Auf jeden Fall nicht nach Hamburg.«

»Ist schon in Ordnung«, sagte Hanna, obwohl alles in ihr zur Eile drängte. Ihre innere Stimme auch. Die wurde zunehmend hysterisch und wiederholte ständig das eine Wort: Schnell, schnell, schnell!

Westermann war derselben Meinung. »Gerüchte verbreiten sich wie'n Grippevirus. Nicht nur in Haselöhne, sondern auch unter den feinen Hamburger Pinkeln. Wenn schon deine Liebesleiche weiß, was über den Pfeffersack geredet wird, dann weiß der Mann selbst es auch. Und der kann bestimmt zwei und zwei zusammenzählen. Ist ja schließlich sein Job. Zwei Sack Safran plus zwei Sack Pfeffer ergibt ein klares Nichts-wie-weg. Nach Brasilien oder zu den westindischen Inseln.«

»Wovon redet er?«, erkundigte Johannsen sich bei Hanna.

»Das ist die Spritze«, erwiderte sie vage. »Er ist immer noch ganz durcheinander.«

»Quatsch«, kam es von der Rückbank. »Dieser Gewürzimperator weiß genau, dass er sich nur einen kleinen Aufschub verschafft hat, indem er uns auf eine falsche Fährte geschickt hat. Der macht sich gerade vom Acker. Hundertpro. Falls er nicht sowieso schon weg ist.«

»Hör gar nicht auf ihn«, sagte Hanna. »Wir haben in

Hamburg etwas … ähm … Wichtiges zu erledigen, und wir sind dir sehr dankbar, dass du uns fährst. Mehr musst du gar nicht wissen.«

Sie waren inzwischen an Hamburg-Harburg vorbei. Ohne Vorwarnung scherte Johannsen zwischen zwei Lastern auf die rechte Spur ein und ließ den Wagen langsamer werden. Dieselschwaden zogen durch die Lüftungsanlage herein und ließen alle drei husten.

»He!«, rief Westermann. »Was soll das, Jo? Willst du uns vergiften?«

Johannsen stellte auf Innenbelüftung, blieb aber, wo er war, und nahm noch mehr Gas weg.

Der Trucker hinter ihnen betätigte die Lichthupe und schickte sich an, den Kofferraum des Kombis zu rammen.

Johannsen ignorierte ihn. »Ich sage euch jetzt mal was, Leute. Ihr könnt mich mal mit eurem Dienstgeheimnis!«

»Aber, aber, Jo«, mahnte Westermann. »Immer schön höflich bleiben.«

Er wurde glatt überhört. »Entweder ich erfahre jetzt, wen ihr in Hamburg schnappen wollt, oder ich nehme die nächste Ausfahrt und schmeiß euch aus meinem Auto.«

»Wenigstens gibt's hier kein Moor«, murmelte Hanna.

»Wie bitte?«

»Ach nichts.«

Eine dröhnende Hupe ließ jedes Gespräch ersterben. Endlich fuhr Johannsen wieder auf die linke Spur und ließ beide Lkws hinter sich.

»Ich warte«, sagte er streng.

Hanna seufzte und schwieg, bis vor ihnen die stählernen Bögen der Elbbrücken in Sicht kamen.

»Hilft ja nichts, Chefin. Wenn wir dahin wollen, müssen wir's ihm sagen. Ich möchte nämlich auch nicht in der Elbe landen.«

»Gute Idee«, knurrte Jo.

Hanna traf ihre Entscheidung. Karl Överbeck wäre stolz auf sie gewesen. Mit knappen Worten informierte sie Johannsen über den neuen Hauptverdächtigen – und erlebte eine Überraschung.

»Ich kenne Reiner Vogt«, erklärte er, nachdem sie geendet hatte. »Nicht besonders gut zwar, aber ein paar Mal habe ich ihn bei Fallersleben getroffen.« Er warf Hanna einen kurzen Seitenblick zu, und obwohl sie im Dienst war, klopfte ihr Herz eine Runde schneller. Seine dunkle Haarlocke zog sie magisch an.

Falscher Zeitpunkt, bemerkte ihre innere Stimme. Heb dir das für später auf.

Ist ja gut.

Er schaute wieder auf die Straße und fuhr fort: »Gestern Nacht, als wir alle im Salon auf die Vernehmung gewartet haben, ist mir etwas aufgefallen. Es herrschte natürlich eine gedrückte Stimmung vor, zumindest bis zu dem Zeitpunkt, als Fallersleben die Hasellöhner mit Alkohol abgefüllt hatte. Aber es gab so etwas wie einen Zusammenhalt zwischen den Jägern. Ein gemeinsames Entsetzen vielleicht. Besser kann ich es nicht beschreiben. Nur Vogt, der saß abseits und schwitzte vor sich hin. Ich dachte mir, dass er den Banker persönlich kannte und daher besonders betroffen sei. Als er sich wieder und wieder den Schweiß von der Stirn wischte, wollte ich ihm schon anbieten, ihn kurz zu untersuchen. So ein Schock kann gefährlich werden. Aber dann wurde ich zur Vernehmung gerufen. Bei meiner Rückkehr wirkte Vogt wieder etwas ruhiger, und ich machte mir keine Gedanken mehr.«

»Klingt nach einer verdammten Panik«, erklärte Westermann. »Ich habe davon nichts mitgekriegt, aber ich war ja auch damit beschäftigt, dir die Leute zuzuführen, Chefin.«

»Hm«, machte Hanna.

»Und weißt du was? Der Pfeffersack hat wahrscheinlich wirklich geglaubt, er kommt damit durch. Hätte er nicht so perfekt geschossen, wäre die Tat womöglich als Jagdunfall durchgegangen. Fallersleben hat ihm da unwissentlich ganz schön geholfen, indem er selbst deine Ermittlungen sabotiert hat. Wäre vielleicht gut gegangen. Aber mit einer so cleveren Oberkommissarin wir dir konnte Vogt eben nicht rechnen. Und als es plötzlich hieß, alle Mann zur Vernehmung ins Herrenhaus, da ist er wahrscheinlich fast durchgedreht vor Angst.«

Hanna gab wieder nur einen knappen Laut von sich.

»Was ist?«, fragte Johannsen.

Auch Westermann wurde aufmerksam. »Kommt dir schon wieder 'ne Erleuchtung?«

Sie drehte sich kurz zu ihm um, streifte dann Johannsen mit einem Blick. »Nein, aber ich denke mir, dass Reiner Vogt der Mann war, der am Tatort auf mich zugekommen ist.«

»Scheiße«, stieß Westermann aus. »Das stimmt.«

»Wovon redet ihr?«, fragte Johannsen.

Rasch erklärte Hanna ihm, was vorgefallen war.

Täuschte sie sich, oder wurde er blass?

Er nahm seine rechte Hand vom Steuer und legte sie auf ihr Knie.

Hanna erschauerte.

Keinen Ton sagte er dazu.

Aber sie verstand.

Als er die Hand wieder wegnahm, rieselte ein wenig getrocknete Walderde auf die Mittelkonsole.

Westermann hatte zum Glück nichts gesehen. »Wo genau wohnt eigentlich unser Pfeffersack?«

Sie überquerten gerade die Norderelbe, und auch Johannsen schaute Hanna kurz fragend an.

»In Harvestehude«, erklärte sie, »direkt an der Außenalster. Wie es sich für einen vornehmen Unternehmer gehört.«

»Und wo genau ist das?«, fragte Johannsen. »Ich kenne mich in Hamburg nicht so gut aus.«

»Kein Problem«, erwiderte sie lächelnd. »Ich schon. Da brauche ich noch nicht mal Hansdieter.«

Sie hielt ihr Navi hoch, das sie vorhin aus dem Auto geholt hatte, schloss es aber nicht an. »Hab's nur für den Fall dabei, dass wir noch woandershin müssen. Und du hast ja keins.«

»Wer zum Teufel ist Hansdieter?«, erkundigte sich Westermann. »Noch 'ne Liebesleiche von dir?«

»Das ist eine lange Geschichte, und ihr müsst nicht alles wissen«, erwiderte sie grinsend. Die beiden Männer schwiegen.

Während sich im Osten die erste Morgenröte ankündigte, lenkte sie Johannsen über die Amsinckstraße in Richtung Hauptbahnhof und zum Glockengießerwall. Von dort ging es weiter über die Lombardsbrücke und die Esplanade. Schließlich wies Hanna ihn an, rechts in den Dammtordamm einzubiegen. Dann folgten sie dem

Mittelweg in Richtung Norden, bis Hanna an einer Kreuzung erneut nach rechts deutete.

Je näher sie ihrem Ziel kamen, desto stiller wurde es im Wagen.

Nur einmal, als die Außenalster vor ihnen beinahe drohend ihr dunkles Wasser ausbreitete, murmelte Westermann: »Wäre vielleicht klug gewesen, ein paar Hamburger Kollegen um Amtshilfe zu bitten.«

Stimmt, dachte Hanna. Ich hätte mich wenigstens bei der örtlichen Dienststelle anmelden sollen.

Nun, sie würde das später klären.

Ja klar, säuselte es in ihr. Wenn wir mit einem Loch im Kopf auf den Alstergrund sacken.

Klappe!

Die Villa Vogt war ein Prunkbau aus der Gründerzeit und wurde vom Wasser nur durch einen ausgedehnten englischen Rasen getrennt. Weiß und prächtig strahlte sie im fahlen Morgenlicht und wirkte auf Hanna wie eine Trutzburg der feinen Gesellschaft gegen jeglichen Ansturm aus dem niederen Volk im Allgemeinen und aus der Kaste der Staatsdiener im Besonderen.

Sie hatten ein ganzes Stück entfernt geparkt und näherten sich nun vorsichtig dem Eingang. Westermann ging steifbeinig vorneweg, ließ aber keinen noch so winzigen Schmerzenslaut mehr über seine Lippen kommen.

Johannsen hatte eine klare Anweisung erhalten: Im Auto bleiben und auf Nachricht warten.

Der Idiot hielt sich bloß nicht dran. Hanna bemerkte aus den Augenwinkeln, wie er nur wenige Meter entfernt Deckung hinter einer mannshohen Buchsbaumhecke suchte. Während sie noch überlegte, wie sie ihn von dort verscheuchen konnte, drückte Westermann auf den Klingelknopf.

Sie rechneten damit, einen schlaftrunkenen Mann zu überraschen, blieben aber trotzdem wachsam.

Nur auf einen Kugelblitz, der durch die Tür zwischen ihnen hindurchschoss und direkt auf die Alster zuhielt, waren sie nicht vorbereitet.

Westermanns Reaktionsvermögen war stark eingeschränkt, Hanna wurde gegen eine weiße Säule gedrückt. Bevor sie überhaupt losrennen konnte, dem Flüchtenden hinterher, sprang Johannsen hinter der Hecke vor und stellte ihm ein Bein.

Der Kugelblitz schlug auf den Boden ein und schrie: »Scheiße! Verdammt!«

Westermann grinste, während er neben Hanna die wenigen Meter über den Rasen lief. »Da hat die gute Kinderstube aber versagt.«

Er zog den Mann hoch, drehte ihm den linken Arm auf den Rücken und hielt ihn fest. Sein schmerzendes Steißbein hatte er für den Moment vergessen.

»Was erlauben Sie sich!«, rief Reiner Vogt. »Lassen Sie mich sofort los!«

»Ich denke gar nicht dran«, gab Westermann gelassen zurück. »Das könnte Ihnen so passen. Sich einfach in der Alster zu ertränken.«

»Was?«

»So leicht kommen Sie mir nicht davon. Ihretwegen habe ich echt Stress gehabt.«

Johannsen mischte sich ein. »Das war kein Selbstmordversuch, Fritz. Dort am Anlegesteg liegt ein Boot. Herr

Vogt hat wohl gedacht, er schafft es eher bis dorthin als in die Garage.«

»Tja, da hat er aber nicht mit unserem heldenhaften Landarzt gerechnet.«

Johannsen und Westermann tauschten ein Grinsen.

Hanna achtete nicht weiter auf sie. Entschlossen trat sie vor und packte Vogts rechte Hand.

»Guten Morgen.«

Da war sie, die Schwingung. So heftig, dass ein Stromstoß durch Hannas Körper ging. Es gab keinen Zweifel mehr, nur noch ein starkes sicheres Wissen. Sie hatte den Mörder von Heiner Hansen gefunden.

Hanna starrte Vogt an, er starrte zurück, und es war, als wüsste er genau, was gerade passierte.

Dann wandte er den Blick ab und schrie schon wieder los. »Guten Morgen? Sind Sie verrückt geworden? Sie überfallen mich in meinem Haus und wünschen mir einen guten Morgen?«

»Nur die Ruhe«, sagte Westermann. »Die Kommissarin ist eben ein höflicher Mensch.« Der Blick, den er dabei Hanna zuwarf, wirkte jedoch höchst verwirrt.

Johannsen schwieg und schaute sie nur an. Nicht ganz so verwirrt, eher nachdenklich.

Schnell sagte Hanna: »Vielleicht sollten wir lieber im Haus miteinander reden.«

»Was bilden Sie sich ein?«, erwiderte Vogt, nach wie vor in höchster Lautstärke. »Mit Ihnen spreche ich kein Wort! Verschwinden Sie! Und Sie … Sie grober Kerl, lassen mich gefälligst los!«

Westermann dachte gar nicht daran.

Hanna nickte leicht. »Wie Sie wünschen. Ich dachte

nur, Sie möchten vielleicht zu viel Aufmerksamkeit vermeiden. Auf dem Weg hierher haben wir ein paar Autos
von Reportern überholt. Ich kenne die Leute noch gut aus
meiner Zeit bei der Hamburger Polizei. Vielleicht möchten Sie ja nicht im Morgenmantel auf Ihrem Grundstück
fotografiert werden.«

»Reporter?«, fragte Vogt, auf einmal ziemlich kleinlaut.

Hanna schaute weder Westermann noch Johannsen
an. Es war ein billiger Trick, den sie da anwandte, aber
manchmal funktionierte er. Besonders wenn ein Mann so
außer sich war wie Vogt.

»Ein paar Bilder auf den Titelseiten von Ihnen in Gesellschaft mit drei eher zweifelhaften Personen könnten
zu weiteren unvorstellbaren Gerüchten führen.«

»Wer ist hier zweifelhaft?«, erkundigte sich Johannsen.
»Ich bin ein ganz normaler Arzt in normaler Kleidung.
Wenn überhaupt, dann seht ihr zwei aus, als hättet ihr die
Nacht unter einer Brücke verbracht.«

Westermann stieß ein zorniges Schnauben aus. »Das
verbitte ich mir, Jo.«

»Ruhe, ihr beiden«, befahl Hanna und konzentrierte
sich wieder ganz auf Vogt.

Schweiß bildete sich auf seiner Stirn, und die Augen
huschten angstvoll in Richtung Straße.

»Ich glaube, ich höre die ersten Wagen«, murmelte
Hanna.

»Was meinen Sie mit unvorstellbaren Gerüchten? Alle
Welt weiß inzwischen, dass ich bankrott bin und ... nun
ja ... in Trennung lebe. So etwas soll vorkommen.«

»Ganz recht. Und es ist inzwischen stadtbekannt, dass
Sie allen Grund hatten, Heiner Hansen zu hassen. Na,

und Sie wissen, wie Reporter so sind. Erst vor zwei Stunden bin ich am Telefon gefragt worden, ob Sie dem Hansen das Herz herausgeschnitten hätten. Sozusagen als Jagdtrophäe.«

Vogt wurde kreidebleich, Westermann knurrte etwas Unverständliches, Johannsen schüttelte ganz leicht den Kopf. Du gehst zu weit, sollte das heißen.

Recht hat er, erklärte ihre innere Stimme. Das ist so was von eklig!

Hanna aber sah, wie Vogt schlagartig aufgab. Erst zog er noch spöttisch die Mundwinkel nach unten, ganz so, als durchschaue er sie. Dann jedoch zerfiel seine Maske in tausend klägliche Einzelteile.

»Bitte nicht so etwas«, flüsterte er. »Kein makabrer Tratsch. Ich habe einen Ruf zu verlieren. Gehen wir ins Haus.«

Hanna unterdrückte einen Seufzer der Erleichterung. Westermann ging mit Vogt vorneweg und lockerte keine Sekunde lang seinen Griff. Ein zweites Mal würde er sich nicht überrumpeln lassen. Noch war ihm nicht klar geworden, dass Vogt kapituliert hatte.

Hanna folgte ihnen, zuletzt kam Johannsen.

»Du kannst einem Angst machen«, sagte er so leise, dass nur Hanna ihn hören konnte.

Sie erschauerte.

Das Innere der Villa zeugte vom Niedergang einer einst reichen und mächtigen Familie. Wo früher wertvolle Gemälde gehangen hatten, befanden sich nur noch helle Flecken an den Wänden, wenige Möbel verloren sich in einem weitläufigen Salon, und auf dem Marmorfußboden entdeckte Hanna einige kreisrunde Abdrücke, vermutlich

eine Erinnerung an sündhaft teure chinesische Bodenva-
sen.

Westermann gab Vogt endlich frei, und dieser rieb sich
den Arm.

Hanna wollte ihm keine Zeit lassen, sich zu sammeln.
»Sie geben also zu, gestern Nachmittag im Wald des Grafen Fallersleben den Banker Heiner Hansen erschossen
zu haben?«

Vogt schüttelte den Kopf. In seinen eigenen vier Wänden gewann er plötzlich wieder an Sicherheit. »Ich bin
unschuldig. Und ohne meinen Anwalt sage ich kein Wort
mehr.«

Für einen winzigen Augenblick war Hanna entmutigt.
Was nun?

Ihren einzigen Joker ziehen? Heinz-Otto Lüttjens?

Johannsen, der am Fenster stand, drehte sich zu ihnen
um. »Sie kommen«, erklärte er mit sonorer Arztstimme.

Westermann strich sich mit den Fingern das Haar glatt.
»Besonders fotogen bin ich nicht, aber egal. Ist ein Men-
schenherz eigentlich genauso groß wie das von einem
Wildschwein? Wisst ihr das?«

»Kommt auf das Tier an«, erwiderte Johannsen. »Auf
einem Foto würde der Unterschied aber wahrscheinlich
nicht weiter auffallen.«

»Super. Mein alter Herr hat zu Hause bestimmt noch
ein paar eingefrorene Innereien. Sobald wir zurück sind,
suche ich mir das prächtigste Herz aus. Und dann werde
ich berühmt. Ich weiß sogar schon die Überschrift über
dem Bild: ›Der Mann, der den Herzschnitter zur Strecke
gebracht hat.‹ Das klingt gut, oder?«

»Aufhören!«, kreischte Vogt. »Ja, verdammt noch mal.

Ja, ich habe den Hurensohn abgeknallt! Er hat's nicht anders verdient! Hat mich in den Ruin getrieben! Und mein Lebensglück zerstört!«

Hanna schickte ein schnelles Lächeln zu Johannsen und Westermann.

»Danke, Jungs«, flüsterte sie.

Laut sagte sie: »Und nach der Tat wollten Sie mich auch noch umlegen.«

»Was? Nein, nein, nein! Ich musste mich davon überzeugen, dass der Saukerl wirklich tot war, und Sie sind mir in die Quere gekommen, wie Sie da plötzlich auf die Lichtung gestolpert sind. Aber ich hätte nie…«

Draußen fuhren zwei Wagen vor, Sekunden später wurde an der Tür Sturm geklingelt.

»Oh Gott!«, schrie Vogt, »Nein! Bitte nicht! Halten Sie mir die Meute vom Leib!«

Westermann grinste breit. »Nun machen Sie mal nicht auf völlig durchgeknallt. Nimmt Ihnen keiner ab. Das sind die Kollegen von der Hamburger Kripo. Die übernehmen jetzt. Richtig, Chefin?«

Verwundert sah sie ihn an. Dann entdeckte sie das kleine schwarze Handy in seiner rechten Pranke. Es musste Johannsen gehören.

»Vorhin im Auto«, beantwortete er ihre unausgesprochene Frage. »Du und Jo wart schon ausgestiegen, ich habe ein bisschen rumgestöhnt und dabei schnell die Kollegen informiert. Nichts für ungut, Chefin.«

Beschämt nickte sie ihm zu. Westermann hatte klüger gehandelt als sie selbst.

Im nächsten Moment standen zwei zivile Kripobeamte und zwei Uniformierte im Salon, nahmen Reiner Vogt fest und forderten Hanna, Westermann und Johannsen auf, mit aufs Revier zu kommen, um ihre Aussagen zu machen.

Westermann stöhnte. »Mensch, Kollegen, muss das sein? Wir haben euch einen Haufen Arbeit abgenommen, und nun sind wir alle drei echt kaputt. Ich bin obendrein schwer verletzt. Wir wollen nur noch nach Hause. Duschen, schlafen, essen, Schmerzmittel nehmen.«

Keine Chance. Sie mussten mit.

Zu ihrer aller Erleichterung blieb Reiner Vogt bei seinem Geständnis, und keiner der Hamburger Kollegen fragte so genau nach, wie es zustande gekommen war.

Die Sonne stand schon hoch am Himmel, als sie die Stadt endlich verlassen konnten.

Auf der Rückbank war Westermann in seiner Kauerstellung fest eingeschlafen und schnarchte laut. Vorher hatte er noch einmal telefoniert. Mit seinem Vater, wie Hanna heraushören konnte. Von einer aufregenden Mörderjagd in der Großstadt war die Rede gewesen. Es klang mehr nach einem James-Bond-Film als nach der Verhaftung eines Tatverdächtigen, aber sie hatte ihm den Spaß gelassen.

Johannsen lächelte Hanna zu. »Ruhe dich aus.«

»Ich bin nicht müde«, erwiderte sie und lächelte zurück. Und das stimmte. Lieber genoss sie es, neben ihm zu sitzen und aufs flache Land hinauszuschauen.

»Ich habe das vorhin nicht so gemeint«, sagte Johannsen eine Weile später.

Hanna ahnte, wovon er sprach. »Was denn?«, fragte sie dennoch.

»Ich habe keine Angst vor dir.«

»Da bin ich aber froh.«

Mehr sprachen sie nicht, lauschten nur dem Schnarchen Westermanns und hingen ihren Gedanken nach.

Einzig Hannas innere Stimme störte ihr Wohlbefinden. Bilde dir bloß nichts ein, erklärte sie giftig. Der Mann ist jetzt nett zu dir, aber das will noch lange nichts heißen.

Weiß ich selber.

Dann ist ja gut.

Sie hatten die Autobahn schon verlassen, als Hanna doch noch einnickte. Sie träumte, sie schrieb endlich ihr Versetzungsgesuch, und dann kam Johannsen, riss es in tausend Fetzen und warf eine Handvoll Schnipsel in die Luft. Plötzlich regnete Konfetti auf sie herab, und Hanna strahlte vor Glück.

Jemand rüttelte sie an der Schulter.

»Chefin, aufwachen. Schlechte Neuigkeiten.«

Hanna öffnete die Augen und sah direkt in Westermanns zutiefst besorgtes Gesicht.

26

Einfach die Augen wieder schließen und so tun, als könnte die Fahrt mit Johannsen ewig andauern. Und der Traum sollte auch zurückkehren.

Klappte bloß nicht.

Westermann rüttelte schon wieder. »>Ich sehe dich nicht, du siehst mich auch nicht‹ funktioniert nicht, Chefin. Habe ich eben auch versucht. Musste trotzdem aussteigen.«

Er beugte sich durch die geöffnete Beifahrertür tief zu ihr herunter.

»Da musst du jetzt durch.«

Hanna linste zu Johannsen. Der Fahrersitz war leer.

Dann sah sie wieder in Westermanns helle Augen. Täuschte sie sich, oder lag ein Funken darin, der nicht so recht zu der besorgten Miene passen wollte? Und zuckten jetzt nicht die Mundwinkel, als könnte er ein breites Grinsen kaum noch unterdrücken?

Ach nein, das war wohl Wunschdenken.

Sie versuchte, an ihm vorbeizusehen.

Zwecklos. Seine breiten Schultern versperrten ihr die Sicht zur Seite. Durch die Windschutzscheibe entdeckte sie nur eine große weiße Fläche, und auf der Fahrerseite waren in einem knappen Meter Entfernung lediglich Backsteine und Fachwerk zu erkennen.

Hm.

Schätzungsweise waren sie wieder in Hasellöhne. Aber wo genau?

Sie schaute erneut nach vorn. Die weiße Fläche atmete. Was?

Hanna blinzelte ein paar Mal, dann erkannte sie Alfreds dicken Bauch direkt vor dem Auto.

»Jetzt komm endlich raus, Chefin, bevor dein hässlicher Gaul sich noch auf die Motorhaube setzt.«

»Hä?«

»Nun mach schon.«

Es gab kein Entkommen. Langsam stieg Hanna aus und blinzelte in die helle Mittagssonne.

Endlich erkannte sie, wo sie war: Auf dem Dorfplatz!

Und die gesamte Einwohnerschaft von Hasellöhne hatte sich versammelt! Sah jedenfalls so aus. Junge und alte, kleine und große Leute waren um den Brunnen herum verteilt. Einige waren in Arbeitskleidung erschienen, andere hatten Einkaufstaschen dabei. Ein paar Jugendliche waren offenbar erst gar nicht zur Schule gefahren, zwei Frauen trugen Lockenwickler im Haar, Kinder saßen auf den Schultern ihrer Väter, um besser sehen zu können.

Hanna wurde mulmig zu Mute.

Was war denn jetzt wieder los? Wollte man sie endgültig vertreiben? Waren die Leute gar mit Heugabeln oder Jagdflinten bewaffnet?

Hanna machte einige bekannte Gesichter aus. Bäckermeister Möller und seine Frau Birthe, der Kutscher Heinz-Otto, der Schäfer Harry Vierßen, ihre Vermieterin Luise, Bauer Löhme, dem sie Alfred abgekauft hatte, und sogar

Richard von Fallersleben. Andere wiederum kannte sie nicht mit Namen, hatte sie aber schon des Öfteren gesehen. Zuletzt gestern Abend im Gasthof *Erika*, und mit Schaudern erinnerte sie sich an die Eiseskälte, die von diesen Menschen ausgegangen war.

Wenigstens konnte sie keine Waffen entdecken.

Jemand stupste sie an.

Ziemlich kräftig. Um ein Haar wäre Hanna in Westermanns Arme gestolpert.

War nicht die Männerbrust, nach der sie sich gerade sehnte. Sorry, Kollege.

Alfreds breites Maul stupste wieder.

»Ist ja gut«, murmelte sie und blieb stehen, wo sie war. Festgekrallt an der Beifahrertür, nicht bereit zu weichen.

Genau in diesem Moment erwachte Hannas Kampfgeist zu neuem Leben. Zwischen süßen Träumen und bodenloser Erschöpfung hatte sie ihn kurz verloren. Unwillkürlich straffte sie die Schultern und traf eine Entscheidung. Sie würde hierbleiben, genau hier in Hasellöhne, und niemand durfte sie vertreiben!

Oh ja! Wenn es sein musste, konnte Hanna sturer als jeder Heidjer sein, und sie würde sich ihren Platz erkämpfen.

Egal, ob die Leute sie mochten oder nicht. Hauptsache, man brachte ihr den Respekt entgegen, den eine Kommissarin verdiente. Immerhin hatte sie gerade einen Mordfall gelöst, oder etwa nicht?

Du dumme Nuss, ereiferte sich ihre innere Stimme. Du willst gar keinen Respekt. Gib es doch endlich zu. Du willst geliebt werden, und zwar von all diesen rustikalen Leutchen hier.

Äh …

Alfred nahm jetzt seinen großen Kopf zur Hilfe und gab ihr einen kräftigen Schubs.

Hanna musste die Beifahrertür loslassen und machte einen uneleganten Hopser mitten in die Menschengruppe hinein.

Ein Raunen erhob sich.

»Teufel auch!«, sagte sie laut und deutlich.

»Gelobt sei Jesus Christus!«, rief jemand aus der Menge.

Hm.

Das Fluchen sollte sie endlich mal aufgeben. Hier in der Heide lebten gottesfürchtige Leute. Halb und halb erwartete sie, im nächsten Moment von einer Heugabel aufgespießt zu werden. Eine Ladung Schrot im Bauch wäre die Alternative. Die Leute kamen näher. Ein Halbkreis schloss sich eng um Hanna. Wo war Luises freundliches Gesicht? Nicht mehr zu sehen. Und Westermann? Irgendwo hinter ihr. Johannsen? Verschwunden, wie es schien.

Hanna bekam plötzlich Atemnot. Hatten sich die armen rothaarigen Frauen im Mittelalter so gefühlt, kurz bevor sie auf dem Scheiterhaufen lichterloh brannten? Verdammt!

»Ich bin brünett!«, rief Hanna.

Jemand kicherte. Es klang nach Luise. Verräterin!

»Seid ihr wirklich sicher, dass ihr das machen wollt?«, erklang eine Frauenstimme. »Vielleicht hat sie den Verstand verloren. War ja auch viel Stress für die arme Deern.«

Arme Deern? So war Hanna zuletzt von ihrem Vater genannt worden, wenn sie sich als kleines wildes Mädchen ein Knie aufgeschlagen hatte. Sie bekam jetzt kaum noch Luft und spürte, wie ihr der kalte Schweiß ausbrach. Immerhin. Irgendjemand empfand Mitleid für sie, nicht bloß blanken Hass.

Wenn sie bloß besser atmen könnte. Dann würde sie den Leuten schon Bescheid stoßen!

Ihr Gesichtsfeld verengte sich, leuchtende Punkte tanzten plötzlich vor ihren Augen.

Jemand packte sie von hinten an den Hüften und hob sie hoch.

Hanna schrie auf.

Im nächsten Moment plumpste sie auf Alfreds breiten Rücken.

»Festhalten, Chefin«, sagte Westermann und ließ sie los.

Hanna krallte die Hände in die Mähne.

Ogottogott, war das rutschig hier oben! Alfred würde doch jetzt nicht loslaufen, oder? Nein, unmöglich. Dazu hätte er ein paar Leute niedertrampeln müssen, und so etwas lag nicht in der Natur der Pferde. Glaubte sie zumindest. Wenigstens bekam sie wieder Luft.

Etwas anderes fiel ihr ein.

»Du setzt dich jetzt nicht hin, Alfred. Ist das klar?«

Der Schimmel spitzte die Ohren. Er verstand. Hanna fühlte sich ein bisschen sicherer. Sie ruckelte vorsichtig hin und her, um eine bequemere Stellung zu finden. Schwierig.

Jemand aus der Menge rief: »Wie hieß noch die Nackte auf ihrem Schimmel?«

»Lady Godiva«, wusste ein anderer. »Irgendwo im alten England, glaube ich.«

Ja, danke, dachte Hanna. Ich bin aber nicht nackt. Nur leicht derangiert.

Aus ihrer erhobenen Position warf sie böse Blicke in die Runde und setzte gerade zu einer gepfefferten Bemerkung an, als Bäckermeister Möller um Ruhe bat.

Stille legte sich über den Dorfplatz, nur unterbrochen von Alfreds vergnügtem Schnauben.

»Keinen Mucks, Dicker«, sagte Westermann, der ihn am Halfter hielt. »Unser Bürgermeister will eine Rede halten.«

Bürgermeister? Das hatte Hanna noch nicht gewusst. Na, es war auch noch keine Zeit gewesen, die Honoratioren von Hasellöhne offiziell kennenzulernen. Sie biss die Zähne aufeinander, bereit, sich zu verteidigen, wenn Möller sie jetzt fertigmachen wollte. Zur Not würde sie Alfred die Hacken in die Flanken schlagen und eben doch ein paar Leute niederreiten. Pferdeinstinkt hin oder her. Hanna machte sich bereit.

Plötzlich entdeckte sie Johannsen. Er stand direkt am Brunnen und schaute sie an. Es war allein sein ruhiger Blick, der sie davon abhielt, etwas Unüberlegtes zu tun. Gleichzeitig erinnerte sie sich daran, dass sie gar nicht reiten konnte.

Möller redete inzwischen, aber sie bekam nur den Rest seiner Ansprache mit: »... ist es uns eine Freude, Ihnen die Ehrenbürgerschaft von Hasellöhne anzubieten.«

Was? Wovon redete der? Und warum drängte er sich jetzt so energisch durch die Menge, kam auf sie zu und reichte ihr die Hand? Sie hielt den Blick fest auf Johannsen gerichtet. Der Rest der Welt existierte mal für einen Moment nicht.

Hand ausstrecken!, rief ihre innere Stimme aufgeregt. Die Wurstfinger vom Bäckermeister drücken!

Dessen Gesicht verfinsterte sich jetzt, und er ließ den Arm sinken.

Endlich begriff Hanna.

»Tut mir echt leid, Herr Möller. Aber wenn ich Alfreds Mähne loslasse, falle ich runter.«

Jemand lachte. Dann noch jemand und noch jemand. Das Gelächter breitete sich aus wie ein Herbststurm über der Heide, bis sich alle Leute schier ausschütten wollten.

Alfred begann, nervös zu tänzeln.

Ogottogott!

Hanna rutschte.

Westermann fing sie auf. Schon wieder die falsche Männerbrust.

»Lass mich los«, zischte sie.

»Fühlt sich aber gut an, Chefin«, erwiderte er und lachte so dröhnend, dass sie die Erschütterungen bis in die Fußspitzen spürte.

Hanna schwieg und starrte zu ihm hoch.

»Ist ja schon gut.« Sanft ließ er sie zu Boden gleiten.

Alfred senkte seinen Kopf, um sich kraulen zu lassen.

»Du kannst nichts dafür«, erklärte sie ihm. »Aber du gehst jetzt besser nach Hause.«

Wie auf Kommando erschien Westermann senior neben ihr. »Tut mir leid, wenn der Dicke Ärger gemacht hat, Frau Petersen. Aber als es vorhin hieß, alle sollen sich auf dem Dorfplatz versammeln, hat er sich aufgeführt wie ein wilder Hengst. Er muss irgendwie gewittert haben, dass Sie zurückkommen. Erklären kann ich mir das nicht. Ich hatte bloß Angst, er zerlegt seine Box in ihre Einzelteile, so wie er plötzlich ausgeschlagen hat. Unsere arme kleine Sieglinde war vor Angst ganz außer sich. Aber in der Sekunde, als ich ihm das Halfter umgelegt habe, war er wieder ganz friedlich und ist neben mir hergetrottet, als sei er einfach nur ein braver friedlicher Wallach. Glauben Sie, der geht jetzt mit mir mit?«

Hanna nickte und kraulte Alfred noch einmal zwischen den Ohren.

»Wir sehen uns nachher.« Sie gab ihm einen sanften Klaps, und er ließ sich gehorsam fortziehen.

Inzwischen war das Gelächter auf dem Dorfplatz verebbt, und alle Augen waren auf Hanna und den Bäckermeister gerichtet.

Sie räusperte sich umständlich und reichte ihm endlich die Hand.

»Ich fürchte, ich habe Sie eben nicht richtig verstanden.«

Möllers Hand war frei von negativen Schwingungen. Sie spürte nur den Stolz eines guten Bäckers und die Würde eines Dorfbürgermeisters.

»Würde mich auch mal interessieren«, warf Westermann ein. »Ehrenbürgerschaft? Seit wann gibt es so was in Haselöhne?«

»Seit heute früh«, erwiderte Möller feierlich. »Und Frau Kommissarin Hanna Petersen soll die erste Ehrenbürgerin unseres Ortes werden. Das hat der Gemeinderat in einer Sondersitzung einstimmig beschlossen. Frau Petersen hat die Ehre des Ortes gerettet, indem sie den Mörder in Hamburg gefasst hat. Ehre, wem Ehre gebührt.«

Mannomann, dachte Hanna. So viel Ehre in ein paar Sätzen.

Westermann rieb sich unbewusst den tiefen Rücken.

»Und was ist mit mir? Ich war auch dabei und habe mir meine Gesundheit ruiniert.«

Möller nickte. »Darüber werden wir noch beraten.«

Ein junger Mann rief dazwischen: »Fritz, du bist bloß auf den Arsch gefallen, aber die Kommissarin ist eine Heldin!«

Applaus brandete auf, und Hanna spürte, wie sie rot wurde.

»So ganz stimmt das nicht«, sagte sie, wurde aber glatt überhört.

Dafür meldete sich jemand anderes zu Wort, ganz in ihrer Nähe und so laut, dass Hanna ihn genau verstand: »Ich will auch Ehrenbürger werden! Ohne mich wäre keiner auf die Idee gekommen, diesen Herrn Wichtig zu verhaften. Ich bin der Augenzeuge!«

Sieh an, dachte Hanna.

»Jetzt spiel dich man nicht so auf, Heinz-Otto«, schoss Westermann zurück.

Möller wirkte leicht verzweifelt. »Leute, so einfach ist das mit einer Ehrenbürgerschaft nicht. Wir ...«

Auf einmal stand Luise neben Hanna. Sie legte die Hände wie einen Trichter an den Mund: »Alle mal herhören! Bevor ihr euch jetzt die Köppe einschlagt, kommt ihr lieber mit zu mir. Ich lade euch zu einem späten Frühstück ein.«

»Hm«, machte Westermann. »Ein halbes Dutzend Mettbrötchen sind mir eigentlich lieber als 'ne Urkunde und 'n warmer Händedruck.«

»Gibt's auch Wacholderschnaps?«, fragte jemand.

»Genau!«, rief ein anderer. »Wenn schon, dann machen wir einen anständigen Frühschoppen.«

»Solange der Vorrat reicht«, gab Luise zurück. »Und jeder bringt was zu essen mit. Ich betreibe ja keine Großküche.«

»Nee«, meinte Westermann grinsend. »Bloß eine ergiebige Schnapsbrennerei.«

Alles lachte, und Hanna lachte mit. Heute würde sie auch ein Schlückchen von dem Teufelszeug trinken. Vielleicht auch zwei. Man wurde schließlich nicht alle Tage Ehrenbürgerin von Hasellöhne.

Schon befand sie sich inmitten einer Völkerwanderung. Luises Riesenwacholder erwartete den Ansturm mit botanischer Gelassenheit. Erst einige Stunden später sollte er sich wünschen, Beine zu haben.

Hanna sah sich nach Johannsen um. Er war nirgends zu entdecken. Dafür marschierte Westermann steifbeinig an ihrer Seite.

»Hör mal, Chefin. Ich gönne dir ja die Ehre und so weiter. Aber eines muss ich noch wissen.«

»Nämlich?« Sie suchte weiter die Menge ab. Kein Johannsen.

Ich wiederhole mich ungern, erklärte ihre innere Stimme. Aber der Mann will nichts von dir. Kriegen wir das jetzt endlich in die Birne?

Hannas Schultern sackten herab. Unwillkürlich verkürzte sie den Schritt.

Westermann war ihrem Blick gefolgt und schien zu ahnen, was in ihr vorging. Er hob die breiten Schultern. »Ist nicht so eilig. Aber irgendwann wirst du mir hoffentlich erklären, warum du neuerdings die Leute ständig antatschen musst.«

Hanna sah zu ihm auf. »Ja«, versprach sie.

314

Obwohl sie immer langsamer gegangen war, erreichte sie nun auch Luises Haus. Einige Dorfbewohner hatten sich bereits im Erdgeschoss und im Vorgarten verteilt. Dick belegte Brötchen wurden gereicht, Flaschen mit Wacholderschnaps machten die Runde.

Bäckermeister Möller hob sein Glas. »Auf unsere Ehrenbürgerin!«

Alles jubelte, alles trank.

Eine bleierne Müdigkeit erfasste Hanna. Ja, sie war froh, dass sie nicht auf dem Scheiterhaufen gelandet war. Aber nein, ihr war plötzlich nicht mehr nach Feiern zu Mute.

»Warum gehst du nicht erst mal hoch und ziehst dich um?«, schlug Luise vor. »Eine heiße Dusche wird dir auch guttun.«

Hanna nickte dankbar. Und wenn ich danach einfach schlafen gehe, merkt das vielleicht niemand, dachte sie bei sich. Bis dahin sind sowieso alle betrunken. Mit Ausnahme von Westermann.

»Ich müsste vorher einmal telefonieren. Aber mein Handy ist kaputt.«

Luise nahm ihr schnurloses Telefon von der Basis und reichte es ihr. »Kannst du mit nach oben nehmen.«

In ihrem Zimmer setzte sich Hanna auf die Bettkante und wählte Hendriks Nummer. Er meldete sich nach dem zweiten Läuten.

»Danke«, sagte sie schlicht.

Er lachte sein kleines Lachen, das sie einmal an ihm geliebt hatte. »Es kam schon im Radio. Du hast Reiner Vogt geschnappt. Ein Polizeisprecher hat erklärt, er sei überraschend geständig und kooperativ. Was habt ihr mit ihm gemacht?«

»Ach«, meinte Hanna gedehnt. »Eigentlich nichts Besonderes.«

»Komm schon. Mir kannst du es verraten. Auf dem platten Land hat man doch bestimmt so seine Methoden…«

»Hendrik«, sagte Hanna scharf. »Lass gut sein.«

Jetzt klang ein spöttischer Unterton in seinem Lachen mit, und den hatte sie noch nie geliebt.

»Okay, okay. Jetzt, nachdem du den größten Fall aller Zeiten in deinem Heidekaff gelöst hast, können wir uns ja endlich wiedersehen.«

Hanna schwieg.

»Bist du noch dran?«

»Ja. Und nein.«

Hendrik lachte nicht mehr. »Es ist endgültig aus, nicht wahr?«

»Ja.« Mehr Worte wollten ihr im Moment einfach nicht einfallen. In ihrem Kopf herrschte unendliche Leere.

»Ist schon gut, Hanna. Ich denke, ich habe mich da in was verrannt. Bei Gelegenheit können wir uns ja mal auf einen Drink treffen. Als gute Freunde.«

»Hm.«

»Nur diesen Schnaps von der verrückten Alten rühre ich nie mehr an.«

Hanna musste grinsen. Sie hörte, wie Hendrik nach einem kurzen Gruß auflegte, und lauschte dann den Geräuschen, die von unten zu ihr hochdrangen. Lautes Gelächter, Rufe nach mehr Schnaps und Westermanns dröhnende Stimme, die alle Heldentaten der letzten Tage aufzählte.

Auf einmal hatte sie es eilig, unter die Dusche zu kommen. Und dann nach unten gehen, zu den Menschen, die ihr im Laufe von nur einer Woche so wichtig geworden waren.

An Johannsen dachte sie lieber nicht. Wenn er ihr nun wieder aus dem Weg gehen wollte, konnte sie es nicht ändern. Sie würde schon darüber hinwegkommen.

Träum weiter, säuselte es in ihr.

Eine halbe Stunde später fand sich Hanna in der Diele wieder. Luise reichte ihr ein Schinkenbrötchen, Westermann goss ihr den ersten Schnaps des Tages ein, Bäckermeister Möller erzählte was von einer Urkunde, die erst noch gedruckt werden musste.

»So schnell geht das alles nicht, Frau Petersen. Aber wir werden noch eine schöne offizielle Zeremonie abhalten, und eine Medaille gibt's dann auch.«

»Vielen Dank«, erwiderte Hanna artig. Dann kippte sie ihr Schnapsglas.

»So ist brav«, sagte Westermann und goss gleich noch einmal nach.

Drei Gläser später tanzte der Riesenwacholder vor ihren Augen durch den Garten, und Hanna fragte sich, wie sie hierhergekommen war. Und Halluzinationen hatte sie jetzt auch. Sie sah nämlich Johannsen direkt vor sich stehen. Oder war der echt? Zur Sicherheit legte sie ihm eine Hand an die Wange. Er war es wirklich.

»Hanna«, murmelte er. »Tut mir leid, dass ich erst jetzt komme. Ein Baby hat sich genau diesen Vormittag ausgesucht, um auf die Welt zu kommen. War zum Glück eine leichte Geburt. Noch ein paar Schnäpse, und du hättest wohl gedacht, ich wäre ein Geist.«

So ähnlich, dachte Hanna und wurde schlagartig wieder nüchtern.

Ihre Hand lag immer noch an seiner Wange. Johannsen legte seine Hand darauf. So blieben sie stehen. In seinem Blick lag tiefe Zuneigung und auch ein Wissen um ihr Geheimnis.

»Was fühlst du?«, fragte er sanft.

Statt einer Antwort beugte sie sich vor, um ihn zu küssen. Und das fühlte sich jetzt mal so richtig gut an.

Die Handlung und alle handelnden Personen sind frei erfunden. Jegliche Ähnlichkeit mit lebenden oder realen Personen wäre rein zufällig. Dass die Landbevölkerung in diesem Roman als außerordentlich trinkfreudig dargestellt wird, ist ebenfalls allein der Fantasie der Autorin zuzuschreiben.

blanvalet
DAS IST MEIN VERLAG

... auch im Internet!

 twitter.com/BlanvaletVerlag

 facebook.com/blanvalet